21 世纪国际商务教材教辅系列

# 编写委员会

21世纪国际商务教材教辅系列

总 主 编　余世明
副总主编　袁绍岐　张彬祥　何　静

World Geography on International Business

# 国际贸易地理

（第三版）

主编　黄森才　副主编　杨　青

暨南大学出版社
JINAN UNIVERSITY PRESS
中国·广州

图书在版编目（CIP）数据

国际贸易地理／黄森才主编；杨青副主编．—3版．—广州：暨南大学出版社，2024.5
21世纪国际商务教材教辅系列/余世明总主编
ISBN 978－7－5668－3880－3

Ⅰ.①国…　Ⅱ.①黄…②杨…　Ⅲ.①国际贸易—商业地理—教材　Ⅳ.①F742

中国国家版本馆CIP数据核字(2024)第011907号

国际贸易地理（第三版）
GUOJI MAOYI DILI（DI-SAN BAN）
主　编：黄森才　副主编：杨　青

出 版 人：阳　翼
策划编辑：武艳飞
责任编辑：陈俞潼　林玉翠
责任校对：刘舜怡　潘舒凡　梁玮浈
责任印制：周一丹　郑玉婷

出版发行：暨南大学出版社（511434）
电　　话：总编室（8620）31105261
　　　　　营销部（8620）37331682　37331689
传　　真：（8620）31105289（办公室）　37331684（营销部）
网　　址：http：//www.jnupress.com
排　　版：广州市新晨文化发展有限公司
印　　刷：佛山市浩文彩色印刷有限公司
开　　本：787mm×1092mm　1/16
印　　张：11.75
字　　数：295千
版　　次：2009年10月第1版　2024年5月第3版
印　　次：2024年5月第1次
定　　价：39.80元

# 目 录

# 前　言

国际贸易地理属于社会经济科学范畴，是介于国际贸易学与经济地理学之间的边缘学科。在涉外商务专业的教学计划中，国际贸易地理是一门综合性较强的专业基础课。本课程的教学应当使学生建立国际贸易空间（地域）的概念和意识，在了解不同区域自然地理和人文地理方面的特点、差异及全球格局的基础上，理解地理环境对国际贸易的影响，掌握国际贸易交通运输方式的相关知识，了解我国对外贸易及交通运输业的发展概况，理解我国与主要贸易伙伴之间的经贸关系。

本教材在编写中主要体现以下几个特点：

（1）以能力为本位，体现职业教育特色。本教材注重知识的基础性和学生职业能力与创新意识的培养，注重实际操作技能的训练。

（2）结构合理、重点突出，较好地体现了“实用性、时代性、发展性”的特点。本教材以介绍国际贸易交通运输相关知识为主要内容，充分反映了国际贸易实践的最新动态和发展方向。

（3）本教材有利于学生巩固基础知识、提高综合分析能力、强化技能训练。按照以学生为主体的教学模式，各章均配套设计了适量“知识拓展”和“技能训练”内容，附录部分设计了“读图操作题”内容。

党的二十大报告提出，推动货物贸易优化升级，创新服务贸易发展机制，发展数字贸易，加快建设贸易强国。新时代的中国，国际贸易的发展将不断深化。

本书第二版自2012年出版以来，已走过了12年。在此期间，国际贸易地理环境、国际贸易运输操作流程、国际贸易涉及的法律法规发生了较大变化。基于上述变化，为了反映最新的国际贸易地理环境、国际贸易运输操作流程和我国对外贸易政策，更好地满足职业学校国际商务专业广大师生和外贸从业人员的需要，我们对第二版内容进行了修订完善。

本书既可作为大专、中专职业院校的专业教材，也可作为涉外经济从业人员培训的基础教材和自学用书。本教材的编写是在广东外语艺术职业学院余世明副校长精心指导下进行的。教材第一章、第三章、第四章及附录部分由黄森才编写，第二章由杨青编写，全书由黄森才负责统稿。在编写过程中，编者参考、引用了许多资料，书中未一一列出，在此谨对有关作者表示衷心的感谢！由于时间仓促及编者水平有限，书中难免有错漏和不足之处，敬请各位专家、读者批评指正。

编　者

2024 年 1 月

# 第一章　国际贸易地理基础知识

## 第一节　地理环境对国际贸易的影响

### 一、地理的概念

地理（Geography）是研究地球表面的地理环境中各种自然现象和人文现象以及它们之间相互关系的学科。汉语“地理”一词最早见于《易经》，中国古代最早的地理书籍包括《尚书·禹贡》和《山海经》等。古代的地理学主要探索关于地球形状、大小及有关的测量方法，或对已知的地区和国家进行描述。

学习地理不仅能使人们了解大自然的奥秘，了解不同区域的经济、文化现象，更重要的是可以给人们装上“地理的头脑”，让人们学会用地理的思维和方式看待身边的事物，更加科学地选择、安排生活和生产。

### 二、地理环境对国际贸易的影响

国际贸易（International Trade）是指不同国家或地区之间商品和服务的交换活动。任何国家的双边或多边贸易都是在具体特定的地理环境下进行的。

#### （一）自然地理环境对国际贸易的影响

自然地理环境包括一个国家和地区所处的纬度位置、海陆分布、地形特征、气候条件、水文状况、自然资源的丰歉与分布等。这些因素综合起来，对一个国家和地区长期贸易政策的形成与短期的贸易行为都将产生重大影响。中纬度地区的岛国如日本，气候适宜、海运便利，这些是其发展贸易的有利条件；但国土狭窄，以山地、丘陵为主的地形以及贫乏的矿产资源，又是制约其工农业生产的不利因素。权衡利弊，日本人早在明治维新时期就制定了“教育、科技、贸易”这一立国的基本国策，特别是在“二战”后相当长的一段时期内，日本人扬长避短，执行了一条优先发展工业，特别是重化工业的政策。日本利用其便利的海运（全国有 1 085 个港口集中分布于“三湾一海”地区，其中有 100 多个是对外贸易港，它们往往也是重要的工业中心和大城市），形成了“临海型”的工业布局；此外，大量进口原料和燃料等初级产品，出口科技含量高的工业制成品，使其“出口主导型”的经贸战略获得了极大成功。到 20 世纪 60 年代末，日本国内生产总值仅次于美国和苏联；到 80 年代初，超过了苏联，仅次于美国。日本成为经济大国的事实，充分说明日本人在正确认识自身地理条件的基础上，成功运用了贸易立国的基本国策，并将两者有机地结合起来，创造了经济奇迹。

相反，在高纬度和低纬度的内陆山区，气候恶劣、交通闭塞往往造成经贸的长期落后。如横跨赤道的非洲大国刚果民主共和国和纬度偏高的亚洲内陆国家蒙古，虽面积广阔、资源丰富，但经济长期落后。苏联解体后，经济原本较为发达的各加盟共和国之间传统的交通联系被打乱。外高加索三国（格鲁吉亚、阿塞拜疆、亚美尼亚）经北高加索到俄罗斯的铁路几乎中断，一部分勉强可使用的公路也无法保证运输安全。中亚五国地域辽阔，石油、天然气资源储量丰富，但因交通不畅，经济发展受到了阻碍。为了把资源推向国际市场，发展经贸，解决交通问题刻不容缓。1993 年 5 月，外高加索三国和中亚五国代表聚会欧盟总部所在地布鲁塞尔，共同商讨地区交通发展问题，通过了欧洲经里海、跨越高加索到中亚的“欧亚运输走廊”计划（TRACECA）。该计划的实施，使各参加国受益匪浅，因而成员不断增多。1998 年巴库国际会议又把复兴古老的丝绸之路作为扩展 TRACECA 计划、加强欧亚大陆交通和贸易合作的象征，从而为欧亚大陆中部各国经贸发展奠定了良好的基础。

世界各海域的不同气候类型，直接影响了国际贸易中的商品运输，各国的港口有的可全年通航；有的则冬季封冻，船舶不能停靠。如俄罗斯，虽有广阔海域，且海岸线漫长，但因纬度偏高（除黑海沿岸和太平洋沿岸南部及特殊的摩尔曼斯克港外），封冻期长，其港口利用率极低。中南半岛及印度半岛各国大部分为明显的干湿季热带季风气候，因而在签订业务合同、决定装运期时，要根据商品的性质来选择季节。如雨季不宜装运易潮、易霉变的商品；夏季不宜装运易融化物品，如沥青、浸酸羊皮等。否则，将造成不应有的损失。如某年夏季，我国某公司出口一批沥青到西非，用多层牛皮纸包装，走苏伊士运河航线，当船行至红海时，沥青开始融化。这是因为红海气温高，盐度大，表层水温达 32℃，盐度为 40‰左右，为世界上温度和盐度最高的海区之一。高温使融化的沥青透过纸袋黏附在货舱里，当船进入地中海经直布罗陀海峡到达大西洋时，沿途气温有所下降，使黏在货舱里的沥青又凝固起来，到达目的地港口时，卸货十分困难，清扫船舱更加困难，所以不得不雇用大量劳力，最后结算，入不敷出。究其原因，主要是出行季节不合适，以及对所选航线沿途温度的变化情况不了解，若采用桶装则可避免上述情况的发生。

全球性气候异常，如厄尔尼诺和拉尼娜现象发生期间，世界各地气温、降水异常，同时会诱发狂风、低温等灾害性天气，对工业、交通和国际贸易造成巨大冲击，首当其冲的是农业生产。因为气候可以影响农业生产，尤其是粮食产量，由此而产生的价格波动，会直接影响到世界市场上的粮食贸易。

**（二）人文地理环境对国际贸易的影响**

人文地理环境内容广泛，主要指社会、政治、经济、人口、文化地理环境等，其中政治地理环境是影响国际贸易的最活跃因素。战争或和平的环境对世界贸易影响极大，前者会使交战国经济都受到破坏，贸易中止；后者则可为世界经济的迅速发展提供条件。20 世纪 60 年代以前的中东地区，经济落后，是世界上最贫穷的地区之一。其后，石油的大量开采和出口导致了巨额的石油贸易顺差，使这里的经济发生了翻天覆地的变化，中东地区一举成为发展中国家的高收入区（OPEC 成员国人均年收入都在 10 000 美元以上）。但 20 世纪 80 年代的两伊战争，使两国经济都遭到沉重打击。不仅两国贸易完全中断，而且其他地区和国家也受到波及。20 世纪 90 年代的海湾战争期间，科威特、伊拉克经济受到毁灭性打击。战后，联合国对伊拉克进行长期的经济制裁，使原本富有的伊拉克缺衣少食，药品匮乏，民不聊生，国民经济处于崩溃的边缘。20 世纪 60 年代中期才获独立的新加坡（面积 632 平方千米，人口 280 万）资源缺乏，是一个连淡水都需进口的小国，但独立后，却因政通人和，扬长避短，在较短的时间内，经济迅速发展，跻身于新兴工业国家行列，被誉为亚洲的“四小龙”之一。

西欧是工业革命的发源地，是资本主义发达国家密集的地区，其经济在世界上占有举足轻重的地位，但两次世界大战使其遭受严重损失，国际地位一落千丈。战后西欧在总结历史经验的前提下，利用物质、技术和文化等方面的基础和潜力，与美国化敌为友，结束了历史上的长期敌对状态，并依靠美国的扶持积极走经济一体化道路。尤其是《马斯特里赫特条约》签署后，欧元的启动和使用，商品、资本、人员、劳务的自由流通，使其最终成为资本主义世界中一支劲旅。

此外，人口数量、年龄结构、民族风俗习惯、宗教信仰、语言、消费习惯和水平等文化地理环境亦不同程度地影响到国际贸易中的进出口商品结构。如伊斯兰教国家反对崇拜偶像，因而禁止进口人物雕像、肖像和娃娃玩具等；印度人把牛视为神明，任何人不能侵犯，因而不能向其出口牛类制品及其商标；欧洲人忌讳“13”和“星期五”；英国人忌用人物肖像、山羊、大象等作商标、图案，且须称其为“不列颠”人，忌称英国人（因英国人仅是英格兰人的意思）；法国人热情、幽默、诙谐，艺术修养较高，但等级观念极强，他们喜饮酒，喝生水，爱吃蜗牛，酷爱蓝色，公鸡是其国鸟，而且法国人勤劳，爱整洁，善美化，有“洁癖”之称，严肃拘谨，诚实可靠，十分好客；喝啤酒是德国人的普遍爱好，年人均饮啤酒量居世界第一，因而每年举办世界著名的啤酒节；意大利人较为随和，时间观念不强，赴约时常迟到，会议不准时开，办事效率不高，普遍爱好唱歌，常以歌声来表达他们的感情，他们嗜酒（葡萄酒），喜面食，据说其面食有 700 多种吃法，他们还爱穿浅色衬衣，紫色被认为是消极的颜色，菊花则是丧仪之花；日本人不喜欢“9”和“4”，因“9”与“苦”同音，“4”与“死”同音，所以日本人不送四种礼品，没有 4 号病房，他们喜欢鸭子、乌龟、松、竹等图案，忌用荷花、菊花作商标、图案等。

总之，地理环境包括的内容极其丰富，它常常从不同方面、在不同程度上以不同方式同时对国际贸易产生影响，尤其是在世界市场竞争日趋激烈的今天，地理环境对国际贸易影响的深刻性和广泛性愈发突出。

## 第二节　世界七大洲概况

地球表面 29% 是陆地，71% 是海洋。全球的陆地按面积大小可分为七大洲：亚洲、非洲、北美洲、南美洲、南极洲、欧洲、大洋洲。

### 一、亚洲

#### （一）位置和面积

亚洲是亚细亚洲的简称，位于东半球的东北部，东、北、南三面分别濒临太平洋、北冰洋和印度洋，西靠大西洋的属海——地中海和黑海。面积 4 400 万平方千米（包括附近岛屿），约占世界陆地总面积的 29.4%，是世界第一大洲。亚洲大陆与欧洲大陆相连，合称亚欧大陆，总面积 5 071 万平方千米，其中亚洲大陆约占 4/5。亚洲大陆西北以乌拉尔山脉、乌拉尔河、里海、大高加索山脉、博斯普鲁斯海峡、达达尼尔海峡与欧洲分界，西南隔苏伊士运河、红海与非洲相邻，东南有一系列与大洋洲接近的群岛环绕大陆，东北隔白令海峡与北美洲相望。

亚洲不但是世界第一大洲，而且其拥有的“地理之最”也多。从世界地图上可以看出，世界最美的弧形列岛，就镶嵌在它的东部边缘，大海从北、东、南三面将大洲围合。它有着世界上最长的海岸线（69 900 千米）和面积最宽广的大陆架（926 万平方千米），同时是个多半岛、多海峡的大洲，半岛与海峡数量之多均居世界首位。世界上最大的半岛——阿拉伯半岛（322 万平方千米），从它的西南部伸出，而全洲半岛总面积约 1 000 万平方千米。亚洲的马六甲海峡与欧洲的英吉利海峡，并列为世界运输最繁忙的海峡；霍尔木兹海峡为世界石油运输线上最重要的“咽喉”，从这里出口的石油占世界石油出口量的 1/3，战略意义极其重大。亚洲还是个多岛屿的大洲，岛屿总面积为 270 万平方千米，其中有全球最大的群岛——马来群岛。该群岛有岛屿 2 万多个，面积合计 242.7 万平方千米。

距今 2 000 多年的腓尼基人，住在地中海东岸（今叙利亚一带），并建立了强大的腓尼基王国。为了给频繁的海上活动定出确定的方向，他们把地中海以东的陆地一律称为“日出的地方”；而地中海以西的陆地，则叫作“日落的地方”。“Asia”是从腓尼基语“Asu”演化而来的，音译为“亚细亚洲”，意译则为“日出之洲”。“Ereb”也衍变为“Europe”，音译为“欧罗巴洲”，意译即“日落之洲”。欧美国家将小亚细亚、地中海东岸及高加索等地称为近东（Near East）；将阿拉伯半岛、波斯湾沿岸称为中东（Middle East）；将东亚、东南亚及西伯利亚等地称为远东（Far East）。

### （二）地形

亚洲是自然地貌最为复杂的大洲。在亚洲地貌“谱系”中，常规地貌和特殊地貌类型几乎包罗万象。如有世界上最平坦的平原——西西伯利亚平原，世界上最高的高原——青藏高原，世界上最高的山脉——喜马拉雅山脉，世界上最高的山峰——珠穆朗玛峰，世界上最低的盆地——吐鲁番盆地，世界上陆地的最低处——死海等，这些地形之“最”都出现在亚洲。亚洲还是世界上活火山（在人类历史上喷发过的火山）最多的大洲，约有 200 座，占世界活火山总数的一半以上，其中印度尼西亚是著名的“火山国”。亚洲也是世界上地震活动频繁的大洲之一。有“地震之国”之称的日本，平均每天会发生 4 次有感地震。此外，中国、印度尼西亚、菲律宾，以及一些中亚国家地震也较频繁。亚洲地形具有中部高、四周低的分布局势，由于印度板块与亚洲板块相互碰撞，高大宏伟的喜马拉雅山和青藏高原得以形成。全洲以山地、高原为主（占全洲总面积的 3/4），平均海拔高度达 950 米，仅次于南极洲。

### （三）气候

亚洲地跨热带、温带、寒带三个温度带，并受地形和海陆位置的影响，具有气候类型复杂多样、季风气候显著和大陆性气候分布广的气候特点。在各种气候类型中，只缺少温带海洋性气候和热带草原气候。东亚、东南亚、南亚是世界上最大、最典型的季风气候区。亚洲是世界面积最大的洲，陆地面积大对气候产生了巨大影响，形成了大陆性气候强烈的特点。

**（四）河流和湖泊**

受季风雨影响，亚洲降水较为丰沛。由于地形具有中部高、四周低的分布特点，许多大河发源于中部高原、山地，并呈放射状向四周低地分流入海。亚洲主要河流有流入太平洋的长江、黄河、黑龙江、澜沧江（下游称湄公河，流经缅甸、老挝、泰国、柬埔寨、越南）、珠江；向北流入北冰洋的大河主要有勒拿河、叶尼塞河和鄂毕河；向南流入印度洋的大河主要有恒河、印度河、雅鲁藏布江（下游流经印度、孟加拉国，称布拉马普特拉河）。亚洲湖泊数量众多，且“千姿百态”，里海（37 万平方千米）为全球最大的湖泊；死海为世界陆地最低点（－392 米），也是世界上盐度最高的湖泊；贝加尔湖（深 1 620 米）为世界上最深的湖泊；巴尔喀什湖是同时具有咸水和淡水的湖泊（东侧为咸水，西侧为淡水）；青藏高原上的喀顺湖，湖面海拔 5 556 米，是世界上海拔最高的咸水湖。

**（五）经济**

亚洲自然资源丰富，矿产资源种类多、储量大，石油、煤、铁、锡、钨、锑等矿藏储量均居世界前列。波斯湾地区的石油储量约占世界石油总储量的 60%。稻谷、茶叶、椰子、天然橡胶、奎宁、马尼拉麻、柚木、胡椒、黄麻等农产品产量占世界总产量的 80%～90%，水产品、大豆、棉花产量占世界总产量的 30%～40%。亚洲沿海渔场面积宽广，约占世界沿海渔场面积的 40%。

亚洲地域辽阔，不同国家的自然、社会、历史条件差别很大。经济发展不平衡，少数国家属于发达国家，大部分属于发展中国家。人均国民生产总值比较高的国家和地区有日本、中国香港、新加坡、中国台湾、韩国、以色列、文莱、沙特阿拉伯、卡塔尔等。

**（六）居民、文化**

亚洲共有 48 个国家和地区，在地理上习惯分为东亚、东南亚、南亚、西亚、中亚和北亚。截至 2022 年 10 月，亚洲人口为 37 亿，约占世界总人口的 60%。东亚、东南亚、南亚是人口稠密地区，人口最多的国家是中国（14.47 亿）。亚洲各国中，人口超过 1 亿的国家还有印度（14.03 亿）、印度尼西亚（2.78 亿）、巴基斯坦（2.28 亿）、孟加拉国（1.67 亿）、日本（1.25 亿）、菲律宾（1.12 亿）。

亚洲的种族、民族构成复杂，尤以南亚为甚。亚洲是世界三大宗教——佛教、伊斯兰教和基督教的发源地。佛教起源于印度和尼泊尔毗邻处，斯里兰卡和中南半岛各国多信奉佛教，泰国将其奉为国教。伊斯兰教起源于沙特阿拉伯西部，麦加、麦地那和耶路撒冷都是伊斯兰教的圣地。伊斯兰教在亚洲传播最广，约有教徒 4 亿人，通称穆斯林。基督教起源于巴勒斯坦，伯利恒和耶路撒冷是基督教圣地。

亚洲的黄河—长江中下游地区、印度河流域和美索不达米亚平原，因其适宜的温带或热带气候、丰富的水源、肥沃的土地而分别成为人类文明的发祥地。不同地区的不同民族分别创造了各自独特的文化，如华夏文化、印度河流域文化、恒河文化和阿拉伯文化等。亚洲各国语言分属于汉藏语系、南亚语系、阿尔泰语系、朝鲜语系、日本语系、印欧语系。

## 二、欧洲

**（一）位置和面积**

欧洲是欧罗巴洲的简称，位于东半球的西北部、亚洲的西面。北临北冰洋，西濒大西洋，南隔地中海与非洲相望，东以乌拉尔山脉、乌拉尔河、里海、大高加索山脉、博斯普鲁斯海峡、达达尼尔海峡同亚洲分界，西北隔格陵兰海、丹麦海峡与北美洲相对。欧洲总面积1 016万平方千米，约占世界陆地总面积的6.8%，仅大于大洋洲，是世界第六大洲。

**（二）地形**

欧洲平原面积约占大洲总面积的60%，比例之高为世界各洲之冠。平原辽阔，平均海拔高度仅300米，为世界平均海拔高度最低的一个洲。平原多分布在大洲中部，自西向东一字排开，依次有西欧平原、中欧平原和东欧平原。南欧是高山的汇聚地，其中闻名遐迩的阿尔卑斯山是非洲板块与欧洲板块碰撞而成的“杰作”，其主峰勃朗峰海拔4 810米，峰顶冰川密布，风光旖旎，为阿尔卑斯山著名的旅游胜地，有“欧洲水塔”之称。地中海及沿岸地区是两大板块的接触区，这里是南欧火山、地震的分布带。著名的维苏威火山、埃特纳火山就分布在此带的意大利境内，1755年葡萄牙里斯本发生的一次大地震，在短短6分钟的时间里便将里斯本古城摧毁。

**（三）气候**

欧洲大部分地区地处北温带，并深受北大西洋暖流和西风带影响，西部大西洋沿岸夏季凉爽，冬季温和，多雨雾，是典型的温带海洋性气候；东部因远离海洋，属温带大陆性气候；东欧平原北部属温带针叶林气候；北冰洋沿岸地区冬季严寒漫长，夏季凉爽短暂，属寒带苔原气候；南部地中海沿岸地区冬暖多雨，夏季干燥，属典型的亚热带地中海气候。

**（四）河流和湖泊**

欧洲的河流分布均匀、河网稠密、水量较充足，短小而水量充沛的河流较多。主要河流有伏尔加河、多瑙河、莱茵河、易北河、威悉河、罗讷河和塞纳河等。河流多发源于欧洲中部，分别流入大西洋、北冰洋、里海、黑海、波罗的海和地中海。多数河流都属于一河流经多国，从而成为“国际河流”，如多瑙河、莱茵河等。其中，莱茵河有欧洲“黄金水道”之称，它是联系德国鲁尔区与德国西部以及法国的洛林、瑞士的巴塞尔、荷兰的鹿特丹的纽带。

由于古地质年代第四纪冰川曾覆盖北欧大地，北欧地面现遗留的冰迹湖比比皆是，仅芬兰境内，大小湖泊就有6万多个，为世界著名的“千湖之国”。阿尔卑斯山麓地带则分布着许多较大的冰碛湖和构造湖。

**（五）经济**

欧洲是工业革命的发源地，目前也是世界工业最发达的地区之一，其产品出口到世界各地。西欧是欧洲经济最发达的地区，工业以制造业为主，从事制造业的人口比例很高。制造业是将原料进行加工进而制造成为各种各样产品的部门，例如把钢材制造成机床、汽车等。西欧许多国家从国外进口原料、燃料、粮食，向外出口机械、汽车、化学物品和食品等工业制成品，为国家带来财富。

欧洲人酷爱乳制品和牛羊肉，他们的餐桌上常见牛排、奶油、奶酪等食品。欧洲人的这种饮食结构与这里发达的畜牧业有着密切的关系（见图1－1）。

欧洲西部的人们称牧草为“绿色金子”，足见他们对畜牧业的重视。在英国，畜牧业产值占农业总产值的70%以上；在法国和德国的农业产值中，畜牧业比重也略高于种植业；荷兰、丹麦等国是世界上著名的乳畜业大国，其中丹麦的乳畜产品在出口总额中占30%以上，火腿、熏肉、香肠、乳酪是其主要的出口产品。欧洲沿海渔场面积约占世界渔场总面积的32%，著名渔场有挪威海、北海、巴伦支海、波罗的海、比斯开湾等。欧洲捕鱼量约占世界捕鱼量的30%，捕鱼量较多的国家为俄罗斯、挪威、西班牙、丹麦、英国和冰岛等。

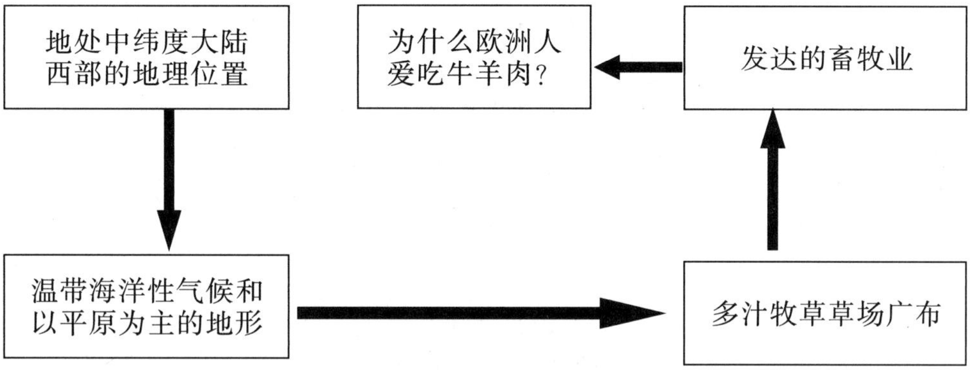


**图1-1　欧洲人饮食结构深受自然环境的影响①**

欧洲是发达国家集中的地区，其中大部分国家目前已成为发达国家，发展中国家数量不多。在当今世界经济领域中，欧洲的经济发展水平较高，经济总产值居各大洲首位，其工业产值约占全球的45%；农业和运输业产值约占全球的40%（未包括俄罗斯的亚洲部分）。欧洲的工业、交通运输、商业贸易、金融等在世界经济中占有重要地位，其在科学技术的若干领域中也处于世界领先地位。

欧洲西部各国之间，贸易往来和人员流动十分频繁。为了进一步加强联系，该区形成了一个区域性的国际组织，即欧洲联盟（简称欧盟）。目前，欧盟已向中欧和东欧扩展，共有27个成员国。欧盟内部各国之间的政治和经济联系不断加强，在世界经济领域和国际政治舞台上发挥着重要作用。

**（六）居民、文化**

欧洲有近50个国家和地区，在地理上习惯分为南欧、西欧、中欧、北欧和东欧五个地区。与其他大洲相比，欧洲是一个人口密度大的大洲，截至2022年，全欧洲人口超7.4亿（仅次于亚洲和非洲），人口密度约为每平方千米70人，在各大洲中居于首位。欧洲城市人口约占总人口70%，是世界城市化水平相当高的一个洲。

欧洲绝大部分居民是白种人（欧罗巴人），在各大洲中，其种族构成相对比较单一。全洲大约有70个民族，绝大多数民族的人口均达到了一定数量，小民族和小部落较为少见，多数国家的民族构成也较单一，民族构成较复杂的国家有俄罗斯、瑞士等。欧洲各国语种很多，主要语言有英语、俄语、法语、德语、意大利语、西班牙语等。居民多信奉天主教、基督教新教和东正教等。位于意大利首都罗马市西北角的城中之国——梵蒂冈，是世界天主教中心。

---

① 樊杰. 地理. 北京：人民教育出版社，2006.

## 三、北美洲

### （一）位置和面积

北美洲是北亚美利加洲的简称，位于西半球北部，东濒大西洋，西临太平洋，北濒北冰洋，巴拿马运河是北美洲与南美洲的分界线（巴拿马共和国是地跨两洲的国家）。北美洲除了包括巴拿马运河以北的美洲外，还包括加勒比海中的西印度群岛。

北美洲全洲面积 2 422.8 万平方千米，为世界第三大洲。其中岛屿约占 410 万平方千米，岛屿面积所占大洲的比例为世界各洲之冠。北美大陆在纬度位置、海陆形势、气候特点、植被分布等诸多方面都与亚欧大陆有相似之处，尤其是气候分布，基本上是亚欧大陆气候的一个“缩影”。

### （二）地形

北美大陆地形的基本特征是：主要山脉呈南北走向，与海岸平行，分布于东西两侧，西部为科迪勒拉山脉的北段，从阿拉斯加一直延伸到墨西哥。它包括多条平行的山脉：落基山脉、阿拉斯加山脉、加拿大海岸山脉、美国内华达山脉等，其中阿拉斯加山脉中的麦金利山最高，海拔 6 194 米，为北美洲第一高峰。东部是阿巴拉契亚山脉。如此一来，北美洲的地形明显形成了三大区域：西部山地和高原区、东部山地和高原区、中部平原区。

### （三）气候

北美洲地跨热带、温带、寒带，气候复杂多样，大陆中部的广大地区处于北温带。北美洲的气候分布格局颇似亚欧大陆，但季风气候没有亚洲那么典型。由于该洲位置总体偏北，故温带大陆性气候占绝对优势。此外，龙卷风和飓风常在该洲肆虐，给北美各国带来巨大影响。

### （四）河流和湖泊

北美洲的河流大都是外流河，以落基山脉为分水岭：东面的河流流入大西洋和北冰洋，西面的河流流入太平洋。密西西比河是北美最长的河流，其次为马更些河、育空河、圣劳伦斯河和格兰德河等。河流多瀑布，尼亚加拉瀑布是北美洲最大的瀑布。

北美洲是多湖泊的大陆，著名的五大湖——苏必利尔湖、休伦湖、密歇根湖、伊利湖和安大略湖，有“北美地中海”之称，是世界上最大的淡水湖群。

### （五）经济

北美洲自然资源丰富。可耕地多，草原广阔；矿产资源丰富，主要有石油、天然气、煤、铁、硫黄、铜、镍、铀、铅、锌等；森林覆盖率高，森林资源主要分布在西部山地，盛产黄杉、红杉、巨杉、铁杉等，南部出产红木等优质木材；水力资源蕴藏量占世界总蕴藏量的 8.9%；渔场面积约占世界渔场总面积的 20%，加勒比海、纽芬兰附近的海域为世界四大渔场之一。

北美洲是世界经济最发达的地区之一。农业生产的专门化、商品化和机械化程度很高。其中，美国和加拿大是经济发达国家，工业基础雄厚，生产能力巨大，科技先进。其他国家除墨西哥有一定工业基础外，多为产品单一的农业国。全洲工业产品产量在世界总产量中的比重为：生铁、钢、铜、锌均占 20% 左右，铝占 40% 左右，铅占 26% 左右，汽车占 37% 左右。北美中部平原是世界著名的农业区之一，玉米、小麦、稻米、棉花、大豆、烟草等产量在世界农业产量中占较大比例。中美洲和西印度群岛诸国主产甘蔗、香蕉、咖啡、可可等热带作物，大多数国家经济发展模式单一，主要发展单一的种植园经济。

#### （六）居民、文化

全洲共有 40 个国家和地区，其中独立国家 23 个，截至 2020 年，人口约 5.81 亿。除美国和加拿大为两个发达的资本主义国家外，其他国家均为发展中国家。在地理区域上分为东部地区、中部地区、西部地区、阿拉斯加、加拿大北极群岛、格陵兰岛、墨西哥、中美洲和西印度群岛九个地区。大部分居民是欧洲移民的后裔，其中以盎格鲁—撒克逊人最多；其次是印第安人、黑人、混血种人；此外还有因纽特人、波多黎各人、犹太人、华人和日本人等。语言主要有英语、西班牙语；其次是法语、荷兰语、印第安语等。居民主要信仰基督教和天主教。

### 四、南美洲

#### （一）位置和面积

南美洲是南亚美利加洲的简称，位于西半球的南部，东濒大西洋，西临太平洋，北濒加勒比海，南隔德雷克海峡与南极洲相望，以巴拿马运河为界同北美洲相分。面积约 1 797万平方千米（包括附近岛屿），约占世界陆地总面积的 12%。

#### （二）地形

从地形分布看，南美洲与北美洲颇为相似，也具有东西高、中部低，三大纵向地带控制整个大陆地形的局面。西部的安第斯山脉，长 9 000 千米，为世界上最长的山脉，其成因与美洲板块和太平洋板块碰撞挤压直接相关。板块接触带火山广布，地震频繁，为太平洋火山地震带的东部组成部分。南美洲中部由北至南，由奥里诺科平原、亚马孙平原、拉普拉塔平原三大平原组成。其中亚马孙平原面积约 560 万平方千米，为世界上最大的平原。该平原地势低平，海拔仅 150 米。平原上茂密的热带雨林为世界上最大的热带雨林带。木材总储量达 8 亿立方米，占世界森林资源的 1/5 以上。南美洲东部为高原区，其中，巴西高原面积约为 500 万平方千米，为世界上面积最大的高原。

#### （三）气候

南美洲大部分地区地处北纬 10°与南回归线之间，赤道穿过大陆北部，热带气候占有绝对优势，加上东部受南、北信风所带来的降雨影响，使南美洲成为一个“湿热大陆”。这种气候特征不但对造就南美热带雨林大有好处，而且对亚马孙河成为世界上水量最大的河流也起到很大的作用。

#### （四）河流和湖泊

南美水系以安第斯山脉为分水岭，西面的河流短而急，向西流入太平洋；东面的河流源远流长，支流众多，水量丰富，流域面积广。亚马孙河是世界上水量最大、流域面积最广的河流，有 20 多条支流是超过 1 000 千米的。河流多瀑布，有世界上落差最大的瀑布安赫尔瀑布和世界最大的瀑布伊瓜苏瀑布。伊泰普水电站位于巴拉拿河上，由巴西和巴拉圭合资修建而成，年发电量达 800 亿千瓦时，装机容量仅次于中国的三峡电站。南美洲的湖泊主要有喀喀湖和马拉开波湖等。

#### （五）经济

南美洲丰富的生物资源、水资源在世界上占有优势，矿产资源也很丰富，主要矿产资源有石油、天然气、铁、锰、铝土、锡、银、硝石、硫黄、铋、铂等。委内瑞拉的马拉开波湖有“石油湖”之称；巴西的伊塔比拉铁矿储量大、矿石品位高（约70%），是一个名副其实的大富铁矿；智利盛产铜和硝石，有“铜矿王国”“硝石王国”的美誉；秘鲁的铋矿储量高居世界首位。

经济构成中，南美洲各国工业以采矿业和制造业为主，种植业也具有一定优势。在全球发展中国家中，南美洲国家经济发展水平普遍较高，尤其是巴西，经济实力已居南美洲之首，是世界上的经济大国。采矿业是南美洲的传统工业部门，制造业是南美洲经济中发展最快的部门，其钢铁、汽车、化工、橡胶、电器、金属制品、机械设备等部门已具相当实力，巴西的钢铁、造船、汽车、飞机制造等已经跃居世界重要生产国家行列。轻工业是南美洲多数国家制造业的主体，其中肉类加工（阿根廷）、制糖、饮料、皮革、纺织较为发达。南美洲各国现代经济都高度集中在少数大城市或沿海地区，山区和边远地区经济较为落后。

南美洲土地辽阔，水热条件优越，农业生产的潜力很大，盛产甘蔗、香蕉、咖啡、可可、橡胶、奎宁、剑麻等热带、亚热带农林产品，产量均居世界前列。其中，巴西的咖啡、甘蔗、柑橘的产量均居世界首位，巴西的可可和剑麻的产量、秘鲁的捕鱼量、阿根廷的肉类产量均居世界前列。

#### （六）居民、文化

全洲共有 14 个国家和地区，其中独立国家 12 个，截至 2020 年，人口约 4. 34 亿。南美洲人口分布不平衡，西北部和东部沿海一带人口较为稠密，而亚马孙平原每平方千米却不到一人，是世界人口密度最小的地区之一。南美洲民族成分比较复杂，居民中以白人最多，约占一半；其次是印欧混血人和印第安人；黑人较少。印第安人使用印第安语，巴西的官方语言为葡萄牙语，法属圭亚那官方语言为法语，圭亚那官方语言为英语，苏里南官方语言为荷兰语，其他国家均以西班牙语为官方语言。居民绝大多数信仰天主教，少数信仰基督教。

### 五、大洋洲

#### （一）位置和面积

大洋洲位于太平洋西南部和南部的赤道南北广大海域中。其范围包括澳大利亚、新西兰和新几内亚岛（伊里安岛），还包括波利尼西亚、密克罗尼西亚和美拉尼西亚三大岛群。

“大洋洲”意为“大洋中的陆地”，陆地面积为 897 万平方千米。大洋洲中的大陆，指的是“澳大利亚大陆”，面积占全洲陆地的 82. 9%，也有人称其为“澳洲”。大洲中的“岛屿”共一万多个，包括塔斯马尼亚岛、新西兰南岛、北岛、伊利安岛（世界第二大岛）以及太平洋中的三大岛群。

#### （二）地形

大洋洲除少数山地海拔超过 2 000 米外，一般海拔在 600 米以下，地势低缓。澳大利亚大陆西部为高原，大部分为沙漠和半沙漠；中部为平原，北艾尔湖湖面在海平面以下 16 米，为大洋洲的最低点；东部为山地。澳大利亚的东北部海域分布着一个珊瑚礁群——大堡礁，长达 2 000 千米，为世界上最大最长的珊瑚礁。

### （三）气候

大洋洲大部分地区处在南、北回归线之间，绝大部分地区属热带和亚热带，除澳大利亚大陆内部地区属于大陆性气候外，其余地区受海洋影响较大，大部分属海洋性气候。

### （四）河流和湖泊

大洋洲的河流十分稀少，河流短而小，水量较少，雨季河水暴涨，旱季有时断流，大多不利于航运。墨累河是外流区域中最长和流域面积最大的河流，内流区域（包括无流区域）约占河流区域总面积的一半，均分布在澳大利亚中部和西部地区，主要河流均注入北艾尔湖。

### （五）经济

澳大利亚大陆是一块地质年龄很古老的大陆，由于岩浆活动作用形成了许多有价值的金属矿床。其中，铁、铝土、镍、铀、金、铅、锌、煤、石油、天然气等储量丰富。大洋洲森林覆盖率达9%，胡桉树、白檀木和红木等贵重木材资源丰富；草原辽阔，畜牧产品产量高；渔业资源丰富，是沙丁鱼、金枪鱼的重要产地。澳大利亚有很多特有生物，如袋鼠、鸭嘴兽、考拉、鸸鹋等。这些特有生物是在地球演化过程中保留下来的古老生物种类，它们是人类研究地球演化历史的活化石。

大洋洲的地表河流、湖泊稀少，但地下水资源丰富。中部、东部的大自流盆地储水量很大，为世界上最大的自流盆地，面积约175万平方千米，为澳大利亚农牧业的发展提供了重要水源。

大洋洲各国经济发展水平差异显著，澳大利亚和新西兰经济发达，其他岛国多为农业国，经济比较落后。主要农作物有小麦、椰子、甘蔗、天然橡胶等，其中小麦产量大；畜牧业以养羊为主，羊毛产量约占世界羊毛总产量的40%。澳大利亚和新西兰两国农业现代化程度很高。工业有采矿、钢铁、有色金属冶炼、机械制造、化学、建筑材料、纺织等部门。

### （六）居民、文化

全洲共有16个国家和十几个未独立的领地，截至2020年，人口约4 100万。居民主要居住在城市，城市人口约占全洲人口的60%，是各洲中城市人口比重较大的一个洲。大洋洲有14个独立国家，其余十几个地区尚在美、英、法等国的管辖之下。

巴布亚人、澳大利亚人、塔斯马尼亚人、毛利人、美拉尼西亚人、密克罗尼西亚人和波利尼西亚人等当地居民约占总人口的20%，欧洲人后裔占70%以上。此外还有混血种人、印度人、华人和日本人等。绝大部分居民使用英语，三大岛群上的当地居民分别使用美拉尼西亚语、密克罗尼西亚语和波利尼西亚语。绝大部分居民信奉基督教，少数信奉天主教，印度人多信印度教。

## 六、非洲

### （一）位置和面积

在东半球的西南部，有一块略似三角形的大陆，这块大陆加上它东面的马达加斯加岛等，组成了一个外形非常单调的大洲，它就是非洲，全称阿非利加洲。非洲位于东半球的西南部，地跨赤道南北，东濒印度洋，西临大西洋，北隔地中海和直布罗陀海峡与欧洲相望，东北隅以狭长的红海与苏伊士运河紧邻亚洲。其面积约3 020万平方千米（包括附近岛屿)，约占世界陆地总面积的20.2%，仅次于亚洲，为世界第二大洲。由于主体大陆地形主要是由较为平坦、平均海拔约为750米的高原组成，故非洲又被称为“高原大陆”。以刚果河口至埃塞俄比亚高原北部边缘为界，可将非洲“一分为二”：东南部是海拔约1 000米的“高非洲”，西北部是500米以下的“低非洲”。非洲大陆虽然轮廓简单——海岸平直，岛屿极少，但它仍以不少颇具魅力的地理奇观赢得了人们对它的关注。

**（二）地形**

非洲的地形以高原为主，地面起伏不大，平均海拔600米，所以被称为“高原大陆”。西北部和东南部边缘分别耸立着阿特拉斯山脉和德拉肯斯堡山脉；大陆周围有狭窄的沿海平原；大陆的东部和南部有埃塞俄比亚高原、东非高原和南非高原；大陆的中部和北部地势较低，中部有被称为“非洲的心脏”的刚果盆地，还有乍得盆地等；大陆的北部有世界上最大的沙漠——撒哈拉沙漠，其面积达777万平方千米；大陆东部有一条纵贯南北的东非大裂谷带，全长6 400千米，为世界上最长的大裂谷。东非的两座大火山乞力马扎罗山（5 895米，非洲第一高峰）和肯尼亚火山（5 109米），亦是东非裂谷带地壳运动的“杰作”。

**（三）气候**

赤道横贯非洲大陆中部，非洲大部分地区处在南北回归线之间，绝大部分地区年平均气温在20℃以上，气候炎热，有“热带大陆”之称。非洲气候的三大特点是：气温高，干燥地区范围广，气候带呈南北对称分布。赤道两侧的刚果盆地、几内亚湾沿岸和马达加斯加岛东部等地，属于热带雨林气候；热带雨林气候南北两侧和地势较高的东北高原的广大地区，属于热带草原气候；从热带草原气候带分别往南、北，到南北回归线附近，属于热带沙漠气候。北部有撒哈拉沙漠，南部有卡拉哈里沙漠。大陆的南北两端，是夏季炎热干燥、冬季温和多雨的地中海气候。

**（四）河流和湖泊**

受气候、地形的影响，非洲的主要河流有刚果河、尼罗河、赞比西河和尼日尔河。分布于热带雨林区刚果盆地中的刚果河（扎伊尔河），为世界上水量仅次于亚马孙河的河流；发源于东非高原，最后注入地中海的尼罗河，为世界最长的河（全长6 671千米）；非洲南部的主要河流是赞比西河，赞比西河上的莫西奥图尼亚瀑布（也称维多利亚瀑布），为世界著名的大瀑布之一。非洲的湖泊，除乍得湖外，主要分布在东非大裂谷带上，包括维多利亚湖（非洲第一、世界第二大淡水湖）、坦噶尼喀湖（世界第二深水湖，水深1 435米）、马拉维湖（非洲第三大淡水湖）等一些断层湖。

**（五）经济**

非洲是个资源丰富的大洲。石油、煤、铁、铬、铝土矿、磷酸盐储量丰富；金刚石储量占世界95%左右，储量有9亿克拉；黄金储量约占世界2/3；铀、钴、锂、铌等矿储量也很丰富。世界草原面积的28%分布于非洲，为各洲第一位。草原动物中的斑马、长颈鹿、非洲象、狮、鸵鸟、食蚁兽等驰名世界。非洲是咖啡、椰枣、油棕、香蕉等经济作物的故乡，其可可、丁香、剑麻、棕榈油产量均居世界首位。

由于受到长期的殖民统治，非洲成了世界上经济发展水平最低的一个洲。目前，非洲各国均属于发展中国家。很多国家经济结构畸形，形成了过分依赖某一种或某几种初级产品生产的“单一商品经济”，科特迪瓦出口可可约占本国出口商品总额的41%，乌干达出口咖啡约占45%，赞比亚出口铜约占70%，博茨瓦纳出口金刚石约占72%，索马里出口活牲口约占56%，尼日利亚出口原油约占90%，刚果出口原油、木材约占56%。同时非洲国家的粮食供给大多不能自给自足。

矿产、木材、牲口、经济作物产品都是工业原料、半成品等初级产品，在对外贸易中，一般价格低廉。非洲出口初级产品的国家，长期遭受殖民主义者统治，工业不发达，许多工业制成品要从国外进口。工业制成品的价格要比初级产品贵得多，因此，这些国家卖出初级产品，买进工业制成品，在国际贸易中处于不利地位。另外，“单一商品经济”只依赖少数几个发达国家的采购，出口商品价格在国际市场上波动很大，这就严重地制约了本国经济的发展。一些国家正在努力发展民族工业，还有些国家致力于发展多样化的农业，以改变本国经济依赖于单一产品的局面。例如，位于非洲西部的科特迪瓦，为了减少对可可、咖啡的依赖，大力发展了油棕、菠萝、橡胶、甘蔗、椰子等农产品的生产；同时也发展了农产品加工业、旅游业、水产业等其他产业，以振兴经济。

**（六）居民、文化**

非洲为世界古文明起源最早的大洲之一。埃及已有6 000年的历史。全洲共有57个国家和地区，截至2020年，人口约12.8亿。非洲人口的出生率、死亡率和增长率均居世界各洲的前列。在最近80年中，其人口净增3倍，为同期世界人口增长速度最快的地区。非洲是世界上民族成分最复杂的地区，大多数民族属于黑种人，其余为白种人和黄种人。非洲语言约有800种。非洲居民多信奉原始宗教和伊斯兰教，少数人信奉天主教和基督教。

## 七、南极洲

**（一）位置和面积**

南极洲是人类最后到达的大陆，也叫“第七大陆”。位于地球最南端，土地几乎都在南极圈内，四周濒太平洋、印度洋和大西洋，是世界上地理纬度最高的一个洲。总面积约1 400万平方千米，占世界陆地总面积的9.4%。由围绕南极的大陆、陆缘冰和岛屿组成，其中大陆面积1 239.3万平方千米，陆缘冰面积158.2万平方千米，岛屿面积7.6万平方千米。

在全球七大洲中，南极大陆是人类最后发现的一块大陆。1911年12月4日，挪威阿蒙森探险队第一个到达南极点。1912年1月18日，英国斯科特探险队也到达了南极点，但在回程的路上，由于劳累、饥饿、冻伤、雪暴折磨，探险队（5人）不幸全部遇难。

**（二）地形**

南极洲除个别岛屿和部分半岛外，绝大部分地域都在南极圈以内，因此成为一个地理纬度最高、接受光热最少的大洲。南极洲是地势最高的大洲，比号称“高原大陆”的非洲还高。整个大陆98%的土地被厚厚的冰雪压在底下，使原来基盘平均海拔只有410米高的大陆加厚了5.7倍，成为平均海拔2 350米的世界最高之洲。冰厚普遍有1 880米，最厚处达4 800米，冰体积达2 450万立方千米，冰量占世界总量的90%，是一个名副其实的“冰雪大陆”，也有人称其为“白色大陆”“世界冰库”。

南极洲虽然冰天雪地，但也有高山存在，最高的山为文森山，海拔达6 096米（不算顶部的冰雪，则有5 140米）。在罗斯岛上，还有一座被称为埃里伯斯的活火山（3 795

米），这说明南极大陆地下岩浆仍在激烈活动。在维多利亚地的干谷区，人们还发现了不少湖泊，其中赖特谷中的范达湖底60米深处，水温高达25℃，成为南极奇观。

南极洲的冰体如果全部融化，能使世界洋面升高60米。南极大陆冰川属于淡水资源，其总量占全球淡水资源的70%。因此，南极洲又是世界上最大的淡水资源“宝库”。南极大陆冰体在重力作用下，每年要从高处缓慢向四周冰缘移动，外伸成300多个陆缘冰或冰川。陆缘冰和冰川折断后形成冰山漂浮于海上，对南极洲周围的船舶航行构成了很大威胁，但其巨大的淡水资源也同时为许多干旱国家所青睐。

**（三）气候**

由于南极大陆纬度高，太阳高度角低，加上地势高与冰面散热快等，这里的年平均气温只有-25℃，比北极地区还要低20℃。内陆高原处年平均气温更低，为-56℃。南极点的最低气温甚至出现过-94.5℃的世界纪录（1967年挪威科学家所测）。所以，南极洲又是世界上最冷的大洲，即使到了最暖的月份（1月），平均气温也在0℃以下，可谓“全年皆冬”。

南极洲是世界上最干旱的大洲。由于冰面大而寒冷，空气密度及压力大，海洋上空的水汽很难进入内陆，因此降水稀少。其内陆高原的年降水（雪）量不足50毫米，大体与撒哈拉沙漠相当，是世界上最干旱的大陆。南极洲受极地气旋影响，常常刮极地东风，由于冰雪面大气缺少阻力，这里的风速每秒常在几十米甚至百米以上，是世界上风力最大的地区。风暴卷起地面积雪，形成暴风雪天气，南极洲阿德利地区的丹尼森角被称为“暴风雪的故乡”。

每年11月到次年3月为南极洲的“暖季”，“极昼”在这时出现。4月至10月为“寒季”，出现“极夜”时，常可看到极光。

**（四）自然资源**

由于气候严酷，生物在南极生存极为困难，整个大陆仅有2%的土地在暖季生长一些藻类、苔藓、地衣等低等植物。在海岸和海洋中，有企鹅、海豹、海狮、鲸、海鸥、海燕、信天翁等鸟兽活动，其中以阿德利企鹅数量最多，群体企鹅常达数万只。帝企鹅终年生活在南极沿海，并在5月至7月间的寒冬繁育后代，是南极生物的“代表”。一只成年帝企鹅的体重能长到40~45公斤。海洋中还有鲸，其中，以蓝鲸最大，大的体长33米，体重达160吨。但由于人类的滥捕，鲸的数量正在急剧减少，海豹也濒于灭绝。南极洲附近的海洋中，还有数量可观的磷虾。这种甲壳类浮游动物，身长5厘米，含有丰富的蛋白质，估计总量达10亿~50亿吨，是人类潜在的食品来源之一。日本已开始商业性试捕磷虾，年捕获量在20万~30万吨。

南极洲矿藏资源丰富，已发现的矿物达220种，包括煤、石油、天然气、铁、铜、铅、镍、锌、铝、钴、铬、钼、金、银、石墨、金刚石、钛、铂等，还有具有重要战略价值的钍、钚和铀等稀有矿藏。其中，查尔斯王子山脉的条带状铁矿床，厚100米，长120千米，为世界上最大的铁矿床，含铁品位达35%~38%。在罗斯海和威尔海海底，石油藏量也很大，估计储量在500亿桶以上。南极洲有煤蕴藏的事实，证明南极洲在很早以前也曾处在过温带或热带的位置，当时气候湿润并有茂密森林生长。后来由于大陆的长途漂移，南极地壳才到达今日所在的极地位置。

**（五）科学考察**

南极大陆是目前世界上唯一没有定居人口、国家存在的大陆。现已有40多个国家在这里建有100多个科学考察站。每年参加越冬的科技人员不到750人。暖季科学考察人数稍有增加，加上慕名而来的旅游者，来人总数可达三四千人。

1985年2月20日，我国在南极洲的乔治王岛建立了中国第一个科学考察站——长城站（62°13′S、58°58′W附近）；1989年，在南极大陆的拉斯曼丘陵建立了中山站（69°S、76°E附近）；1990年3月，我国考察队员秦大河与其他五国队员一起，第一次完成了人类历史上徒步通过南极点穿行南极大陆的壮举；2009年建立了中国第三个科学考察站（中国首个南极内陆科考站）——昆仑站；2014年，中国第四个南极科学考察站泰山站正式建成开站，这是一座南极内陆考察的度夏站；2018年，中国第五个南极科学考察站罗斯海新站正式选址奠基。

北京时间2008年1月18日，中国科学考察队将鲜艳的五星红旗插上了南极冰盖之巅。我国南极内陆冰盖队已经到达冰穹A（Dome-A）。

冰穹A和南极极点、磁点、冰点并称南极四大必争之点。在这四个点中，极点、冰点、磁点已经被美国、法国和苏联抢占。美国占据了“极点”，建立了阿蒙森·斯科特站；法国占据了“磁点”，建立了迪蒙·迪维尔站；苏联占据了“冰点”，测到了零下89℃的全球最低气温，建立了东方站。此前，人类在南极仅剩一个点尚未开展科学探测，那就是冰穹A。

冰穹A是南极内陆距海岸线最遥远的一个冰穹，是东南极中心，也是南极内陆冰盖海拔最高的地区（高点），最高海拔4 039米，气候条件极端恶劣，被称为“不可接近之极”。

## 第三节　世界四大洋概况

“海漫漫，直下无底傍无边。”在科学还不发达的时代，人们心目中的大海往往都是漫无边际的，其深“无底”，其大“无边”。地球海洋面积为3.61亿平方千米，约占地球表面总面积的71%。人们按世界大洋的分布特点，把全球大洋分为太平洋、大西洋、印度洋和北冰洋四个大洋。各大洋边缘又分为许多“海”。主要的大海共有50多个，如地中海、加勒比海、波罗的海、红海、南海等。

### 一、太平洋

1519年9月，麦哲伦率领的探险队从西班牙出发，横穿大西洋，经过麦哲伦海峡，横渡太平洋、印度洋，绕过好望角进入大西洋，探险队于1522年9月返回西班牙，完成了人类历史上第一次环球航行。麦哲伦船队来到太平洋（曾被西班牙航海家起名为“南海”）时，天气晴朗，海面风平浪静，于是，他们将所到的这个“南海”称为“和平之海”，汉译为“太平洋”。

**（一）位置和面积**

太平洋（Pacific Ocean）西南以塔斯马尼亚岛东南角至南极大陆的经线与印度洋分界，东南以通过南美洲最南端的合恩角的经线与大西洋分界，北经白令海峡与北冰洋连接，东经巴拿马运河和麦哲伦海峡、德雷克海峡沟通大西洋，西经马六甲海峡和巽他海峡通印度洋，总轮廓近似圆形。太平洋是地球上四大洋中最大、最深，且岛屿、珊瑚礁最多的海洋。它的南北长约 1.6 万千米，东西最大宽度约 2 万千米；它的面积约为 1.8 亿平方千米，约占世界海洋总面积的 50%，大于全球陆地面积的总和。

太平洋地理分区：通常以南、北回归线为界，分南、中、北太平洋；或以赤道为界分南、北太平洋；也有以东经 160°为界，分东、西太平洋的。北太平洋：北回归线以北海域，地处北亚热带和北温带，主要属海有东海、黄海、日本海、鄂霍次克海和白令海。中太平洋：位于南、北回归线之间，地处热带，主要属海有南海、爪哇海、珊瑚海、苏禄海、苏拉威西海、班达海等。南太平洋：南回归线以南海域，地处南亚热带和南温带，主要属海有塔斯曼海、别林斯高晋海、罗斯海和阿蒙森海。

**（二）气候**

太平洋有很大一部分处在热带和副热带地区，故热带和副热带气候占优势，它的气候分布、地区差异主要是由于水面洋流及邻近大陆上空的大气环流影响所产生的。气温随纬度增高而递减。南、北太平洋最冷月平均气温从回归线到极地为 20℃ ~16℃，中太平洋则常年保持在 25℃左右。太平洋年均降水量一般为 1 000 ~2 000 毫米，多雨区可达3 000 ~5 000毫米，而降水量最少的地区不足 100 毫米。北纬 40°以北、南纬 40°以南区域常有海雾。太平洋水面气温平均为 19.1℃，赤道附近最高达 29℃，在靠近极圈的海面有结冰现象。太平洋上的吼啸狂风和汹涌波涛很著名，在寒暖流交接的过渡地带和西风带内，多狂风和波涛，尤以南、北纬 40°附近海域为甚。

**（三）洋流**

洋流是指大洋的表层海水常年沿着固定的方向流动。洋流的能量来源是太阳能，当太阳光照射到地球后，能量转换成各种形式的动能，进而影响大气和海水的运动，另外，风的吹送、海水的温度与盐度的差异等都可以影响洋流循环。它的流速是每小时 3 ~4 千米。

洋流对气候（气温、降水、雾）、海洋生物、海洋污染、海洋航行影响很大。

太平洋的洋流环流系统在各大洋中是最完整的。在盛行风系、邻近大陆的海岸轮廓、岛屿分布及地转偏向力的影响下，在赤道至南北纬 40°左右的范围内，南北各形成一个完整的环流系统。北部为顺时针环流，由北赤道暖流、日本暖流（黑潮）、北太平洋暖流和加利福尼亚寒流组成；南部为逆时针环流，由南赤道暖流、东澳大利亚暖流、西风漂流和秘鲁寒流组成。这一环流系统因位于中纬度，水温较高，所以被称为暖水环流系统。在北纬 40° ~50°以北的太平洋中又形成一个较完整的逆时针环流，由阿拉斯加暖流（阿留申暖流）与千岛寒流（又称亲潮）组成。千岛寒流同黑潮相遇后，其中一部分东流，随同北太平洋暖流回到极地海域，形成一个水温较低的寒水环流系统。在南纬 50°以南直到南极大陆的高纬度地区，因无陆地阻挡，故西风漂流横贯太平洋、大西洋和印度洋南部，形成全球性的西风环流。两大环流之间为赤道逆流，由西向东运行，流速约每小时 2 000 米。

**（四）海洋资源**

太平洋生长的动、植物，无论是浮游植物、海底植物还是鱼类和其他动物，都比其他大洋要丰富。

太平洋渔业：太平洋浅海渔场面积约占世界各大洋浅海渔场总面积的 1/2，海洋渔获量占世界渔获量的一半以上，秘鲁、日本、中国舟山群岛、美国及加拿大西北沿海都是世界著名渔场，盛产鲱鱼、鳕鱼、鲑鱼、鳙鱼、鳟鱼、鲣鱼、沙丁鱼、金枪鱼、比目鱼等鱼类，还有海豹、海象、海熊、海獭、鲸等海兽。

太平洋矿物资源：近海大陆架的石油、天然气、煤很丰富，深海盆地有丰富的锰结核矿层（含锰、镍、钴、铜等矿物），海底砂锡矿、金红石、锆、钛、铁及铂金砂矿储量也很丰富。

### （五）交通运输

太平洋在国际交通上具有重要意义，许多条联系亚洲、大洋洲、北美洲和南美洲的重要海、空航线都经过太平洋。东侧的巴拿马运河和西南侧的马六甲海峡，分别是通往大西洋和印度洋的捷径和世界主要航道。海运航线主要有东亚—北美西海岸航线，东亚—加勒比海、北美东海岸航线，东亚—南美西海岸航线，东亚沿海航线，东亚—澳大利亚、新西兰航线，澳大利亚、新西兰—北美东、西海岸航线等。太平洋沿岸有众多的港口。纵贯太平洋的180°经线为“国际日期变更线”，船只由西向东越过此线，日期减去一天；反之，日期便加上一天。太平洋第一条海底电缆是1902年由英国敷设的，1905年美国在太平洋也敷设了海底电缆。目前，加拿大至澳大利亚、美国至菲律宾、日本至印度尼西亚、中国香港至菲律宾与越南、南美洲沿海各国之间都有海底电缆。近年在太平洋上空开始利用人造通信卫星进行联系。

## 二、大西洋

### （一）位置和面积

大西洋（Atlantic Ocean）位于南、北美洲和欧洲、非洲、南极洲之间，呈南北走向，似“S”形的洋带，面积8 221.7万平方千米，是世界第二大洋。根据最新海洋地质探察资料可知，它是在古生代末的“联合古陆”的基础上，通过2亿年以来的岩石圈板块扩张运动，逐渐形成的一个年轻大洋。以赤道为界，大西洋分为北大西洋和南大西洋。

大西洋北连北冰洋，东面界线为欧洲、非洲，并连接地中海、黑海；东南面与印度洋连接，以东经20°非洲南端厄加勒斯角的经线为界线，向南至南极洲；西南面与太平洋连接，连接处为德雷克海峡，以南美洲南端合恩角的经线（西经67°16′）为界；西面界线为南美洲及北美洲。与大西洋相接的海域有墨西哥湾、比斯开湾、地中海、黑海、挪威海、北海、波罗的海、加勒比海、斯科舍海、几内亚湾、凯尔特海等。重要海峡有英吉利海峡、多佛尔海峡、直布罗陀海峡、土耳其海峡。

### （二）洋流与气候

大西洋中的墨西哥湾暖流（又称“湾流”）是世界上最大的暖流，其宽度达60～80千米，厚700余米，流速达每昼夜150千米。这股暖流的北部延伸部分叫作“北大西洋暖流”，对于西欧、北欧的气候有着加温加湿的作用。如欧洲西岸，要比同纬度的加拿大东岸的气温平均高10℃左右。

### （三）海洋资源

大西洋海洋资源非常丰富。北海和纽芬兰附近，由于寒暖流交汇，形成世界四大渔场中的两大渔场。在加勒比海、墨西哥湾、北海、几内亚湾和地中海，蕴藏有丰富的海底石油。

### （四）交通运输

大西洋是世界上航运最为发达的大洋。欧洲至北美洲间的北大西洋航线为世界海运最繁忙的航线。大西洋两岸海港众多，拥有世界海港总数的3/4，全球海洋货运周转量的2/3，货物吞吐量的3/5。其中，荷兰的鹿特丹港为世界最大海港，年吞吐量常在3亿~3.5亿吨。大西洋的海运相当发达，东、西两侧分别经苏伊士运河和巴拿马运河与印度洋和太平洋相沟通。

## 三、印度洋

### （一）位置和面积

印度洋（Indian Ocean）位于亚洲、非洲、大洋洲和南极洲之间，大部分在南半球。面积7 491万平方千米，约占世界海洋总面积的21.1%，是世界第三大洋。印度洋西南以南非厄加勒斯角与大西洋分界；东南以塔斯马尼亚岛与太平洋分界；北面为陆地所封闭，向南至南极洲。印度洋的主要属海和海湾是红海、阿拉伯海、亚丁湾、波斯湾、阿曼湾、孟加拉湾、安达曼海、阿拉弗拉海、帝汶海、卡奔塔利亚湾、大澳大利亚湾、莫桑比克海峡等。

### （二）洋流与气候

印度洋北部海流随着季节的不同，会出现独特的“季风海流”。其流动方向随季节而有规律地变化：冬季受亚洲大陆高气压和赤道低气压制约，印度洋北部会吹东北季风，形成逆时针方向的海流；夏季印度洋西北部是低气压中心，夏季风由西南向东北运动，形成顺时针方向海流。印度洋主体部分处于赤道带、热带和亚热带气候区内，因而人们称其为“热带性海洋”。这里的水面平均温度可达到20℃~27℃。

### （三）海洋资源

印度洋及其属海和海湾石油资源极为丰富。波斯湾、红海、阿拉伯海、孟加拉湾、苏门答腊岛与澳大利亚西部沿海都蕴藏有丰富的海底石油。波斯湾是世界海底石油最大的产区。印度洋海水上层浮游生物很丰富，飞鱼、金枪鱼、马鲛鱼、鲸、海豹、企鹅数量众多，还盛产海胆、海参、海百合等棘皮动物。海生哺乳动物中的儒艮是印度洋的特产，由于这种动物形状似人，又有“人鱼”之称。波斯湾和斯里兰卡岛盛产珍珠。此外，各种藻类及各种红树林资源也很丰富，构成了一道奇特的海滨森林景观。

### （四）交通运输

印度洋的地理位置非常重要，是沟通亚洲、非洲、欧洲和大洋洲的交通要道。向东通过马六甲海峡可以进入太平洋，向西绕过好望角可达大西洋，向西北通过红海、苏伊士运河可入地中海。海上航线主要有亚、欧航线和南亚、东南亚、南非、大洋洲之间的航线。其中，从波斯湾到西欧、中国、日本、美国的航线，成为世界上最主要的石油运输线。印度洋的海底电缆多分布在北部，重要的线路有亚丁—孟买—马德拉斯—新加坡线、亚丁—科伦坡线、东非沿岸线。塞舌尔群岛的马埃岛、毛里求斯岛和科科斯群岛是主要的海底电缆枢纽站。沿岸港口终年不冻，四季通航。

## 四、北冰洋

### （一）位置和面积

北冰洋（Arctic Ocean）又称北极海，位于北极圈内，大致以北极点为中心。北冰洋是世界四大洋中最小、最浅的。面积1 405.6万平方千米，约占世界大洋面积的3.6%。平均深度1 200～1 300米。北冰洋海岸线曲折，多岛屿，主要岛屿有格陵兰岛、斯瓦尔巴群岛、北极群岛等。北冰洋有巴伦支海、波弗特海、楚克奇海、东西伯利亚海、格陵兰海、哈得逊湾、哈得逊海峡、喀拉海、拉普捷夫海、白海和巴芬湾等边缘海和陆间海。

### （二）气候

北冰洋大部分海域处在北极圈内，因此太阳辐射量非常少，全年水温都低于0℃。冬半年（11月至次年4月）绝大部分海域气温平均为－40℃～－20℃，即使是最高温的7、8月份，平均气温也只有0℃～6℃。这里的降水形式主要是飘雪，降水量为75～150毫米。北冰洋是世界上最寒冷的大洋，由于气候极度严寒，北冰洋海域大部分为长年不化的浮冰，约占北冰洋面积的2/3，厚度多为2～4米。中央的海冰已持续存在300万年，是永久性的海冰。水温大部分时间在0℃以下。当海水向南流进大西洋时，瓦解的冰山就随之流入大西洋，给航运带来威胁。1912年4月15日，泰坦尼克号客轮就是撞到漂流的冰山而沉没的。

### （三）海洋资源

北冰洋大陆架广阔，现已发现大量的石油、天然气资源，沿海岛屿富藏煤、铁、铜、铅、锌、镍、锡、金、钠等矿产。除矿产外，北极特有的动物也较多，如北极熊、海象、海豹、海豚、北极狐、雪兔、鹿、鲸、绒鸭等。巴伦支海和格陵兰海为世界著名的渔场，盛产鲱鱼、鳕鱼等海产。由于气候严寒，北冰洋区域内的植物种类较少，植物以地衣、苔藓为主。

### （四）交通运输

由于北冰洋多为厚冰覆盖，海上航行极为不便。目前，北冰洋沿岸已有固定的航空线和航海线，主要有从摩尔曼斯克到符拉迪沃斯托克（海参崴）的北冰洋航海线和从摩尔曼斯克到雷克雅未克和伦敦的航线。由于世界人口主要分布于北半球，因此，就目前而言，北冰洋对人类的综合影响远比南极对人类的影响要大得多。

北冰洋虽然海运困难，但其上空是重要的空中要道和捷径。北冰洋周围由亚洲、欧洲和北美洲三大洲环绕，北冰洋上空是亚洲北部（日本、中国、韩国、俄罗斯远东部分）、北美洲北部（美国、加拿大）、欧洲北部（北欧、东欧、西欧）三个地区之间来往的重要空中走廊和最短航线。如“日本东京—北极—丹麦哥本哈根”的航空线，由原来的15 600千米缩短了2 700千米。

### （五）极地科考：北极黄河站

北极地区主要由北冰洋、周边陆地以及岛屿组成，而所有陆地分属俄罗斯、美国、加拿大、丹麦、挪威、冰岛、瑞典和芬兰8个环北极国家。我国第一个北极科学考察站——中国北极黄河站（78°55′N，11°56′E）在挪威斯瓦尔巴群岛的新奥尔松建成，并于2004年7月投入使用。

北极地区人类干扰较少，是科学研究的天然试验室。在北极地区建立科学考察站，可以形成一个国际平台，便于国际交流。

我国北极科考将围绕全球气候变化及对我国气候和环境的影响、极区空间环境和空间天气、极地环境中的生命特征与过程等问题，重点开展海洋、大气、冰雪、空间物理、遥感、地质、地球物理、生物和生态的长期观测和研究。

## 第四节　世界主要海峡

海峡是指两块陆地之间连接洋与洋、洋与海、海与海的较狭小的水道。全世界用于国际航行的主要海峡有 40 多个。这些海峡的重要性是由其所处的地理位置决定的。它们连接五大洲，沟通四大洋，不仅是世界海上交通和全球贸易的纽带，也是军事行动的重要航道和战略要冲。

当今的世界经济是全球化经济，90% 的世界贸易运输是通过海运来实现的。根据联合国贸易和发展会议（UNCTAD）发布的全球海运发展报告——《2019 年世界海运述评》，按重量计算，海运贸易量占全球贸易总量的 90%；按商品价值计算，则占贸易额的 70% 以上。2018 年全球海运贸易量为 110 亿吨（约 7.93 亿个标准箱）。在国际航线中最重要的海峡包括马六甲海峡、英吉利海峡、霍尔木兹海峡、直布罗陀海峡、黑海海峡、曼德海峡、朝鲜海峡、台湾海峡、望加锡海峡、龙目海峡、巽他海峡、卡特加特海峡、佛罗里达海峡等。它们均为海上交通的“咽喉”要道，具有十分重要的政治、经济和军事意义。

### 一、马六甲海峡

马六甲海峡是连接太平洋与印度洋的战略交通要道。马六甲海峡位于马来半岛和印度尼西亚苏门答腊岛之间，是连接南中国海和安达曼海的一条狭长水道，是沟通欧洲、亚洲和非洲的海上交通纽带，也是美国海军太平洋舰队往返于海湾、夏威夷和美国西海岸最近航线的必经之路，战略地位十分重要，有“东方的直布罗陀”之称。

### 二、霍尔木兹海峡

霍尔木兹海峡位于伊朗和阿拉伯半岛（阿曼）之间，沟通了波斯湾和阿拉伯海。霍尔木兹海峡（“霍尔木兹”源出波斯语，意即“光明之神”）沿岸国家有伊朗、阿曼，沿岸气候为热带沙漠气候。

作为世界著名的“石油海峡”，霍尔木兹海峡是波斯湾通往阿拉伯海的“咽喉”，也是波斯湾沿岸石油出口的重要通道，它被称为“世界油库的阀门”。

霍尔木兹海峡最窄处仅 38.9 千米，它是波斯湾的唯一出口。霍尔木兹海峡长度虽然只有 150 千米，却是石油运输最繁忙的海峡。从霍尔木兹开出的油轮，一部分经红海、苏伊士运河或好望角运往西欧、北美，另一部分经马六甲海峡或龙目海峡、望加锡海峡运往日本，还有一部分直接运往澳大利亚等国。

2009 年 3 月 20 日，美军一艘核潜艇和一艘两栖登陆舰在霍尔木兹海峡相撞。由于霍尔木兹海峡是国际原油输送的大动脉，海湾地区出产的原油 40% 都要经过这条狭窄的海峡运送出去，上述事故发生后原油价格开始疯狂上升。

## 三、直布罗陀海峡

直布罗陀海峡位于欧洲伊比利亚半岛南端与非洲大陆西北角之间，北岸为西班牙，南岸为摩洛哥，是沟通地中海与大西洋的唯一水道，西欧、北欧各国进口的原油、原料以及出口的工业品绝大部分要通过这里。因此，人们将其称作“西方海上的生命线”。

## 四、英吉利—多佛尔海峡

英吉利—多佛尔海峡由英吉利海峡（法国称拉芒什海峡）和多佛尔海峡（法国称加来海峡）组成，位于欧洲大陆和大不列颠岛之间，是沟通北海和大西洋的重要海上通道。海峡总长约600千米，以法国塞纳河口到英国南岸朴次茅斯为界，西南是英吉利海峡，东北为多佛尔海峡。海峡东窄西宽呈喇叭形，最窄处仅33千米，最宽处则达180千米。这两条海峡实际上是一条，但历史上一直被分为两条海峡。其沿岸气候为温带海洋性气候。英吉利—多佛尔海峡是北海—大西洋航运要道，也是亚欧航线必经的要道，还是世界上货运最繁忙、通过船只最多的海峡。

## 五、曼德海峡

曼德海峡是连接红海和亚丁湾的海峡，位于红海南端的也门和吉布提之间，其名在阿拉伯语中意为“泪之门”。该海峡航道复杂，礁石密布，沉船事故多。该海峡最窄处仅30千米，其中又被小岛丕林岛一分为二：靠近亚洲的东半部又名“伊斯坎德海峡”（意即亚历山大的海峡），宽3 000米，深30米；靠近非洲的西半部又名“马云海峡”，宽25 000米，深310米。虽然西半部远宽于东半部，但其中分布着一系列岛礁，称为“七兄弟岛”，大大降低了海峡的通行能力。海峡地区在副热带高压控制下形成热带沙漠气候，终年炎热高温，8月份表层水温达27℃～32℃，是世界上最暖的热带海峡之一。高温增强了海水蒸发，而降水稀少、缺乏河水补给、海峡窄且浅，又阻隔了曼德海峡与亚丁湾、阿拉伯海之间的海水交换，使得它成为世界上盐度最大的海峡。曼德海峡北通红海、南连亚丁湾，是大西洋通往印度洋最短航线上的必经航道，也是欧、亚、非三洲间海上交通贸易的重要航道。目前，这里是世界最繁忙的海道之一，被西方人称为“世界战略的心脏”。

## 六、黑海海峡

黑海海峡位于黑海与爱琴海、地中海之间。沿岸国家为土耳其，海峡沿岸属地中海气候。黑海海峡是黑海进入地中海的门户。

黑海海峡又叫土耳其海峡，因在土耳其境内而得名。黑海海峡把黑海和地中海连接起来，是黑海的唯一出口，黑海周围的国家走水道只有沿黑海海峡—地中海—直布罗陀海峡才能进入大西洋，或经地中海—苏伊士运河进入印度洋。黑海海峡包括北部的博斯普鲁斯海峡、中部的马尔马拉海和南部的达达尼尔海峡三部分，全长共约300千米，是欧亚大陆的天然分界线。土耳其最大的城市伊斯坦布尔（原名君士坦丁堡、拜占庭）被博斯普鲁斯海峡一分为二，城市西部位于欧洲的巴尔干半岛上，东部位于亚洲的小亚细亚半岛上，是世界上唯一横跨两大洲的大城市。1973年，土耳其政府修建了横跨海峡的博斯普鲁斯公路大桥，全长 1 560 米，将伊斯坦布尔市联成一体，使欧、亚两大洲连在一起造就了伊斯坦布尔“东方十字路口”的美称。达达尼尔海峡是黑海海峡的最南段，它和地中海的爱琴海直接相连，长 61 千米，最宽处 6.4 千米，最窄处仅 1.3 千米，水深在 57 ~ 71 米。海峡两岸悬崖峭壁，地形险要，具有重要的战略意义。

## 七、台湾海峡

台湾海峡位于东海大陆架南部，与南海大陆架相连，处于中国的福建和台湾两省之间，自东北向西南伸展，是南海和东海的通道，属于纵向狭长形的海峡，素来就有“海上走廊”之称。它的北界从福建省的海坛岛到台湾省的富贵角，相距约 172 千米；南界从福建省东山岛到台湾省最南端鹅銮鼻，宽约 370 千米，南北长约 380 千米，东西平均宽度约 190 千米，最窄的地方（海坛到新竹）仅 130 千米。

## 八、望加锡海峡

望加锡海峡位于印度尼西亚加里曼丹岛与苏拉威西岛之间，北连苏拉威西海，南接爪哇海和弗洛里斯海，沿岸气候属热带雨林气候。望加锡海峡是沟通印度洋和太平洋的重要航线，它与龙目海峡相连，是连接太平洋西部和印度洋东北部的战略通道。“二战”期间，为了争夺海峡控制权，日本联合舰队与盟军在此进行过望加锡大海战。

龙目海峡位于印度尼西亚群岛的巴厘岛和龙目岛之间，北接巴厘海，南通印度洋。龙目海峡是印度尼西亚群岛各海峡中最为安全的水道，它可通行载重 20 万吨级以上的大型船只。它不仅是印度尼西亚群岛之间的纽带，也是太平洋与印度洋海上航运的重要通道。

## 九、巽他海峡

巽他海峡位于印度尼西亚苏门答腊岛和爪哇岛之间，是沟通爪哇海与印度洋的通道，是西北太平洋沿岸国家经爪哇岛至东非和绕道好望角去西非和欧洲的海上要冲，也是美国海军第七舰队从西太平洋赴印度洋的重要通道。中国明代郑和曾率领远洋船队穿过此水道。海峡长约 150 千米，宽 22 ~ 110 千米，水深 50 ~ 80 米，最大水深 1 080 米。海峡地区处于地壳运动活跃地带，多火山活动。海峡内的喀拉喀托火山平静了 200 年后，于 1888 年 8 月 27 日再次大爆发。火山的剧烈活动不仅使喷发出的大量火山物降落到海峡和周围地区，而且改变了海底地形，使水深变浅，崎岖不平，阻碍了 20 万吨级以上巨型轮船的顺利通行。

## 十、佛罗里达海峡

佛罗里达海峡位于美国佛罗里达半岛与古巴岛之间，沟通墨西哥湾与大西洋。海峡北岸属亚热带季风性湿润气候，南岸属热带草原气候。佛罗里达海峡是墨西哥湾至大西洋的航运要道。

## 十一、朝鲜海峡

朝鲜海峡是对马海峡和朝鲜海峡的统称，是日本海进出东海和太平洋的“咽喉”。其中对马海峡位于日本对马岛和壹岐岛之间，从海峡向西南可直达中国东海，向西通过朝鲜海峡与中国黄海相连，向东通过关门海峡、濑户内海可达太平洋，向北通过日本海出鞑靼海峡到鄂霍次克海。朝鲜海峡是俄罗斯太平洋舰队从远东港口到太平洋的“咽喉”要道。

### 十二、麦哲伦海峡

麦哲伦海峡位于南美大陆与火地岛之间，沟通南大西洋和南太平洋。海峡沿岸属温带海洋性气候。麦哲伦海峡是南美洲南部东西两岸的海上交通要道，是大西洋和太平洋之间大型轮船的航运要道。

## 第五节 世界主要运河

### 一、苏伊士运河

苏伊士运河位于埃及东北部的苏伊士地峡，连接地中海和红海，沟通大西洋和印度洋，是亚、非两洲分界线，沿岸属地中海气候和热带沙漠气候。

苏伊士运河是连通欧、亚、非三大洲的主要国际海运航道，与绕道非洲好望角相比，从欧洲大西洋沿岸各国到印度洋缩短了5 500～8 000千米路程；从地中海沿岸各国到印度洋缩短了8 000～10 000千米路程；对黑海沿岸来说，则缩短了12 000千米路程；它是一条在国际航运中具有重要战略意义的海运航道。苏伊士运河于1859年开凿，1869年竣工。运河开通后，英法两国就垄断了苏伊士运河公司96%的股份，每年从中获得巨额利润。从1882年起，英国在运河地区建立了海外最大的军事基地，在此驻扎了将近10万军队。“二战”后，埃及人民坚决要求收回苏伊士运河的主权，并为此进行了不懈的斗争。1954年，英国被迫同意将它的占领军撤离埃及领土。1956年，埃及政府宣布将苏伊士运河公司收归国有。1976年，埃及政府开始着手进行运河的扩建工程。工程完成后，航行水域扩大到5 000平方米，通航船只的吃水深度增至21.98米，使运河货轮通航能力达到25万吨。目前，亚洲和欧洲之间除石油以外的一般货物海运，80%的货轮都经过苏伊士运河。

### 二、巴拿马运河

巴拿马运河位于中美洲巴拿马共和国的中部，它是沟通太平洋和大西洋的国际运河和海上交通捷径，它比绕行南美洲缩短了一万多千米的航程，对美国具有重要的经济和战略意义，被美国视为“地峡生命线”。沿岸属热带雨林气候。巴拿马运河全长81.3千米，水深13～15米，河宽150～304米。整个运河的水位高出太平洋和大西洋26米，设有6座船闸。船舶通过运河一般需要9个小时，可以通航7.6万吨级的轮船。其国际贸易货运量仅次于苏伊士运河。

巴拿马地处北美洲与南美洲的交界处，西临太平洋，东临大西洋，最宽的陆域宽度只有80多千米。早在16世纪，西班牙国王查理五世就曾下令进行开凿巴拿马运河的测量与调查工作。1879年，审查巴拿马运河问题的国际代表会议在法国巴黎召开，决定由法国政府全面负责运河开凿。1880年，法国的“全球巴拿马洋际运河公司”宣布正式开工，挖凿巴拿马运河。后因流行病及财政困难，挖凿工程于 1889 年停顿。此后，美、英、法三国围绕着巴拿马运河的开凿问题展开了激烈角逐。1901 年，美、英缔结《海—庞斯福特条约》，美国获得了开凿、经营和管理巴拿马运河的特权。1903 年，在美国的策划下，哥伦比亚共和国巴拿马地区发生政变，宣布成立巴拿马共和国。随后，美国与巴拿马签订了不平等的美巴条约，规定了美国以一次性偿付 1 000 万美元和 9 年后付给年租 25 万美元的代价，取得永久使用巴拿马运河区（约 14. 74 万公顷）的权利。除了这一权利之外，美国还得到修建铁路和设防驻军的权利。

在法国原先开凿运河航道的基础上，美国雇用了数十万劳工挖凿运河。在整个挖凿施工过程中，先后有 7 万名劳工死亡。巴拿马运河于 1914 年竣工，1915 年通航，1920 年起成为国际通航水道。巴拿马运河通航以后，美国一直控制着运河航行等各个环节。为了夺回运河的管理权，巴拿马人民不断进行英勇斗争。1946 年，巴拿马爆发了震惊世界的反美爱国斗争，最终美国政府和巴拿马政府签订了《巴拿马运河条约》。根据此条约，美国须在 1999 年前将巴拿马运河及运河区全部归还巴拿马，美国驻扎在运河区 16 个基地的军队全部撤走，运河和运河区由巴拿马共和国收归国有。

巴拿马运河扩建工程始于 2007 年，历时 9 年，成本超过 50 亿美元。2016 年 6 月 27 日，运河扩建完成，能够通过的最大集装箱船的运力为 1. 3 万标准箱。

## 三、基尔运河

基尔运河被称为北海—波罗的海运河，又称威廉皇帝运河，开凿于 1887—1895 年，1907—1914 年加以扩建。它位于德国日德兰半岛南部，沿岸气候为温带海洋性气候。基尔运河的通航具有重大的军事、战略与经济价值，在 20 世纪发生的两次世界大战期间它都是战争参与方拼死争夺的战略要点，便利的通航条件使这条古老的运河直到今天依然是波罗的海—北海航运上一条极为重要的通道。在经济、军事以及战略等各个方面，基尔运河对德国和北约其他成员国都有着重要意义。

## 四、莱茵河—多瑙河运河

莱茵河—多瑙河运河是德国巴伐利亚州境内的跨流域通航运河。从莱茵河支流美因河岸的班贝格到多瑙河的凯耳海姆，全长 171 千米，宽 55 米。从纽伦堡至凯耳海姆一段，长 102 千米，其间需翻越汝拉山，工程十分艰巨。由于弗兰克侏罗山的分水岭比班贝格高 175 米，比凯耳海姆高 68 米，因此沿途需修建 16 座长为 190 米的船闸。运河已于 1985 年全线通航，大大缩短了北海和黑海之间的航程，沟通了两大水系沿岸的国家，创造了跨流域调水、农业灌溉和水力发电等效益。

## 五、京杭大运河

京杭大运河是世界上里程最长、工程量最大的运河。北起北京（涿郡），南到杭州（余杭），经北京、天津两市及河北、山东、江苏、浙江四省，贯通海河、黄河、淮河、长江、钱塘江五大水系，全长约 1 794 千米。京杭运河对中国南北地区之间的经济、文化发展与交流，主要是对沿线地区经济的发展和城镇的兴起起到了巨大作用。京杭大运河也是世界上最古老的运河之一，它和万里长城并称为中国古代的两项伟大工程，闻名世界。

## 知识拓展

**一、地球的特点**

赤道有点鼓，两极稍扁平；自西向东转，时间始变迁；

东西为纬线，南北为经线；赤道为大圆，两极化为点。

**二、东西南北半球的划分**

西经二十度，东经一百六，一刀切下去，东西两半球。

南北半球分，赤道零纬度，一年有四季，南北正相反。

**三、昼夜交替和四季变化**

地球自转，昼夜更换。绕日公转，四季出现。

自转一日，公转一年。自西向东，方向不变。

**四、天气和气候**

天气：短时阴晴雨雪冷热风；气候：多年平均春夏和秋冬。

**五、影响气候的因素**

纬度数第一，赤道两极殊；其次看海陆，远海夏季干；

地形很重要，高寒背风旱；洋流有影响，暖流增温湿。

**六、洋流对气候、海洋生物、海洋污染、海上航行的影响**

首先，洋流对气候产生影响。总体来说，暖流增加温度和湿度，寒流降低温度和湿度。洋流使低纬度的热量向高纬度传输，主要是源于暖流的贡献。洋流对同纬度大陆两岸气温产生影响：暖流经过的大陆沿海气温高，寒流经过的大陆沿海气温低。暖流上空有热量和水汽向上输送，使得层结不稳定、空气湿度增大而易产生降水。而寒流产生逆温，层结稳定，水汽不易向上输送，蒸发又弱，下层相对湿度虽然有时很大，但只能成雾，不能成雨。寒流表面多平流雾，出现海陆风雾（陆风在白天流到寒流表面而形成平流雾）或海雾（在寒暖流交汇处，风自暖流表面吹至寒流表面而形成平流雾）。

其次，洋流对海洋生物产生影响。在寒暖流交汇处或上升补偿流区，往往形成较大的渔场。位于日本北海道岛附近的北海道渔场，受日本暖流和千岛寒流交汇的影响而形成；位于欧洲北海的北海渔场，受北大西洋暖流与极地东风带带来的北冰洋南下冷水交汇的影响而形成；秘鲁渔场附近海岸盛行东南信风，为离岸风，形成上升补偿流（亦称涌流），从而形成渔场；加拿大纽芬兰岛附近的纽芬兰渔场，受北大西洋湾流和拉布拉多寒流交汇的影响而形成。另外，在太平洋东部赤道地区的科隆群岛（又名加拉帕戈斯群岛）的赤道地区有企鹅分布，与秘鲁寒流的影响有关。

再次，洋流对海洋污染产生影响。洋流既可以使污染物迅速扩散，也相应地使污染范围扩大。

最后，洋流对海上航行产生影响。洋流流向影响航行速度，海雾影响能见度，对海上航行安全构成威胁。

**七、世界热带经济作物及其分布**

世界上的热带经济作物主要分布在东南亚、南亚、撒哈拉以南的非洲和拉丁美洲等高温多雨的热带气候区，湿热的气候和肥沃的土壤有利于热带经济作物的生长。热带经济作物主要有天然橡胶、油棕、椰子、蕉麻、奎宁、丁香、剑麻、可可、甘蔗、香蕉、咖啡等。马来西亚是天然橡胶、油棕的主要生产国，曾被誉为“橡胶王国”；椰子和蕉麻主要分布在菲律宾；印度尼西亚的奎宁产量居世界第一位；非洲的坦桑尼亚盛产丁香和剑麻；加纳的可可产量居世界第一位；在拉丁美洲，巴西的咖啡、甘蔗、香蕉、剑麻产量均居世界第一位；中美洲诸国是世界上最大的香蕉产地；古巴有肥沃的火山灰土，大部分土地种植甘蔗，蔗糖产量很高。这些国家的经济特征是以原料或半成品等初级产品出口作为本国的经济支柱，对国际市场依赖性大，粮食往往不能自给自足。为改变这种因长期遭受殖民统治而留下的畸形经济结构，许多国家已开始进行农业“绿色革命”，变部分种植园为水稻田，扩大耕地面积，逐渐摆脱发达国家的经济控制。

## 技能训练

**一、填空题**

（1）非洲东濒__________洋，西临__________洋，北隔__________海和__________海峡与欧洲相望，东北隅以狭长的________海、______________紧邻亚洲。

（2）南美洲位于西半球的南部，东临________洋，西濒________洋，北临__________海，南美大陆与火地岛之间是__________海峡，南美洲南端隔德雷克海峡与南极洲相望。一般以__________运河为界，同北美洲分开。

（3）__________海峡和__________运河分别是太平洋进入印度洋和大西洋的捷径和世界主要航道。

（4）马六甲海峡位于________________和__________________之间，它的西北端是安达曼海，东南端是__________海。__________海峡又称土耳其海峡，是亚洲与欧洲的分界线。

（5）__________海峡位于印度尼西亚苏拉威西岛和加里曼丹岛之间；龙目海峡位于印度尼西亚龙目岛与巴厘岛之间，沟通了巴厘海和________洋。

**二、简答题**

1. 下列物品中哪些是原料，哪些是工业制成品

活牲口、牛肉罐头、皮鞋、巧克力糖、钻石戒指、可可豆、咖啡、原油、木材、金刚石、铜、汽车

2. 阅读以下资料，分析撒哈拉以南的非洲摆脱单一经济困扰的出路

（1）南部非洲的博茨瓦纳就是一条腾飞的“小龙”。在从 1966 年独立到 1990 年的 25 年间，年平均经济增长率始终在两位数以上，目前已是一个人均收入 2 800 多美元的中等收入国家。

（2）地处印度洋上的岛国毛里求斯是一条不大为人所知的“经济小龙”。1968 年独立后，毛里求斯大力发展旅游业和第三产业，同时建立出口加工区和发展金融业，经济年平均增长率保持在 6%，人均收入达 2 500 美元，人均寿命 70 岁，是非洲生活水平最高的国家之一。

（3）1960 年，科特迪瓦从法国统治下获得独立，经济上是一个以生产热带经济作物可可、咖啡为主的农业国家。20 世纪 70 年代，国际市场上可可、咖啡价格成倍上涨，科

特迪瓦国家收入大增；70 年代后期，人均年生产总值超过 1 000 美元。国家利用赚取的外汇，换取工业品和粮食，办学校、建高速公路、修机场、发展城市建设，使科特迪瓦成为非洲经济发展最快的国家，人们说“科特迪瓦创造了奇迹”，是“非洲成功的经验”。但是，80 年代以来，世界可可、咖啡产量增多，价格下跌，科特迪瓦经济遇到很大困难。为了摆脱经济困境，科特迪瓦政府决定大力发展多种经营，广泛种植油棕、菠萝、橡胶、甘蔗、椰子和水稻等多种作物，努力增产粮食；同时，还吸引外资，大力兴办农产品加工工业和旅游业等多种产业，初步改变了单一经济带来的种种问题，使科特迪瓦的民族经济得到了振兴和发展。

**三、综合题**

1. 用直线把下列港口和相应的外港连接起来

| | | | | |
|---|---|---|---|---|
| 圣保罗 | 广州 | 珀斯 | 不来梅 | 利马 |
| 黄埔 | 桑托斯 | 弗里曼特尔 | 不来梅港 | 卡亚俄 |

2. 读西亚地图，并回答问题

（1）西亚自古以来就是兵家必争之地，其主要原因是：

①西亚地处“五海三洲”之地，其中五海是指________海、________海、________海、________海和里海。

②西亚以________为中心的石油资源十分丰富，请将该区域的油田用红笔圈起来。其________量、________量和________量均在世界上占重要地位。

（2）西亚诸多产油国中，________、________、____________、____________和阿拉伯联合酋长国等的石油产量居世界前列。

# 第二章　国际贸易中的交通运输

## 第一节　概述

随着国际贸易的迅速发展，国际货运量相应增加，从而加大了运输任务。为了适应国际贸易的发展，各种不断改进的现代化运输工具如轮船、火车、飞机、汽车等都向大型化、自动化、高速化和专门化发展。现代化的运输方式简化了运输程序，提高了运输效率。国际贸易运输的发展促进了国际贸易的发展，拓展了国际贸易市场，加速了国际分工的深化发展。

### 一、国际贸易运输的特点

第一，中间环节多，运输距离长。国际贸易运输是跨国（地区）的远距离运输，在长途运输中，可能运用多种运输方式和运输工具，如货轮、货车、火车等，往往需要经过多次的装卸搬运，经过不同的国家（地区），才能把货物送达目的地。

第二，涉及面广，情况复杂多变。国际贸易运输要在不同国家（地区）的海关、商检、保险等机构办理相关业务，涉及不同国家（地区）的法律、法规制度、交易习惯等，这就造成了国际贸易情况的复杂多变。

第三，时间性强。国际市场风云变幻，价格随时波动，进口商要求按时交货，否则可能会导致损失，造成违约赔偿。特别是一些应急产品和鲜活产品，如果不能准时送达目的地，所造成的经济损失会更大。

第四，风险大。由于国际贸易运输具有中间环节多、运输距离长、涉及面广、时间性强等特点；同时自然环境中的因素难以控制，如台风、海啸等；各国的政治经济形势变化万千，如战争、罢工等；所以国际贸易运输风险比国内贸易运输风险要大很多。为了减少风险带来的损失，国际贸易运输的货物和运输工具通常都需办理保险业务。

### 二、国际贸易运输的主要方式

国际贸易运输根据采用的运输工具的不同可分为水路运输、陆地运输、航空运输、管道运输等多种运输方式。其中水路运输又分为海洋运输和内河运输，陆地运输分为铁路运输和公路运输。其他运输方式主要包括邮政运输、集装箱运输、大陆桥运输和国际多式联运等（见图 2 –1）。

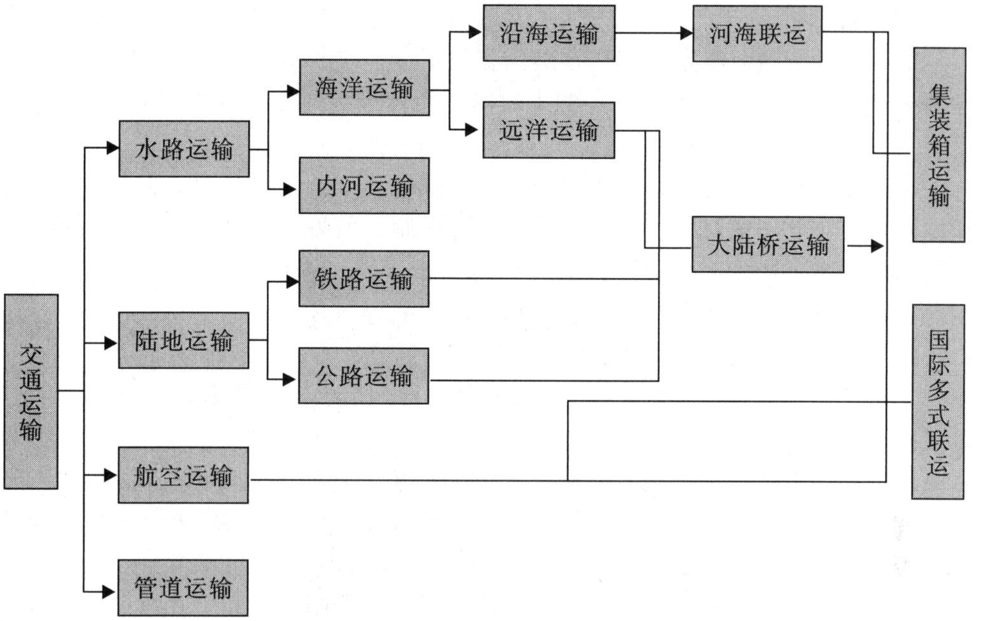


**图 2-1　国际贸易运输主要方式示意图**

### （一）水路运输

以船舶为运输工具的水路运输方式主要包括海洋运输和内河运输，海洋运输是国际贸易运输中使用最多的运输方式。水路运输具有运量大、运价低、投资少等优势，但受天气条件和季节变化的影响较大，运输速度相对较慢。目前，国际贸易中有70%左右的货物是采用水路运输的。

### （二）陆地运输

陆地运输方式包括铁路运输和公路运输。铁路运输以火车为运输工具，具有运量大、速度较快、受气候影响较小和时间性强等优势，因此在国际贸易运输中也使用较多，仅次于海洋运输。公路运输以汽车为运输工具，其优点具体表现为：投资少、装运方便、周转速度较快，可以从发货人仓库到收货人仓库，从而实现“门到门”的运输；机动灵活、简捷方便、应急性强，能深入其他运输工具到达不了的地方；适于点多、面广、零星、季节性强的货物运输；运距短、单程货多，港口集散可争分夺秒，便于突击抢运任务；是空运班机、船舶、铁路衔接运输不可缺少的运输形式。随着公路现代化、车辆大型化，公路运输是实现集装箱在一定距离内“门到门”运输的最好运输方式。公路运输的缺点是汽车的载重量小，车辆运输时震动较大，易造成货损事故，费用和成本也比海洋运输和铁路运输高。

### （三）航空运输

航空运输也被称为“桌到桌快递服务”（Desk to Desk Express Service）。航空运输以飞机为运输工具，具有速度快、不受河海道路地形限制等优势，安全准时，可以节省包装和储存费用，尤其适用于国际贸易中易损货物、贵重商品、易腐商品以及鲜活和应急货物的运输。

### （四）邮政运输

国际贸易中的邮政运输是一种具有国际多式联运性质的运输方式。通常一件国际邮件要经过两个或两个以上国家（地区）的邮政局和两种或两种以上不同运输方式的联合作业方可完成。邮政运输主要将水路运输、铁路运输、公路运输和航空运输等各种方式结合起来，由各国邮政部门订立协定，从而保证邮件、邮包在世界各地畅通无阻，形成全球性的邮政运输网络。邮政运输对邮件重量和体积均有限制，如每件包裹重量不得超过20千克，长度不得超过一米，因此邮政运输较适宜于运送重量轻、体积小的小商品，如精密仪器、机器零件、金银首饰、药品以及各种样品和零星物品等。

在国际贸易运输方式中，邮政运输主要有以下特点：

第一，具有广泛的国际性。邮政运输是在国（地区）与国（地区）之间进行的，在大多数情况下，邮件邮包需要经过两个或几个国家（地区）。各国（地区）相互经转对方的国际邮件，是在平等互利、相互协作配合的基础上，遵照国际邮政公约和协定进行的。为确保邮政运输的安全、迅速、准确传送，在办理邮政运输时，必须熟悉并严格遵守本国和国际的各项邮政规定和制度。

第二，具有国际多式联运性质。邮政运输过程一般需要经过两个或两个以上国家（地区）的邮政局和两种或两种以上不同的运输方式的联合作业才能完成，但邮政托运人只要向邮政局照章办理一次托运、一次付清足额邮资并取得一张包裹收据，全部手续即告完备。至于邮件运送、交接、保管、传递等一切事宜，均由各国（地区）邮政局负责办理。邮件运抵目的地后，收件人即可凭邮局到件通知和收据向邮政局提取邮件。

第三，具有“门到门”（Door to Door）运输的性质。各国（地区）邮政局星罗棋布于全国（地区）各地，邮件一般可在当地就近向邮政局办理，邮件到达目的地后，收件人也可在当地邮政局就近提取邮件。因此邮政运输基本上可以说是“门到门”运输，它为邮件托运人和收件人提供了极大的方便。

近年来，特快专递业务发展迅速，目前最主要的方式包括EMS国际特快专递（International Express Mail Service）和DHL信使专递（DHL Courier Service）两种。

**【知识链接】**

**EMS国际特快专递**

EMS国际特快专递业务是由各国（地区）邮政局开办的一项特殊邮政业务。该业务在各国（地区）邮政、海关、航空等部门均享有优先处理权。它以高速度、高质量为用户传递国际紧急信函、文件资料、金融票据、商品货样等各类文件资料和物品，同时提供多种形式的邮件跟踪查询服务。此外，EMS还提供代客包装、代客报关、代办保险等一系列综合延伸服务。EMS的特点：一是“特”，通过邮政通信企业内部特殊的生产组织形式，形成特殊的经营政策和服务方式；二是“快”，运用最快捷的运输工具进行传递。国内特快专递邮件在大城市之间一般只需2～3天即可到达，国际特快专递邮件只需要3～5天；三是“专”，由专人收寄，专门机构处理，专车投送，直接送到收件人手中。目前，中国邮政国际特快专递业务已与世界上200多个国家和地区建立了业务关系。

### （五）管道运输

管道运输是以管道作为运输工具的一种长距离输送液体和气体物资的运输方式。管道运输主要用于由生产地向市场输送原油、天然气、成品油、矿浆、煤浆和化学产品等。如俄罗斯向欧洲出口天然气和石油等都采用管道运输的方式。

在国际贸易运输方式中，管道运输有着独特的优势。管道运输具有运输量大、连续、迅速、经济、安全、可靠、平稳以及投资少、占地少、费用低的优势，并可实现自动控制。除广泛用于石油、天然气的长距离运输外，还可运输矿石、煤炭、建材、化学品和粮食等。管道运输可省去水路运输或陆地运输的中转环节，缩短运输周期，降低运输成本，提高运输效率。管道运输的缺点是不如其他运输方式（如公路运输）灵活，除承运的货物比较单一外，还不容随便扩展管线。而且常常要与铁路运输、公路运输和水路运输相配合才能完成全程输送。当运输量明显不足时，运输成本会显著增大。

当前管道运输的发展趋势是：管道的口径不断增大，运输能力大幅度提高；管道的运距迅速增加；运输物资由石油、天然气、化工产品等流体逐渐扩展到煤炭、矿石等非流体。

**【知识链接】**

#### 中国管道运输业的现状

管道运输业是继铁路、公路、水路、航空运输之后的第五大运输业，它在国民经济和社会发展中起着十分重要的作用。截至2020年底，我国油气管网总里程达到约16.5 ×104千米，其中原油管道3.1 ×104千米、成品油管道3.2 ×104千米、天然气管道10.2 ×104千米。

“十三五”期间，我国原油管道主要建设了中俄原油管道二线、中缅原油管道、仪征—长岭原油管道复线、铁岭至大连原油管道复线等项目。“西油东进、北油南下、海油登陆”的总体流向基本稳定，东北和海上原油进口通道进一步完善。成品油新建管道里程达8 342千米，“西油东送、北油南运、沿海内送、周边辐射”的总体流向更加稳固，互联互通能力得到加强。天然气管道新建干线管道里程1.02 ×104千米，“西气东输、北气南下、川气东送、海气登陆”的整体流向保持稳定，中东部地区干线管网输气能力显著提升。

### （六）集装箱运输

集装箱运输是以集装箱作为运输单位进行货物运输的现代运输方式，目前已成为国际上普遍采用的一种重要运输方式。集装箱运输是运输方式的重大变革，可用于海陆空各种运输方式的单独运输和不同运输方式的联合运输。

### （七）大陆桥运输

大陆桥运输是指以横贯大陆的铁路、公路运输系统为中间桥梁，把大陆两端的海洋连接起来的运输方式。从形式上看，这是海—陆—海的连贯运输，但实际做法已在世界集装箱运输和多式联运的实践中发展成多种多样。

**（八）国际多式联运**

国际多式联运是在集装箱运输的基础上产生和发展起来的，这是一种以集装箱为媒介，把海洋运输、铁路运输、公路运输和航空运输等传统的单一运输方式有机地联合起来完成国际货物运输的方式。

## 第二节　海洋运输

海洋运输是国际贸易运输中最重要的运输方式。目前，通过海洋运输的国际贸易货物约占总运量的2/3，中国进出口货运总量的约90%都是利用海洋运输来完成的。

### 一、海洋运输的产生与发展

海洋运输的产生与发展源于国际贸易发展的需要，其发展与造船和航海技术的进步有着密切关系。

**（一）早期海洋运输**

随着奴隶制诞生而伴生的国际贸易，其交易的主要商品是奴隶和奢侈品，因此当时贸易中心的地理分布都位于强大的奴隶制国家及其殖民地。

公元1世纪前后，罗马帝国征服地中海沿岸之后，势力抵达红海与波斯湾，便以亚历山大港为基地，积极开拓对东方的海上贸易。文艺复兴时代，随着贸易和航运的高度发展，荷兰、意大利、西班牙和英国等地建造了大量港口。

15世纪，航海技术和造船业已有了较大的发展。随着造船业的发展、罗盘仪的改造和应用、航海技术的进步以及海上贸易的发展，海洋运输成为运输业的一种形式，沿海城市也随之成为新的贸易中心。

**（二）近、现代世界海洋运输**

1807年，美国人罗伯特·富尔顿制造的第一艘蒸汽船——“克莱蒙特”号取得了成功，世界上诞生了第一艘蒸汽船，这为古老的海运业注入了新的活力。这条船长为45.7米，宽为4米，吃水量为0.6米，装有两片42.6米高的帆，蒸汽机只是作为辅助动力，这也是早期此类船的一大特点。这艘船于1807年在哈德逊河上试航，时速为8千米。1840年，蒸汽船第一次成功地横渡大西洋，揭开了海洋运输业的新篇章。

1897年，卢道夫·狄塞尔发明了柴油内燃机，在德国开始使用。1902—1905年间制造的最早的内燃机船很快成为海洋运输的新宠儿。1962年，美国建成了第一艘核动力商船“萨凡那”号，海洋运输业由此进入了核动力时代。20世纪科技的进步加速了海洋运输业的发展，从无线通信到人造卫星通信，再到全球海难安全系统，船舶设计制造也在大型化、高速化方面取得了很大进步。几十万吨的油轮、散货船，以及每小时几十海里航速的快速客船航行于世界各地。第二次世界大战以后，世界经济逐步向一体化过渡，客观上使得工业、农业等在不同国家、不同地区形成了一定程度的专业分工，国际贸易迅速增长，带动了海洋运输业的快速发展。

### 二、海洋运输的特点

海洋运输是国际商品交换中最重要的运输方式之一。海洋运输具有以下特点：

**（一）运输量大**

运输量大的主要原因是船舶向大型化发展。如 50 万 ~ 70 万吨级的巨型油轮、16 万 ~ 17 万吨级的散装船以及集装箱船的大型化，船舶的载运能力远远大于火车、汽车和飞机，是世界上运输能力最大的运输工具。超巨型油轮装载量已达 60 多万吨，第五代集装箱船的载箱能力已超过 5 000 标准箱。

**（二）通过能力强**

海上运输得益于四通八达的天然航道，因此它不像火车、汽车那样要受轨道和道路的限制，其通过能力要高于其他各种运输方式。根据政治、经贸环境以及自然条件的变化，它还可随时调整和改变航线以完成运输任务。

**（三）运费低廉**

海上运输航道为天然形成，港口设施一般为政府所建，经营海运业务的公司可以大量节省用于基础设施的投资。船舶运载量大、经久耐用且节省燃料、运输里程远，所以货物的单位运输成本相对低廉。据统计，海运运费一般约为铁路运费的 1/5、公路汽车运费的 1/10、航空运费的 1/30，这就为低值大宗货物的运输提供了有利的竞争条件。

**（四）对货物的适应性强**

海洋运输基本上可以适应各种货物的运输。其他运输方式无法装运的大型货物，如石油井台、火车、机车车辆等，船舶一般都可以装运。

**（五）运输的速度慢**

由于船舶体积大导致水流阻力大、运载量大导致装卸时间长等各种因素的影响，海洋运输速度比其他运输方式要慢。较快的班轮航行速度也仅为 30 千米/小时左右。

**（六）风险较大**

海洋环境复杂，气象多变，船舶海上航行受自然气候和季节性影响较大，随时都有可能遇上狂风、巨浪、雷电、海啸等人力难以抗衡的海洋自然灾害，遇险的可能性相对而言较大。同时，海上运输还存在着社会风险，如受战争、罢工、贸易禁运等因素的影响。为减少损失，对海上运输的货物、船舶保险应尤其予以重视。

## 三、世界海运业的发展现状

**（一）世界海运大国垄断海运市场**

根据联合国贸易和发展会议（UNCTAD）《2022 年世界海运述评》报告，2022 年全球海运贸易增长率为 1.4%，比 2021 年（3.2%）低近两个百分点，低于过去三十年 3.3% 的平均增长率。

2018 年至 2021 年，按载重吨位和商业价值计算，前三大船东国家分别是希腊、中国和日本。中国船东的船队在全球船队载重规模中的占比为 12.74%。希腊船东的船队在吨位方面领先，中国船东的船队在商业价值方面领先。

海上船舶供应继续由中国、韩国和日本三个国家主导，这三个国家在 2022 年总共占据了 94% 的市场份额。2021 年，中国的造船业增长了 15.5%，韩国增长了 8.3%，但日本下降了 16.4%。

2021 年，中国最大的航运公司——中国远洋海运集团（COSCO）市场份额为 11.2%，仅次于 MSC（17.3%）、APM - Maersk（16.5%）和 CMA CGM 集团（12.7%）。

## （二）国际航运市场的重心正向亚太地区转移

20 世纪初，大西洋海洋运输独占全球海运量的 3/4，这一状况在 80 年代开始出现较大改变，随着东亚经济的崛起，国际航运市场明显东移。目前，环太平洋地区已控制着世界船队主要运力的 40%。位居世界集装箱装卸量前五名的港口有四个在亚洲，它们分别是香港港、新加坡港、高雄港和釜山港（另一个是鹿特丹港，居第四位）。

从 2006 年世界前二十大班轮公司的排名可以看出，远东地区班轮公司（船队）发展最为迅速，20 大班轮公司中属于远东地区的有 10 家，其中进入前十名的有 5 家，它们是中国长荣海运股份有限公司、中国远洋运输有限公司、中国海运集团有限公司、韩国韩进海运公司、日本邮船公司。2007 年，远东地区航运市场与欧盟市场和北美自由贸易区市场并驾齐驱，各占世界航运市场的 1/4。

根据 Alphaliner 公布的数据，排名前二十的集装箱班轮公司运力占全球的 89.7%（见表 2－1）。

全球主要班轮公司为：马士基航运、地中海航运、中远海运、达飞轮船、赫伯罗特、海洋网联船务、长荣海运、阳明海运、太平船务、现代商船、以星航运、万海航运、中谷海运、伊朗国航（IRISL）、高丽海运（KMTC）、安通控股、海丰国际、X-Press Feeders Group、UniFeeder、德翔海运。

**表 2－1　Alphaliner 公司统计全球前 20 班轮公司运力排名（截至 2020 年 1 月）**

| 排名 | 班轮公司名称 | 集装箱吞吐量（标准箱） | 船数（艘） | 动力占比（%） |
|---|---|---|---|---|
| 1 | APM-Maersk | 4 192 742 | 707 | 17.76 |
| 2 | Mediterranean Shg Co | 3 757 451 | 564 | 15.91 |
| 3 | COSCO Group | 2 938 574 | 481 | 12.44 |
| 4 | CMA CGM Group | 2 691 995 | 506 | 11.40 |
| 5 | Hapag-Lloyd | 1 717 889 | 240 | 7.27 |
| 6 | ONE（Ocean Network Express） | 1 581 368 | 221 | 6.70 |
| 7 | Evergreen Line | 1 276 568 | 200 | 5.41 |
| 8 | Yang Ming Marine Transport Corp. | 646 630 | 100 | 2.74 |
| 9 | PIL（Pacific Int. Line） | 393 498 | 120 | 1.67 |
| 10 | Hyundai M. M. | 388 526 | 63 | 1.65 |
| 11 | ZIM | 291 036 | 60 | 1.23 |
| 12 | Wan Hai Lines | 274 036 | 97 | 1.16 |
| 13 | Zhonggu Logistics Corp. | 161 068 | 113 | 0.68 |
| 14 | IRISL Group | 152 419 | 48 | 0.65 |
| 15 | KMTC | 146 734 | 63 | 0.62 |
| 16 | Antong Holdings（QASC） | 146 152 | 117 | 0.62 |
| 17 | SITC | 117 812 | 82 | 0.50 |
| 18 | X-Press Feeders Group | 116 404 | 80 | 0.49 |

（续上表）

| 排名 | 班轮公司名称 | 集装箱吞吐量（标准箱） | 船数（艘） | 动力占比（%） |
|---|---|---|---|---|
| 19 | UniFeeder | 85 067 | 57 | 0. 36 |
| 20 | TS Lines | 79 673 | 35 | 0. 34 |

**（三）海运业发展的新趋势**

（1）能源转型和脱碳。大约40%的海上货物由化石燃料组成，随着俄乌冲突对能源供应链的影响和国际海事组织（IMO）关于降低国际航运碳强度的技术和营运措施新规的生效，能源转型将改变对航运、船舶类型和尺寸以及港口和船舶使用的燃料的需求。航行模式、航运网络和为这些船舶提供服务的港口也亟待重塑。

（2）数字化转型。海运贸易正在被运输和物流的数字化所重塑。自2020年以来，物联网、区块链、大数据和人工智能等新技术的应用，促使海运市场提高了效率、可持续性和可恢复性。

（3）航运业加速并购。在快速发展的运营环境中，马士基等航运公司和迪拜环球港务公司等港口运营商正通过并购向更广泛的物流领域延伸，涵盖港口码头、仓库、货运代理、航空运输、电子商务、其他物流服务和IT业务。

## 四、国际海洋运输航线

**（一）海运航线的类型**

1. 按航行的范围分类

（1）大西洋航线。

（2）太平洋航线。

（3）印度洋航线。

（4）环球航线。

2. 按航程的远近分类

（1）远洋航线，指航程距离较远，船舶航行跨越大洋的运输航线，如远东至欧洲和美洲的航线。中国习惯上以亚丁港为界，将亚丁港以西，包括红海两岸和欧洲以及南北美洲广大地区的航线划为远洋航线。

（2）近洋航线，指本国各港口至邻近国家港口间的海上运输航线。中国习惯上将在亚丁港以东地区的亚洲和大洋洲的航线称为近洋航线。

（3）沿海航线，指本国沿海各港口之间的海上运输航线，如中国的上海—广州，青岛—大连等。

3. 按船舶运营方式分类

（1）定期航线，指使用固定的船舶，按固定的船期和港口航行，并以相对固定的运价经营客货运输业务的航线。定期航线又称班轮航线，主要装运杂货物。

（2）不定期航线，指临时根据货运的需要而选择的航线。船舶、船期、挂靠港口均不固定，是以经营大宗、低价货物运输业务为主的航线。

**（二）世界主要的海运航线（含港口）**

（1）北大西洋航线：西欧（鹿特丹、汉堡、伦敦、哥本哈根、圣彼得堡等）、北欧

（斯德哥尔摩、奥斯陆等）—北大西洋—北美洲东岸（纽约、魁北克等）、南岸（新奥尔良港，途经佛罗里达海峡）。

（2）亚欧航线（也叫苏伊士运河航线）：东亚（横滨、上海、香港等城市的港口，途经台湾、巴士海峡等）、东南亚（新加坡、马尼拉等）—马六甲海峡—印度洋—南亚（科伦坡、孟买、加尔各答、卡拉奇等）—曼德海峡（亚丁）—红海—苏伊士运河（亚历山大）—地中海（突尼斯、热那亚）—直布罗陀海峡—英吉利（多佛尔）海峡—西欧各国。

（3）好望角航线：西亚（阿巴丹等，途经霍尔木兹海峡）、东亚、东南亚、南亚—印度洋—东非（达累斯萨拉姆）—莫桑比克海峡—好望角（开普敦）—大西洋—西非（达喀尔）—西欧。载重量在 25 万吨级以上的巨轮无法通过苏伊士运河，需绕道非洲南端的好望角。

（4）北太平洋航线：亚洲东部、东南部—太平洋—北美西海岸（旧金山、洛杉矶、温哥华、西雅图等）。该航线是亚洲同北美各国间的国际贸易航线，随着东亚经济的发展，这条航线上的贸易量不断增加。

（5）巴拿马运河航线：北美洲东海岸—巴拿马运河（巴拿马城）—北美洲西海岸各港口。该航线是沟通大西洋和太平洋的捷径，对美国东西海岸的联络具有重要意义。

（6）南太平洋航线：是亚太地区国家（悉尼、惠灵顿）—太平洋（火奴鲁鲁）—南美西海岸（利马、瓦尔帕莱索等）往来的通道。

（7）南大西洋航线：是西欧—大西洋—南美东海岸（里约热内卢、布宜诺斯艾利斯等）的海上通道。

（8）北冰洋航线：东亚（海参崴）—太平洋—白令海峡—北冰洋—北欧（摩尔曼斯克）—大西洋—西欧。

其中（1）（2）（3）（4）这四条航线是世界上比较繁忙的航线，北大西洋航线是其中最为繁忙的海上运输路线，好望角航线是石油运输量最大的航线，被称为西方国家的“海上生命线”。

目前，世界海运集装箱航线主要有：

（1）远东—北美航线。

（2）北美—欧洲、地中海航线。

（3）欧洲、地中海—远东航线。

（4）远东—大洋洲航线。

（5）大洋洲—北美航线。

（6）欧洲、地中海—西非、南非航线。

## 五、世界主要港口

港口是世界各国海陆交通中最重要的联系枢纽，是国际贸易货物运输的主要门户。全球年吞吐量在 1 亿吨以上的世界大港有 20 多个，包括上海、鹿特丹、纽约、神户、横滨、新加坡、汉堡、安特卫普、伦敦、马赛、洛杉矶和香港等地的港口。2017 年，全球海运贸易的货物总量较上年增长 4%，达到约 107 亿吨，换算成 20 英尺标准箱后的全球集装箱吞吐量约为 7.52 亿标准箱，较上年增长 6%。由于亚洲各国间贸易扩大及欧美需求旺盛，亚洲的吞吐量占到总体的 64%，其后依次为欧洲（16%）、北美（8%）。联合国贸易和发展会议（UNCTAD）公布的全球海上运输相关报告显示，2017 年集装箱吞吐量排名前十的港口中，上海港（第 1 名）、深圳港（第 3 名）、宁波舟山港（第 4 名）、香港港（第 5 名）、广州港（第 7 名）、青岛港（第 8 名）和天津港（第 10 名）名列前茅。新加坡港（第 2 名）和釜山港（第 6 名）也排名靠前，亚洲独占前 8 席位，反映出其在全球海运领域的“核心地位”。

### （一）上海港

上海港位于长江三角洲前缘，居中国大陆海岸线的中部、扼长江入海口，地处长江东西运输通道与海上南北运输通道的交会点，是中国沿海的主要枢纽港。上海港港区拥有各类码头泊位 1 140 个，其中万吨级以上生产泊位 171 个，码头线总长为 91.6 千米。上海港的水陆交通便利，输运渠道畅通，通过高速公路和国道、铁路干线及沿海运输网可辐射到长江流域甚至全国，对外接近世界环球航线，处在世界海上航线边缘。2017 年上海港集装箱吞吐量突破 4 023 万标准箱，创下全球港口集装箱运输史上最高纪录。

### （二）鹿特丹港

鹿特丹为荷兰第二大城市，鹿特丹港是世界上最大的港口，位于欧洲莱茵河与马斯河汇合处。整座城市分布在马斯河两岸，距北海约 25 千米，有新水道与北海相连。港区水域深广，内河航船可通行无阻，外港深水码头可停泊巨型货轮和超级油轮。鹿特丹是连接欧洲、美洲、亚洲、非洲、大洋洲的重要港口，素有“欧洲门户”之称。鹿特丹有 400 条海上航线通往世界各地，每年约有 3.1 万艘海轮和 18 万～20 万艘内河船舶停靠。港口年货物吞吐量高达 3 亿吨，装卸集装箱达 400 多万个。港口设备先进，拥有机械化装卸码头、大型仓库和冷藏库，是世界上最大的集装箱港口之一（其余为香港港、新加坡港、高雄港、纽约港等）。港内可停泊 30 万～50 万吨级巨型油轮。进口和过境的大宗货物有石油、石油制品、矿石、煤炭、粮食、化肥等。进出口主要对象为德国、英国、法国、意大利等国家。

### （三）纽约港

纽约港是全球的大港口之一，位于美国东北部纽约州东南沿海哈德逊河口，在长岛西端的上纽约湾内，濒临大西洋西北侧，是美国主要海港之一。它是美国第三大集装箱港口，也是美国出口废金属的最大港口。该港口年货物吞吐量达 2 亿吨以上，对外贸易总值约占美国的 40%。纽约港是天然深水港，自然条件十分优越，有隐蔽、潮差小和冬季不冻等优点以及纵深港湾，20 万吨级巨轮可以自由出入。纽约港包括三部分：纽约、新泽西、纽瓦克，分属纽约和新泽西两个州的辖区。港口与纽瓦克、肯尼迪国际机场相距约 20 千米，有定期航班飞往世界各地。

### （四）神户港

神户港位于日本南部兵库县芦屋川河口西岸，距国际机场约 1 小时车程，濒临大阪湾西北侧，是日本最大的集装箱港口，也是世界十大集装箱港口之一。自古以来神户就是日本的重要交通枢纽，其公路、铁路及航空运输皆配备现代化装备。它既是日本最大的工业中心之一，又是其主要的国际贸易中心。神户港的特点是填海建造的人工岛如港岛及罗卡岛等有桥梁可与大陆连接。码头可停靠 15 万吨载重的船舶，年货物吞吐量接近 2 亿吨。主要出口货物为机械、车船、纺织品、钢铁及家用电器等，进口货物主要有粮谷、棉花、原油、矿石、天然橡胶及食品等。

### （五）横滨港

横滨港位于日本本州东南部神奈川县东部沿海，濒临东京湾的西侧，北与川崎港相邻，是日本第二大港口，也是世界亿吨大港之一和世界十大集装箱港口之一。它的发展与中国上海相仿，原为一个小渔村，在西方列强使用炮舰外交后被辟为自由港。该港是京滨工业区的核心之一，其工业产值仅次于东京和大阪，居日本第三位。年货物吞吐量达 2 亿吨，主要出口货物为钢铁、船舶、车辆、化工产品、机械设备、罐头食品及纺织品等，进口货物主要有原油、煤、纤维制品、矿石、食品及机械等。

### （六）新加坡港

新加坡港位于新加坡的新加坡岛南部沿海，西临马六甲海峡的东南侧，南临新加坡海峡的北侧，是亚太地区最大的转口港，也是世界的大型集装箱港口之一。该港扼太平洋及印度洋之间的航运要道，战略地位十分重要，是全国政治、经济、文化及交通的中心。该港自然条件优越，水域宽阔，风暴影响较少，水深适宜，且港口设备先进完善，采用计算机化的情报系统，谋求用户手续的简化和方便。新加坡港已成为世界上最繁忙的港口，共有 250 多条航线来往于世界各地，约有 80 个国家和地区的 130 多家船公司的各种船舶日夜进出该港，平均每 12 分钟就有一艘船舶进出，相当于一年之内世界现有货船都在新加坡停泊了一次，所以新加坡港有“世界利用率最高的港口”之称。新加坡港年吞吐量达到 2 亿多吨，为世界三大港口之一。主要进出口货物为石油、机械设备、电子电器、化肥、水泥、谷物、糖、橡胶、面粉、化工产品、矿砂、工业原料、食品、木材、椰干、棕榈果、水果及杂货等。

### （七）伦敦港

伦敦港是英国最大的海港，位于英国东南沿海泰晤士河下游的南北两岸，从河口开始向上游延伸，经蒂尔伯里港区越过伦敦桥，直至特丁顿码头，长达 80 千米，大量的封闭式港池群是该港的一大特色。伦敦港区水域面积为 63 公顷，有 4 个主要港池，水深 11 ~ 12 米，可以停泊 3 万吨级的货船。其集装箱泊位是欧洲最为现代化的，沿河岸还建有 4 个突堤式散装粮食泊位，前沿水深 13 米，10 万吨级轮船可以停靠。伦敦港同世界上 100 多个国家和地区的港口有往来，主要进口货物为石油、煤炭、钢铁、木材、矿石及粮谷等，出口货物主要有水泥、机械、车辆、石油制品、化工产品及日用杂货等。

### （八）香港港

中国香港位于珠江三角洲的出口，是华南地区之门户，地理位置十分优越，海陆空交通发达，在中国改革开放的过程中占有相当重要的地位。香港是亚洲地区重要的经济中心，由于本身拥有国际水准的经贸设施及国际贸易网络，并与中国内地有着独特的联系，其重要性不言而喻。因地理位置优越，香港港长期以来是全球四大港口之一，海运以发展国际转运货柜业务为主。

### （九）马赛港

马赛港位于法国东南沿海利翁湾东北岸，濒临地中海的西北侧，包括福斯及布克等港区，是法国最大的海港。该港背山面海，没有强劲的潮汐和海流，航道安全、昼夜通航，是一个天然良港。马赛港是地中海的最大商港，也是欧洲第三大港，又是世界最大客运港之一。该港不仅是公路、铁路和航空的枢纽，而且工商业发达。马赛港主要进口货物为石油、煤、粮谷、木材、面粉、矿石、羊毛、蔬菜、水果、皮革、糖、硫黄及金属制品等，出口货物主要有水泥、机械、成品油、石灰、肥皂、酒及咖啡等。该港与世界上300多个港口有船舶往来，有18家航空公司与60多个国家通航。

### （十）洛杉矶港

洛杉矶港位于美国西南部加利福尼亚西南沿海圣佩德罗湾的顶端，濒临太平洋东侧，是美国第二大集装箱港。洛杉矶是横贯美国东西向的主要干线圣非铁路的西部桥头堡，东部大西洋沿岸的桥头堡为费城；另一条铁路干线是南太平洋铁路，从洛杉矶开始经过新奥尔良港向东延伸至大西洋沿岸的杰克逊维尔港。洛杉矶是美国西海岸最大的工业城市，著名工业为飞机制造业和石油工业。西北部的好莱坞是美国电影业的中心，与东部的迪斯尼游乐中心一样举世闻名。港口距机场约30千米，有定期航班飞往世界各地。港区最大可靠泊载重22万吨的油船。洛杉矶港主要出口货物为石油、水泥、机械、化学品、棉花、钾碱、新鲜水果、鱼制品及罐头等，进口货物主要有钢材、天然橡胶、纤维制品、糖浆、木材、纸张、干果、羊毛、车辆、咖啡、玻璃及香蕉等。

### （十一）汉堡港

汉堡港位于德国北部易北河下游的北岸，距入海口约为76千米，濒临黑尔戈兰湾，是德国最大的港口，已发展为欧洲最重要的中转海港和世界上最大的自由港，在自由港的中心有世界上最大的仓储城。港口距机场约15千米，该港作为欧洲重要的中转港，以广阔、迅速而节省的运输能力沟通内陆各个国家。汉堡港在16千米的范围内提供了世界上最大的免税区域，其中仓库面积达60万平方米，货棚面积达76万平方米。海关对报关的货物均不作检查，也不征收关税，只在货物到达目的地后由当地海关检查和收税。在自由港区内货物的堆存期没有规定，只要按要求支付堆存费和装卸费即可。该港主要进口货物为煤、木材、矿石、原油、棉花、粮谷、水果、羊毛、烟叶、菜油、冻肉、橡胶、咖啡、可可及杂货等，出口货物主要有焦炭、水泥、钢铁、机器及零件、车辆、电气用品、石油、人造肥料、糖、盐、粮食、瓷器、玻璃器皿、纸张及化工产品等。

### （十二）安特卫普港

安特卫普港位于比利时北部沿海斯海尔德河下游东岸，有两条河底隧道相通，西距北海约为50千米，东有阿尔贝特运河直通马斯河，是比利时的最大海港，目前已发展为欧洲第二大港，也是世界著名的亿吨大港之一。它是比利时第二大工业中心，主要工业有炼油、化学、汽车、钢铁、有色冶炼、机械、造船等，同时也是国际钻石的重要贸易地。港口距机场约15千米。安特卫普港主要进口货物为矿砂、煤、石油、木材、羊毛、棉花、粮食、铜、橡胶及咖啡等，主要出口货物有煤、水泥、钢铁、焦炭、机械、铁路设备、玻璃、纺织品及化工产品等。

**【知识链接】**

**基本港口和非基本港口**

基本港口（Base Port）指班轮公司的船一般要定期挂靠的港口。大多数为位于航运中心的较大口岸，港口设备条件比较好，货量多而稳定。规定为基本港口就不再限制货量。运往基本港口的货物一般均为直达运输，无须中途转船。但有时也因货量太少，船方决定中途转运，由船方自行安排，承担转船费用。按基本港口运费率向货方收取运费，不得加收转船附加费或直航附加费，并应签发直达提单。

非基本港口（Non-Base Port）指基本港口以外的港口。一般除按基本港口收费外，还需另外加收转船附加费。达到一定货量时则改为加收直航附加费。例如新几内亚航线的侯尼阿腊港（Honiara），便是所罗门群岛的基本港口；而基埃塔港（Kieta）则是非基本港口。运往基埃塔港口的货物运费率要在侯尼阿腊港运费率的基础上增加转船附加费43美元（USD）/英尺。

## 六、海洋运输国际组织

### （一）国际海事组织

国际海事组织（International Maritime Organization，IMO）是联合国负责海上航行安全和防止船舶造成海洋污染的一个专门机构，总部设在伦敦，该组织的宗旨是为促进各国间航运技术的合作，鼓励各国在促进海上安全、提高船舶航行效率、防止和控制船舶海洋污染等方面采取统一标准，处理有关法律问题。

### （二）国际海事委员会

国际海事委员会（Comité Maritime International，CMI），是促进海商法统一的非政府间国际组织，1897年创立于比利时的安特卫普。国际海事委员会的宗旨是通过各种恰当的方式和活动促进国际海商法、海事惯例和实践做法的统一。委员会促进各国海商法协会的成立，并与其他具有相同宗旨的国际性协会或组织进行合作。具体包括：第一，促进海商法的实施，使国际海事安全发展；第二，建立海事仲裁委员会，研究处理成员国之间的争端问题；第三，制定海商法案。国际海事委员会自创立以来，草拟了不少国际海事公约，并被国际社会接纳、得以生效，著名的如《约克·安特卫普规则》《海上避碰规则》《船舶碰撞中民事管辖权方面若干规定的国际公约》《维斯比规则》等。

### （三）波罗的海和国际海事协会

波罗的海和国际海事协会（Baltic and International Maritime Conference，BIMCO）是各国船舶所有人和船舶经营人为了维护自己的利益而联合组成的国际航运组织，也是世界上最大的代表船舶所有人利益的国际航运民间组织之一。

自1901年开始，波罗的海和白海的航运业竞争日益激烈，从事该地区航运业务的英国、丹麦、德国、瑞典等国的船舶所有人为了缓和竞争、稳定运价，于1905年11月建立了波罗的海和白海公会。1927年公会正式改名为波罗的海和国际海事协会，总部设在丹麦哥本哈根。

### （四）班轮公会与航运联营体

1. 班轮公会

班轮公会（Freight Conference）又称航运公会，俗称水脚公会，是在国际海上货物运输中，主要海运国家经营班轮运输的航运公司为保护和协调彼此间的权益而组成的超国家的航运垄断组织。

19世纪末，国际航运竞争日益激烈，为避免因竞相降价争揽货源而损害各自利益，7家英国航运公司于1875年组成了联合公会——加尔各答班轮公会，其协议规定了各自的船舶发航艘次和最低运价。此后班轮公会有了很大发展，目前全世界已有360多个班轮公会，遍布于各主要班轮航线，由海运发达国家的航运公司控制。

班轮公会的任务是规定共同遵守的最低运价；通过对船舶发航次数、船舶吨位和挂靠港口的限制，控制会员公司之间的竞争；采用折扣、回扣、延期回扣和合同优惠等办法给予货主一定优惠，以控制货源，排挤会外航运公司和垄断航线上的班轮业务。

海运发达国家通过班轮公会垄断航运业务的做法，严重阻碍了发展中国家航运业的发展。在第三世界国家的争取下，1974 年在联合国贸易和发展会议全权代表会议上通过了《班轮公会行动守则公约》，规定了货载分配原则、入会条件和公会提高运价的期限。公约的制定和实施便利了国际海上货运的有序发展，促进了班轮运输更有效地为国际贸易服务，有利于发展中国家发展自己的商船队，限制了发达国家对班轮航运的垄断。

2. 航运联营体

航运联营体是指班轮公司以舱位互租、互换、联营等形式组成的联盟。联营体联合经营航线，但是船舶管理市场的营销还是由各公司自理，不统一制定运价。长期以来，舱位共享、舱位互换等合作协议在班轮公司间非常普遍，联营体形式更被认作是班轮业的根基。

20 世纪 70 年代，一些班轮公司开始组织或加入联营体。20 世纪 90 年代，随着欧亚航线几个主要联营体的期满解散，各大班轮公司开始新一轮的组合，并将这种联营行为推广到亚洲—北美航线、欧洲—北美航线，航运联营体由此进入了一个新的阶段，即战略联盟。通过联盟与各种合作协议，个体班轮公司有机会在全球范围内开展业务，而不必在每条航线上都开辟自己的航线、投放自有的船舶。

## 第三节 铁路运输

在国际货物运输中，铁路运输是仅次于海洋运输的主要运输方式。海洋运输的进出口货物也大多是靠铁路运输进行货物的集中和分散。

1825 年，用机动车牵引列车在轨道上行驶于城市之间以输送货物或旅客的运输方式在英国出现，这就是铁路史的开始。此后，美国、德国等相继开始修建铁路。

19 世纪后期，工业先进国家的铁路已初具规模，俄国修建的西伯利亚铁路和美国开发西部修建的铁路，都长达数千千米。铁路建筑技术和铁路机车制造技术也取得了新的发展，如铁路隧道的开凿技术方面。在铁路机车制造方面，蒸汽机车的性能日趋完善，同时电力机车和内燃机车先后于 1879 年和 1892 年研制成功。

20 世纪后期，铁路的技术改造获得了重大进展，美、英、法、日本和苏联等国的铁路牵引动力几乎全部采用内燃机车和电力机车。20 世纪 60 年代初期，日本建成了东京到大阪的东海道新干线，专门行驶旅客列车，最高行车速度达到每小时 210 千米。此后，法、英、美等国和联邦德国都开始修建行驶高速列车的高速铁路。高速铁路出现的同时，世界上一些有大宗煤炭或其他矿产货物输送任务的国家开始建设重载铁路。

世界铁路发展的主要趋势是运输设备的现代化和运输管理的自动化。

### 一、铁路运输的特点

第一，准确性和连续性强。铁路运输几乎不受气候影响，一年四季可以不分昼夜地进行定期的、有规律的、准确的运输。

第二，速度较快。铁路货运速度每昼夜可达几百千米，一般货车可达 100 千米/小时，行驶速度远远高于海上运输。

第三，运输量较大。一列铁路货物列车一般能运送 3 000 ~ 5 000 吨的货物，运输量远远高于航空运输和公路运输。

第四，成本较低。铁路运输费用仅为公路运输费用的 1/10；运输耗油量约是公路运输的 1/20。

第五，安全可靠。铁路运输受天气影响不大，风险远比海上运输小。

第六，初期投资大。铁路运输需要铺设轨道、建造桥梁和隧道，建造工程艰巨复杂；需要消耗大量钢材、木材；占用土地多；其初期投资大大超过其他运输方式。

## 二、世界主要铁路干线

### （一）西伯利亚大铁路

西伯利亚大铁路西起莫斯科，跨越 8 个时区和 16 条欧亚河流，沿途经过 1 000 多个车站，一直通往日本海沿岸的符拉迪沃斯托克（海参崴），总长 9 332 千米，是目前世界上最长的铁路。西伯利亚大铁路全线均系复线、双轨，已经全部实现电气化，是连接亚洲东部各国、欧洲各国和西亚的重要运输干线。西伯利亚大铁路西起莫斯科，经车里雅宾斯克、鄂木斯克、新西伯利亚、伊尔库茨克、赤塔、哈巴罗夫斯克（伯力），到符拉迪沃斯托克（海参崴）。全线运量西段大于东段，其中尤以鄂木斯克至新西伯利亚间路段（长 627 千米）最为繁忙。该铁路主要运输煤炭、木材、矿石、建材、金属及粮食等，具有重要的经济和战略意义。

为了加快开发西伯利亚和远东地区，苏联政府决定修建第二条西伯利亚铁路（贝阿铁路）。这条新铁路西起西伯利亚大铁路的泰舍特站，经勒拿河畔的乌斯季库特、贝加尔湖北端的下安加尔斯克、赤塔州的恰拉、阿穆尔州的腾达和哈巴罗夫斯克（伯力）、边疆区的乌尔加尔和共青城，直到日本海沿岸的苏维埃港，全长 4 275 千米，1985 年正式通车。

### （二）北美铁路干线

北美大陆是世界上铁路密度最大的地区。北美主要铁路干线有：

（1）西雅图—斯波坎—俾斯麦—圣保罗—芝加哥—底特律（北太平洋铁路）。

（2）洛杉矶—阿尔布开克—堪萨斯城—圣路易斯—辛辛那提—华盛顿—巴尔的摩（圣菲铁路）。

（3）洛杉矶—图森—帕索—休斯敦—新奥尔良（南太平洋铁路）。

（4）旧金山—奥格登—奥马哈—芝加哥—匹兹堡—费城—纽约（联合太平洋铁路）。

（5）鲁珀特港—蒙顿—温尼伯—魁北克（加拿大国家铁路）。

（6）温哥华—卡尔加里—温尼伯—散德贝—蒙特利尔—圣约翰—哈利法克斯（加拿大太平洋大铁路）。

（7）墨西哥境内的马萨特兰—瓜达拉哈拉—墨西哥城—韦拉克鲁斯线。

### （三）欧洲铁路干线

欧洲是铁路网最为稠密的大洲，其中欧盟国家铁路网密度更大，平均每平方千米达到 53 千米，但铁路运输在总运量中占的比重不大，其公路和内河运输的比重较大。欧洲的主要铁路干线有：

（1）巴黎—慕尼黑—维也纳—布达佩斯—贝尔格莱德—索菲亚—伊斯坦布尔—巴格达。

（2）巴黎—科隆—柏林—华沙—莫斯科，与西伯利亚大铁路相连接。

（3）里斯本—马德里—巴黎—科隆—柏林—华沙—圣彼得堡—赫尔辛基。

## 三、中国内地对港澳地区的铁路运输

中国内地对香港地区的铁路运输对于维持香港的繁荣稳定、发展对香港的贸易及通过香港进行转口贸易起到了积极作用。其主要特点是“两票运输、租车过轨”，全程由大陆段和港九段两段铁路运输组成。具体步骤如下：

（1）出口单位在发送地车站将货物托运至深圳北站，收货人为深圳外运公司。

（2）货车到达深圳北站后，由深圳外运公司作为各地出口单位的代理向铁路租车过轨，交付租车费并办理出口报关手续。

（3）经海关放行过轨后，由香港中国旅行社有限公司（以下简称香港中旅）作为深圳外运公司的在港代理，由其在港段罗湖车站向港九铁路另行起票托运至九龙。

（4）货到九龙后，由香港中旅负责卸货并交收货人。

由于中国澳门未通铁路，货物从起运地用火车运往广州南站换轮船前往澳门。由广州外运公司办理中转手续，其他手续与对香港运输货物的手续相似。

国内运单不能作为对外结汇的凭证，收汇凭外运公司的承运货物收据办理。

## 四、大陆桥运输

大陆桥运输是指以横贯大陆的铁路、公路运输系统为中间桥梁，把大陆两端的海洋连接起来的运输方式。人们习惯把横贯大陆东西两岸，连接两大洋之间的铁路交通干线称为“大陆桥”。它们就像在两大洋之间架起的一座陆上桥梁，故而得名。从形式上看，大陆桥运输是海—陆—海的连贯运输。

大陆桥运输的特点是采用海陆联运方式，全程由海运段和陆运段组成，与单独采用海运方式相比缩短了路程，却增加了装卸次数。大陆桥运输一般以集装箱为媒介，以集装箱为运输单位，具有缩短运输里程、简化作业手续、降低运输费用、加快运输速度等优点。

世界主要的大陆桥包括亚欧大陆桥、新亚欧大陆桥和北美大陆桥。

### （一）亚欧大陆桥

亚欧大陆桥也称西伯利亚大陆桥，即西伯利亚大铁路，东起俄罗斯的符拉迪沃斯托克（海参崴），向西经莫斯科，可到达欧洲各主要港口。从海参崴到鹿特丹，全长约1.3万千米。通过大陆桥把货物从太平洋西部运到大西洋沿岸欧洲国家，此航线比经过印度洋、苏伊士运河或横穿太平洋、通过巴拿马运河这两条海上运输航线航程缩短了7 000多千米，航行时间少一个月，运费减少20%～25%。这条铁路是亚洲东部国家与欧洲各国及西亚连接的铁路运输干线，中国有滨绥线、滨洲线、集二线与之相连。

西伯利亚大陆桥是利用俄罗斯西伯利亚铁路作为陆地桥梁，把太平洋远东地区与波罗的海和黑海沿岸以及西欧大西洋口岸连接起来。此条大陆桥运输线东起海参崴的纳霍德卡港口，横贯欧亚大陆，至莫斯科，然后分三路：一是从莫斯科至波罗的海沿岸的圣彼得堡港，转船往西欧、北欧港口；二是从莫斯科至俄罗斯西部国境站，转欧洲其他国家铁路（公路）直运至欧洲各国；三是从莫斯科至黑海沿岸，转船往中东、地中海沿岸（见图2－2）。

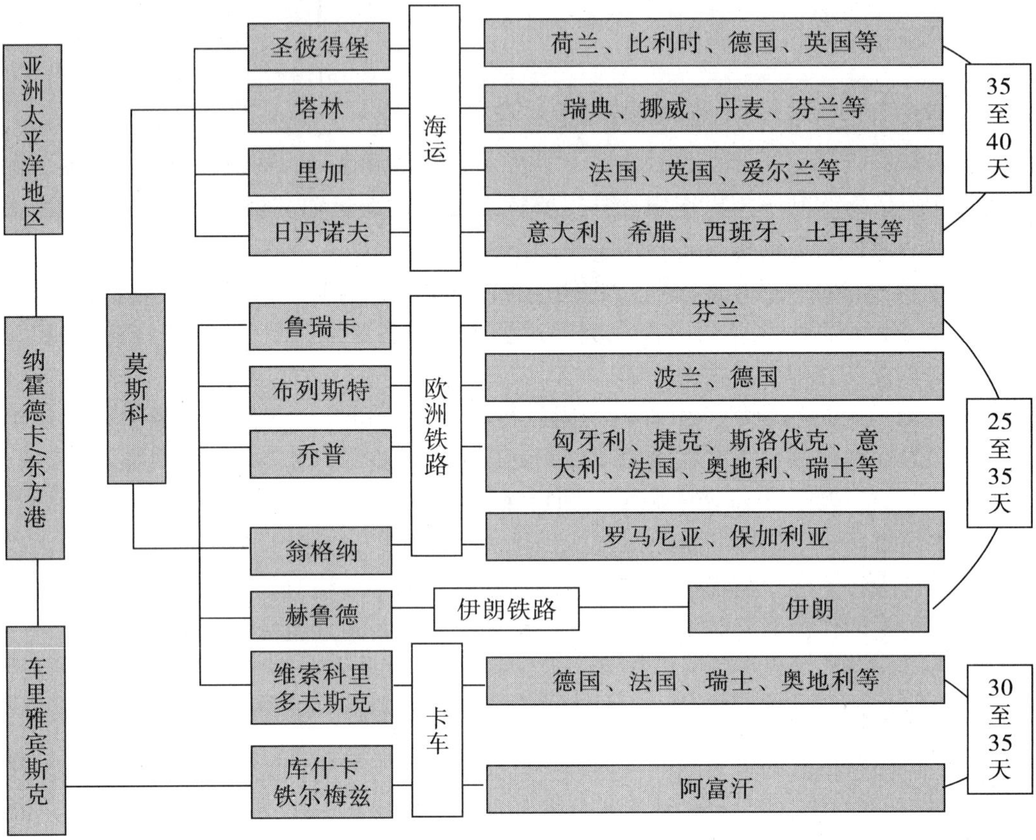


**图2－2　西伯利亚大陆桥运输示意图**

从20世纪70年代初开始，西伯利亚大陆桥运输发展迅速，日本是此条大陆桥的最大主顾。整个20世纪80年代，利用此大陆桥运输的货物数量每年都在10万个集装箱以上。但是，西伯利亚大陆桥也存在三个主要问题：第一，运输能力易受冬季严寒天气影响，港口有数月冰封期；第二，货运量西向大于东向约2倍，来回运量不平衡，集装箱回空成本较高，影响了运输效益；第三，铁路设备陈旧，运力仍很紧张。随着新亚欧大陆桥的正式营运，这条大陆桥的地位正在下降。

**（二）新亚欧大陆桥**

新亚欧大陆桥东起中国的连云港，经陇海线、兰新线，出阿拉山口与哈萨克斯坦国土西铁路接轨，西端连接至荷兰的鹿特丹港、比利时的安特卫普港。新亚欧大陆桥是太平洋西岸港口与欧洲最大港口鹿特丹之间陆上最便捷的通道，比西伯利亚大陆桥缩短了2 000多千米。新亚欧大陆桥全长10 837千米，其中在中国境内为4 143千米，途经中国、哈萨克斯坦、俄罗斯、白俄罗斯、波兰、德国和荷兰7个国家，可辐射30多个国家和地区。

与西伯利亚大陆桥相比，新亚欧大陆桥具有明显的优势：

第一，地理位置和气候条件优越。整个大陆桥避开了高寒地区，港口无封冻期，自然条件好，吞吐能力大，可以常年作业。

第二，运输距离短。新亚欧大陆桥比西伯利亚大陆桥缩短陆上运距 2 000 ~ 2 500 千米，到中亚、西亚各国优势更为突出。一般情况下，大陆桥运输比海上运输运费节省 20% ~25%，而时间缩短一个月左右。

第三，辐射面广。新亚欧大陆桥辐射亚欧大陆 30 多个国家和地区。

第四，对亚太地区吸引力大。除中国（大陆）外，日本、韩国、东南亚国家、一些大洋洲国家和中国的港澳台地区，均可利用此线开展集装箱运输。

### （三）北美大陆桥

北美大陆桥主要包括美国大陆桥运输和加拿大大陆桥运输。美国大陆桥有两条运输线路：一条是从西部太平洋沿岸至东部大西洋沿岸的铁路和公路运输线；另一条是从西部太平洋沿岸至东南部墨西哥湾沿岸的铁路和公路运输线。横跨北美大陆的大陆桥将东部的大西洋沿岸港口（如纽约、波士顿、费城等）与西部的太平洋沿岸港口（如旧金山、洛杉矶、温哥华等）连接起来，可以缩短绕道巴拿马运河的距离，缓解拥挤的航线。目前，远东到北美东海岸、西欧至北美西海岸的集装箱运输，主要是利用北美大陆桥来完成的。

## 五、国际铁路货物联运

### （一）国际铁路货物联运的含义与特点

国际铁路货物联运是指在两个或两个以上国家铁路货运中，使用一份统一的国际联运票据，由铁路负责全程的货物运输，在由一国铁路向另外一国铁路移交货物时无须发货人和收货人参加。这种运输方式称为国际铁路货物联运，一般简称为国际联运，它产生于 19 世纪后半期。

### （二）国际铁路货物联运协定

国际铁路联运的适用范围包括：一是适用于《国际铁路货物运输公约》（*Convention Concerning International Carriage of Goods by Rail*，CIM，简称《国际货约》）的国家之间的货物运输；二是适用于原《国际铁路货物联运协定》（*Agreement Concerning International Carriage of Goods by Rail*，CMIC，简称《国际货协》）的国家之间的货物运输；三是适用于《国际货约》与原《国际货协》国家之间的货物运输。

1. 《国际货约》

《国际货约》是关于铁路货物运输的国际公约。

2. 《国际货协》

《国际货协》是关于国际铁路货物联运的多边条约，1951 年由苏联、罗马尼亚、匈牙利、波兰等 7 个东欧国家签订。中国、朝鲜、蒙古和越南先后加入该协定。1991 年苏东政局发生变化后，《国际货协》也宣告解散，但铁路联运业务尚未发生重大改变。我国利用《国际货协》可直接或间接地对其成员国进行铁路货物运送。

我国与相邻国家的铁路口岸有：中国和俄国之间——满洲里/后贝加尔、绥芬河/格罗迭科沃；中国和蒙古之间——二连浩特/扎门乌德；中国和朝鲜之间——集安/满浦、丹东/新义州、图们/南阳；中国和越南之间——凭祥/同登、山腰/新铺。目前，我国对俄罗斯远东地区的国际铁路货物联运多利用绥芬河口岸；东北三省运往俄罗斯中西部以及运往欧洲的货物多走满洲里口岸；由我国内陆各省市、自治区运往俄罗斯中西部以及运往欧洲的货物则多走二连浩特口岸。

### 六、O. C. P. 运输

O. C. P. 是 Overland Common Points 的缩写，也译为“内陆地区”或“陆路共通点”，指的是美国西海岸有陆路交通工具与内陆区域相连接的港口，享有优惠费率可通过陆上运输抵达的区域。根据美国费率规定，美国落基山以东地区即西部九个州以东，均为内陆地区，面积约占美国地区的2/3。按 O. C. P. 条款规定，凡是经美国西海岸港口转往上述内陆地区的货物，如按 O. C. P. 条款运输，就可享受比一般直达西海岸港口更低的优惠内陆运输费率，通常约低3% ~5%，这种优惠费率，即所谓 O. C. P. 费率。

若以 O. C. P. 条款成交，出口商仅负责将货物运至美国西海岸港口，即完成了交货责任。至于由港口运至内陆公共地区最终目的地的陆路运输，由进口商自行委托代理人安排，所有在港口的转运费和铁路运输费用，均由进口商支付。整个运货过程使用海运提单和铁路货物收据两种单据。这与按 CIF、CFR 报价相比可节省运费，大约每吨节省3 ~5 美元。对收货人来说，可享受内陆转运的优惠费率。所以，在对美国和加拿大的贸易中，如采用 O. C. P. 运输条款，对买卖双方都有利。

进行 O. C. P. 运输时，在货物的运输标志内要把卸货港和 O. C. P. 的最后目的地同时列出。如中国向美国出口一批货物，卸货港为美国西雅图，最终目的地是底特律，在 O. C. P. 运输单据中必须注明 O. C. P. 字样。提单中卸货港栏填制 O. C. P. Seattle，目的地栏填制 O. C. P. Detroit，货物品名、品头及货物包装上注明 Seattle O. C. P. Detroit，在提单中间空白处也要加打 O. C. P. Detroit，以便在装卸、转运时识别。O. C. P. 运输不具备多式联运条件，它的海运与陆运两个运输区段分别由负责该区段的承运人签发运输单证，运费和风险以及责任也由海陆两段各自负担。

采用 O. C. P. 运输条款必须满足以下几个条件：

（1）货物最终目的地必须属于 O. C. P. 地区范围内。

（2）货物必须经由美国西海岸港口中转。在签订贸易合同时，有关货物的目的港应为美国西海岸港口，即为 CFR 或 CIF 美国西海岸港口，如 CIF 旧金山港等。

（3）提单上必须标明 O. C. P. 字样。在提单备注栏及货物的喷头上应注明最终的目的地 O. C. P. ×××城市，如 O. C. P. 丹佛。

## 第四节　航空运输

国际贸易中的航空运输是指跨越不同国家（地区）的航空运输。当今国际市场的竞争激烈，航空运输所提供的快速服务使得供货商可以对国外市场瞬息万变的行情及时作出反应，迅速推出适销产品以占领市场，获得较好的经济效益。

航空运输虽然起步较晚，但发展异常迅速，因为它具有许多其他运输方式所不能比拟的优越性。航空货物运输的主要特点包括：

第一，运送速度快。目前，飞机仍然是最快捷的交通工具，常见的喷气式飞机的经济巡航速度大都为每小时850 ~900 千米。快捷的交通工具大大缩短了货物在途时间，特别适合易腐烂、变质的鲜活产品，时效性、季节性强的商品以及抢险、救急物品的运输。另外，贵重物品、精密仪器也适合采用航空运输的形式。

第二，安全、准确。航空公司的运输管理制度比较完善，货物的破损率较低，如果采用空运集装箱的方式运送货物，则更为安全。

第三，降低企业存货成本和仓储费用。航空运输速度快，货物在途时间短、周转速度快，可以有效降低企业存货成本和仓储费用。

第四，手续简便。航空运输为了体现其快捷便利的特点，为托运人提供了简便的托运手续，可以由货运代理人上门收取货物并为其办理一切运输手续，提供“桌到桌”服务。

当然，航空运输也有自己的局限性，主要表现在：运输费用较高；飞机的舱容有限，对大件货物或大批量货物的运输有一定的限制；飞机飞行安全容易受恶劣气候影响等。

## 一、国际航空运输体系的构成

### （一）航空港

航空港又称航空站或机场，是国际贸易货物运输的起点、中转点和终点。近年来随着航空港功能的多样化，港内除了配有装卸客货的设施外，还设立有海关、商检等服务机构，并具备商务、娱乐中心和货物集散中心等功能。

### （二）航空器

航空器主要是指飞机。常见的飞机有螺旋桨式飞机、喷气式飞机和超音速飞机。按照用途的不同，飞机也可分为客机、全货机和客货混合机。

### （三）集装设备

航空运输中的集装设备主要是指为提高运输效率而采用的托盘和集装箱等成组装载设备。为使用这些设施，飞机的甲板和货舱都设置了与之配套的固定系统。

### （四）空中交通管制系统

空中交通管制系统是为了保证航空器的飞行安全、提高空域与机场飞行区的利用效率而设置的各种助航设备和空中交通管制机构及规则。

## 二、国际航空区划

为保证国际航空航行的安全，各国运输企业在技术规范、航行程序、操作规则上必须统一，同时为了便于航空公司间的合作和业务联系，国际航协（IATA）将世界划分为三个航空运输业务区，简称为航协区（Traffic Conference Areas）。其中，TC1 包括美洲大陆及附近岛屿；TC2 包括欧洲、非洲、中东地区；TC3 包括亚洲及相邻岛屿、大洋洲、太平洋岛屿。

**【知识链接】**

**国际航空组织简介**

国际航空运输协会（International Air Transport Association，IATA）是各国航空运输企

业之间的联合组织，会员必须是持有国际民用航空组织的成员国颁发的定期航班运输许可证的航空公司。

国际民用航空组织（International Civil Aviation Organization，ICAO）是各国政府之间组成的国际航空运输机构。

国际航空电信协会（SITA）是联合国民航组织认可的一个非营利性组织。

## 三、主要国际航空站

### （一）国际主要航空站分布情况

1. 欧洲

伦敦、巴黎、法兰克福、苏黎世、罗马、维也纳、柏林、哥本哈根、雅典、华沙、莫斯科、布加勒斯特。

2. 北美洲

纽约、华盛顿、芝加哥、亚特兰大、孟菲斯、洛杉矶、迈阿密、旧金山、西雅图、蒙特利尔、温哥华、墨西哥城。

3. 亚洲

东京、香港、上海、北京、马尼拉、新加坡、曼谷、仰光、加尔各答、孟买、卡拉奇、德黑兰、贝鲁特。

4. 南美洲

加拉加斯、里约热内卢、布宜诺斯艾利斯、圣地亚哥、利马。

5. 非洲

开罗、喀土穆、内罗毕、约翰内斯堡、拉各斯、达喀尔、阿尔及尔、布拉柴维尔。

### （二）全球主要货运机场（见表2－2）

**表2－2　2021年全球二十大货运机场**

| 排名 | 机场 | 国家 | 货运吞吐量（万吨） |
|---|---|---|---|
| 1 | 香港国际机场 | 中国 | 502.55 |
| 2 | 孟菲斯国际机场 | 美国 | 448.05 |
| 3 | 上海浦东国际机场 | 中国 | 398.26 |
| 4 | 安克雷奇国际机场 | 美国 | 355.52 |
| 5 | 仁川国际机场 | 韩国 | 332.93 |
| 6 | 路易维尔国际机场 | 美国 | 305.23 |
| 7 | 台湾桃园国际机场 | 中国 | 281.21 |
| 8 | 洛杉矶国际机场 | 美国 | 269.18 |
| 9 | 东京成田国际机场 | 日本 | 264.41 |
| 10 | 多哈哈马德国际机场 | 卡塔尔 | 262.01 |
| 11 | 奥黑尔国际机场 | 美国 | 253.66 |
| 12 | 迈阿密国际机场 | 美国 | 252.09 |

（续上表）

| 排名 | 机场 | 国家 | 货运吞吐量（万吨） |
|---|---|---|---|
| 13 | 迪拜国际机场 | 阿拉伯联合酋长国 | 231.92 |
| 14 | 法兰克福国际机场 | 德国 | 227.50 |
| 15 | 巴黎夏尔·戴高乐机场 | 法国 | 206.24 |
| 16 | 广州白云国际机场 | 中国 | 204.49 |
| 17 | 新加坡樟宜国际机场 | 新加坡 | 196.98 |
| 18 | 阿姆斯特丹史基浦国际机场 | 荷兰 | 168.09 |
| 19 | 莱比锡哈雷机场 | 德国 | 158.88 |
| 20 | 深圳宝安国际机场 | 中国 | 156.83 |

（资料来源：国际机场协会）

### （三）全球主要客运机场（见表2－3）

**表2－3　2018年全球十大客运机场**

| 排名 | 机场名称/国家或地区/代码 | 旅客流量（人次） | 年增长率（%） |
|---|---|---|---|
| 1 | Atlanta GA，US（ATL） | 107 394 029 | 3.3 |
| 2 | Beijing，CN（PEK） | 100 983 290 | 5.4 |
| 3 | Dubai，AE（DXB） | 89 149 387 | 1.0 |
| 4 | Los Angeles CA，US（LAX） | 87 534 384 | 3.5 |
| 5 | Tokyo，JP（HND） | 86 942 794 | 4.4 |
| 6 | Chicago IL，US（ORD） | 83 245 472 | 4.3 |
| 7 | London，GB（LHR） | 80 126 320 | 2.7 |
| 8 | Hong Kong，HK（HKG） | 74 515 927 | 2.6 |
| 9 | Shanghai，CN（PVG） | 74 006 331 | 5.7 |
| 10 | Paris，FR（CDG） | 72 229 723 | 4.0 |

（资料来源：国际机场协会）

1. 美国芝加哥奥黑尔国际机场

该机场距芝加哥市27千米，是世界上最大的飞机场，总共有6个跑道，并且有高速公路穿梭其中，美国所有的航空公司在此都有自己的登机口。在这里，平均不到3分钟就有一班航班起降，这里也是全球第五大航空公司——美国联合航空公司的总部之一。

2. 美国亚特兰大哈兹菲德国际机场

该机场距亚特兰大市19千米，是世界上登机口最多的机场，共有6个航站楼，拥有将近100个近机位，这里也是全球飞机数量最多的航空公司——美国达美航空公司的总部。

3. 美国纽约约翰·肯尼迪国际机场

该机场距纽约市 27 千米，是世界上最繁忙的机场，它由美国达美航空公司、美国西北航空公司、美国航空公司、美国大陆航空公司、美国环球航空公司、英国航空公司及其他国际航空公司的一共 7 个候机厅组成。各候机厅之间有公路相连，形成一个长达 8 千米的环。它是全球第九大航空公司——美国西北航空公司，以及美国大陆航空公司的总部。

4. 英国伦敦希斯罗国际机场

该机场距伦敦市中心 20 千米，是整个欧洲空中交通的中心，同时它也是世界第一大航空公司——英国航空公司的总部。另外，英国米特兰航空公司、英国不列颠航空公司、英国 AIR 2000 航空公司的总部也在这里。

5. 日本东京成田国际机场

该机场距东京市区 68 千米，是世界上离城市最远的大机场，也是整个亚洲的航空枢纽。

6. 法国巴黎夏尔·戴高乐国际机场

该机场距巴黎市 23 千米，它在设计上是一个创举，它把停机坪安排在一个圆圈内，沿圆的外环建了个庞大的环形候机厅，分为 24 个小厅供不同航空公司使用。所以整个机场从外边看起来是个大圆盘，加油和维修装置都设在圆心。这种设计占地小，充分利用空间，而且便于旅客寻找候机厅，为后来的许多机场所效仿，同时它是全球第二大航空公司——法国航空公司的总部。

7. 美国洛杉矶国际机场

该机场距离洛杉矶市 20 千米，它是太平洋上的航空枢纽，平均不到 2 分钟就有一班航班起降的频率使它成为世界上第二繁忙的机场。它也是美国联合航空公司的总部之一，另外，全球第五大航空公司——美国联合航空公司的总部亦坐落在此。

8. 德国法兰克福国际机场

该机场位于德国美因河畔的法兰克福。它是德国最大的机场，是全球各国国际航班重要的集散中心。法兰克福国际机场是德国的国家航空公司——德国汉莎航空公司的一个基地。由于法兰克福国际机场的容量有限，汉莎航空公司将业务分别放在法兰克福国际机场和慕尼黑国际机场。

9. 中国香港国际机场

中国香港国际机场于 1998 年 7 月正式建成通航，机场位于香港特别行政区新界大屿山赤鱲角，距香港市区 34 千米，为 4F 级民用国际机场。香港国际机场是国泰航空、港龙航空、华民航空、香港航空、香港快运航空和寰宇一家的枢纽机场。香港国际机场是通往中国内地的门户。2000 年，香港国际机场货运量达 220 万吨，居全球之冠；客运量为 3 200 万人次，居亚太区第一位、全球第五位，仅次于伦敦、巴黎、法兰克福及阿姆斯特丹国际机场。

2018 年，香港国际机场旅客吞吐量 7 467.2 万人次，居世界第 8 位；货邮吞吐量 512.1 万吨，居世界第 1 位。香港国际机场航站楼面积共 85 万平方米（含 T1、T2、卫星厅和海天客运码头）；共有两条跑道，跑道长度为 3 800 米；停机位 182 个；通航城市超过 220 个。全球超过 100 家航空公司在此运营。

香港国际机场积极推进空运服务项目建设，主要项目包括敦豪中亚区枢纽中心扩建工程，货物处理能力提高50%；由阿里巴巴集团旗下物流公司菜鸟网络牵头的合资公司在机场兴建高端物流中心；在东莞建设“香港国际机场物流园”，以及在机场新增“空侧海空联运货运码头”，引入全新海空货运模式。

香港国际机场的航空货运站营运商及停机坪飞机服务营运商在需特殊处理的货物运输方面已达到国际航空运输协会的标准，取得医药品运输（CEIV Pharma）、鲜活货物运输（CEIV Fresh）或活生动物运输（CEIV Live Animals）认证。

香港国际机场一直坚守“安全、营运效率、顾客服务及环境”四大原则，先后60次获推举为全球最佳机场。香港国际机场被Skytrax评为五星级飞机场。2009—2018年，凭借其广阔的航空网络及超卓效率，香港国际机场一直被认为是全球最繁忙货运机场，2022年再度成为全球最繁忙货运机场，全年共处理420万吨货物。随着中国内地经济快速发展和全球航空交通持续复苏，加上机场多项新货运设施逐步落成，香港国际机场作为世界货运枢纽的领先位置将得到巩固。

10. 荷兰阿姆斯特丹斯西霍普国际机场

该机场距阿姆斯特丹15千米，是距市中心第二近的大型国际机场，也是荷兰皇家航空公司的所在地。

## 四、主要国际航线

（1）北大西洋航线。它是连接欧洲与北美之间最重要的国际航线。它集中分布于中纬地区的北大西洋上空，欧洲的伦敦、巴黎、法兰克福、马德里、里斯本和北美的纽约、费城、波士顿、蒙特利尔等主要国际机场的飞机来往其间，使它成为目前世界上最繁忙的国际航线。

（2）北太平洋航线。它是连接北美和亚洲之间的重要航线。它穿越浩瀚的太平洋以及北美大陆，是世界上最长的航空线。它东起北美大陆东岸的蒙特利尔、纽约等地，横穿北美大陆后，从西海岸的温哥华、西雅图、旧金山、洛杉矶等地飞越太平洋，途经位于太平洋当中的火奴鲁鲁等中继站，西到亚洲东部的东京、北京、上海、香港、曼谷、马尼拉等城市。

（3）欧亚航线。它是横穿欧亚大陆连接大陆东西两岸的重要航线，又称西欧—中东—远东航线。它对东亚、南亚、中东和欧洲各国之间的政治和经济联系具有重要作用。该航线将欧洲主要机场与亚洲的北京、香港、上海和东京等主要机场连接起来，同时途经德黑兰、卡拉奇、新德里、曼谷和新加坡等重要机场。

（4）欧洲—非洲航线。

（5）欧洲—拉美航线。

（6）北美—拉美航线。

（7）北美—非洲航线。

（8）北美—大洋洲航线。

（9）亚洲—大洋洲航线。

（10）北极航线。它是穿越北极上空的重要航线。

## 第五节 集装箱运输与国际多式联运

集装箱运输是以集装箱作为运输单位进行货物运输的现代化运输方式，目前已成为国际上普遍采用的一种重要运输方式。国际多式联运是在集装箱运输的基础上产生和发展起来的，一般以集装箱为媒介，把海上运输、铁路运输、公路运输和航空运输等传统单一的运输方式有机地联合起来，以完成国际的货物运输。

### 一、集装箱运输

集装箱是具有一定强度、刚度和规格，专供周转使用的大型装货容器。国际标准集装箱规格为宽 8 英尺，高 8 英尺，长则有 20 英尺、40 英尺等。集装箱计量单位是标准箱，简称 TEU（Twenty-Feet Equivalent Units）。

集装箱运输是 20 世纪 60 年代初出现的现代化运输方式，是现代化运输业发展的必然趋势，而且发展迅速。目前，全球有上百个国家和地区进入集装箱运输网，有集装箱港口 400 多个，泊位 10 000 多个，各主要航线均已实现集装箱化。

#### （一）集装箱运输的作用

（1）对货主而言，集装箱运输大大地减少了货物损坏、失窃和污染等情况的发生；节省了包装费用；提高了装卸效率，便于实现更迅速的“门到门”运输。

（2）对承运人而言，集装箱运输减少了船舶在港的停泊时间，加速了船舶的周转，有利于提高经济效益。

（3）对于货运代理而言，集装箱货物运输的货运代理更多地发挥了没有轮船承运人时的作用。在集装箱货物运输业务中，货运代理可以为客户提供集装箱集港运输服务、分流运输服务和拼箱、拆箱等服务。

#### （二）集装箱运输的优缺点

（1）集装箱运输的优点：①便于机械化装卸，可以加快运输速度；②可以有效减少货损货差事件；③可以节约包装材料；④有利于不同交通线路和运载工具的衔接，便于海陆联运。

（2）集装箱运输的缺点：①受货载的限制，航线上的货物流向不平衡，在一些支线运输中，易出现空载回航情况；②受内陆运输条件的限制，无法充分发挥集装箱运输“门到门”的运输优势；③各国在集装箱运输方面的法律、规章、手续及单证不统一，阻碍了国际多式联运的开展。

#### （三）集装箱种类

常见的 20 英尺、40 英尺集装箱叫干货集装箱（Dry Cargo Container），也叫杂货集装箱，还有人称其为货柜。这种集装箱用来运输无须控制温度的大件杂货，使用范围很广，除了常用的 20 英尺和 40 英尺这两种集装箱外，还有一种加高了的 40 英尺集装箱也属于干货集装箱。这种集装箱的结构特点是常为封闭式，一般在一端或侧面设有箱门，箱内设有一定的加固货物的装置。这种箱子在使用时要求箱内清洁，不渗水、漏水，对装入的货物要求有适当的包装，以便充分利用集装箱的箱容。

（1）20 英尺集装箱：外尺寸为 6.1 米 ×2.44 米 ×2.59 米（20 英尺 ×8 英尺 ×8 英尺

6 吋)；内容积为 5.69 米 ×2.13 米 ×2.18 米。这种集装箱通常配装重货，配货毛重一般不允许超过 17.5 吨，能容纳货物体积约为 24 ~26 立方米。

（2）40 英尺集装箱：外尺寸为 12.2 米 ×2.44 米 ×2.59 米（40 英尺 ×8 英尺 ×8 英尺 6 吋)；内容积为 11.8 米 ×2.13 米 ×2.18 米。这种集装箱通常配装轻泡货，配货毛重一般不允许超过 22 吨，能容纳货物体积约为 54 立方米。

（3）40 英尺加高集装箱：外尺寸为 12.2 米 ×2.44 米 ×2.9 米（40 英尺 ×8 英尺 ×9 英尺 6 吋)；内容积为 11.8 米 ×2.13 米 ×2.72 米。这种集装箱也配装轻泡货，配货毛重同样不允许超过 22 吨，能容纳货物体积约为 68 立方米。

除了这三种常用的集装箱之外，其他种类的集装箱一般被称为特种集装箱：

（1）开顶集装箱（Open Top Container)：这种集装箱的特点是箱顶可以方便地取下和装上。

（2）通风集装箱（Ventilated Container)：这种集装箱的特点是在其侧壁或顶壁上设有若干供通风用的窗口，适用于装运有一定通风和防潮要求的杂货，如水果、蔬菜等。

（3）台架式集装箱（Platform Based Container)：这种集装箱的特点是没有箱顶和侧壁，甚至连端壁也去掉，只有底板和四个角柱。这种集装箱可以从前后、左右及上方进行装卸作业，适合装载长、大件和重件，如重型机械、钢材、木材、钢锭等。

（4）平台式集装箱（Platform Container)：这种集装箱比台架式集装箱更简化，只保留了底板。主要用于装卸长、重大件货物，如重型机械设备、钢材等。平台的长度、宽度与国际标准集装箱的箱底尺寸相同，可使用与其他集装箱相同的紧固件和起吊装置。

（5）冷藏集装箱（Reefer Container)：冷藏集装箱也称冷藏柜，是以运输冷冻食品为主，能保持所定低温的保温集装箱。它是专为运输鱼虾、肉类、新鲜水果、蔬菜等食品而特殊设计的。

（6）罐式集装箱（Tank Container)：这种集装箱是专为装运液体货物，如酒类、汽油、化学品而设计的。它由罐体和框架两部分组成，罐体用于装载液体，框架用来支撑和固定罐体。罐体的外壁采用保温材料以使罐体隔热，内壁一般要研磨抛光以避免液体残留在壁面。为了降低液体的黏度，罐体下部还设有加热器，罐体内部的温度可以通过安装在其上部的温度计观察到。为了装卸的方便，罐顶设有装货口，罐底设有排出阀。装货时液体由罐顶部装货口进入，卸货时由排货孔流出，也可用吸管从顶部装货口吸出。

（7）汽车集装箱（Car Container)：这种集装箱是专门装运小型汽车用的。其结构特点是没有侧壁，仅有框架和箱底。为了防止汽车在箱内滑动，箱底专门设有绑扎设备和防滑钢板。大部分汽车集装箱设计成上下两层，可以装载多辆小汽车。

（8）动物集装箱（Pen Container or Live Stock Container)：这是一种专门用来装运鸡、鸭、猪、牛等活牲畜的集装箱。为了避免阳光照射，动物集装箱的箱顶和侧壁是用玻璃纤维加强塑料制成的。另外，为了保证箱内有比较新鲜的空气，侧面和端面都有用铝丝网制成的窗，以加强通风。侧壁下方设有清扫口和排水口，并配有上下移动的拉门，可把垃圾清扫出去。箱体侧壁还装有喂食口。动物集装箱在船上一般装在甲板上，因为甲板上空气流通，也便于清扫和照顾。

（9）服装集装箱（Garment Container)：也称挂衣箱。这种集装箱的特点是：在箱内上侧梁上装有许多根横杆，每根横杆上垂下若干条皮带扣、尼龙带扣或绳索，将成衣衣架上的钩直接挂在带扣或绳索上。这种服装装载法属于无包装运输，它不仅节约了包装材料和包装费用，而且也减少了人工，提高了服装的运输质量。

（10）散货集装箱（Solid Bulk Container）：这种集装箱用来装运粉状或粒状货物，如大豆、大米、各种饲料等。这种集装箱的顶部设有 2 ~ 3 个装货口，在箱门的下部设有卸货口。使用这种集装箱装运散货，一方面提高了装卸效率，另一方面也提高了货运质量，减轻了粉尘对人体和环境的侵害。

（11）20 英尺加重集装箱（Heavy Container）：这种集装箱专用来装载体积不大但重量很重的货物，如铸铁制品、五金制品、瓷砖等，它的尺寸为标准 20 英尺，因一般的标准 20 英尺货柜只能配载 17.5 吨的货物，适应不了某些货品要求，故而承运人提供 20 英尺加重集装箱，可装载货物至 26 吨甚至是 28 吨。

**（四）集装箱货物交接方式**

集装箱货物的交接地点包括集装箱码头堆场（Container Yard，CY）、集装箱货运站（Container Freight Station，CFS）和发货人或收货人的工厂或仓库（Door，即门）。

（1）门到门交接（Door to Door）：这是一种从发货人到收货人的整箱货交接方式，即由承运人负责将货物从发货人的工厂或仓库运至收货人的工厂或仓库。

（2）门到场交接（Door to CY）：这是一种将货物从发货人的工厂或仓库运至装卸港集装箱码头堆场交货的交接方式。

（3）门到站交接（Door to CFS）：这是一种从发货人的工厂仓库至目的地集装箱货运站的交接方式，通常是整箱接受，拆箱交付。

（4）场到门交接（CY to Door）：这是一种由承运人在起运地装船港的集装箱码头堆场接收货物并将其运至收货人的工厂或仓库交货的交接方式。

（5）场到场交接（CY to CY）：这是一种从装运港的集装箱码头堆场至目的港集装箱码头堆场的交接方式，通常是整箱货交接。

（6）场到站交接（CY to CFS）：这是一种从装运港的集装箱码头堆场至目的地集装箱货运站的交接方式。

（7）站到门交接（CFS to Door）：这是一种从起运地的集装箱货运站至目的地收货人的工厂或仓库的交接方式。

（8）站到场交接（CFS to CY）：这是一种从起运地的集装箱货运站至目的地集装箱码头堆场的交接方式。

（9）站到站交接（CFS to CFS）：这是一种从起运地的集装箱货运站至目的地集装箱货运站的交接方式，通常是拼箱货交接。

**（五）国际集装箱运输干线**

目前，世界主要的集装箱航运地区有远东、西欧、北美和澳大利亚，这四个地区货运量大，消费水平高，适于集装箱运输的货源充足，连接这几个地区的集装箱航线便成为全球海上集装箱航运干线。它们是北太平洋航线、北大西洋航线、远东—欧洲航线（印度洋航线）。

1. 北太平洋航线

北太平洋航线由远东—北美太平洋沿岸航线和远东—北美大西洋沿岸航线组成。该航线是目前世界上最繁忙的航线。所联系的港口有亚太地区的东京、横滨、名古屋、神户、大阪、釜山、仁川、大连、天津、青岛、上海、香港、高雄、基隆、新加坡，北美太平洋沿岸的洛杉矶、长滩、奥克兰（旧金山）、西雅图、波特兰和温哥华，北美东岸（包括墨西哥湾沿岸）的休斯敦、新奥尔良、费城、纽约、波士顿、哈利法克斯、圣约翰等。

2. 北大西洋航线

北大西洋航线以美国东岸为中心，由北美东岸、五大湖—西欧、北欧、地中海之间的航线组成。所联系的港口在欧洲一端主要有汉堡、鹿特丹、安特卫普、勒阿弗尔、南安普敦等。

3. 远东—欧洲航线（印度洋航线）

远东—欧洲航线除联系远东和欧洲各港口外，还把非洲、西亚、东南亚、大洋洲等地区连接起来。

除上述三大集装箱航线外，还有远东—大洋洲航线、大洋洲—北美航线以及欧洲、地中海—西非、南非航线。以上六条集装箱运输干线连接着世界各主要贸易区，构成了世界海上集装箱运输网的骨架，它们和分布于全球各地的集装箱运输支线一起组成了覆盖全球的集装箱运输网，干支线运输网由中转港连接起来。

2019 年全球百大集装箱港口最新榜单，中国大陆共 21 家港口上榜。2019 年全球前十大集装箱港口中中国港口占七个席位，与 2018 年相比，中国港口集装箱吞吐量的增长速度有所放缓。其中天津港、青岛港保持较快增幅，香港港依旧处于负增长态势。中国集装箱运输的发展是全球经济发展的重心和基础（见表 2 –4）。

**表 2 –4　2019 年全球十大集装箱港口吞吐量排名**

单位：万标准箱

| 排名 | 港口名称 | 国家或地区 | 2019 年 | 2018 年 | 年增长率 |
|---|---|---|---|---|---|
| 1 | 上海港 | 中国 | 4 331 | 4 201 | 3.1% |
| 2 | 新加坡港 | 新加坡 | 3 720 | 3 660 | 1.6% |
| 3 | 宁波舟山港 | 中国 | 2 753 | 2 635 | 4.5% |
| 4 | 深圳港 | 中国 | 2 577 | 2 574 | 0.1% |
| 5 | 广州港 | 中国 | 2 283 | 2 192 | 4.2% |
| 6 | 釜山港 | 韩国 | 2 191 | 2 166 | 1.2% |
| 7 | 青岛港 | 中国 | 2 101 | 1 932 | 8.7% |
| 8 | 香港港 | 中国香港 | 1 836 | 1 960 | –6.3% |
| 9 | 天津港 | 中国 | 1 730 | 1 597 | 8.3% |
| 10 | 鹿特丹港 | 荷兰 | 1 492 | 1 451 | 2.8% |

（数据来源：SISI 整理）

2019 年全球前十大集装箱港口的排位并未发生较大变化。青岛港排位超越香港港，名次上升一位。2019 年青岛港首次进入“2 000 万标准箱俱乐部”，全年集装箱吞吐量突破 2 100万标准箱，实现了历史性跨越。2019 年香港港完成集装箱吞吐量 1 836 万标准箱，其中葵青货柜码头完成 1 422 万标准箱，葵青货柜码头以外的其他码头完成 414 万标准箱，同比减少了 6.3%。

## 二、国际多式联运

### （一）国际多式联运的含义

国际多式联运（International Multimodal Transport）是在集装箱运输的基础上产生和发展起来的，根据《联合国国际货物多式联运公约》（简称《多式联运公约》）的定义，国际多式联运是指“按照多式联运合同，以至少两种不同的运输方式，由多式联运经营人将货物从一国境内接管货物的地点运至另一国境内指定地点交付的货物运输”。

### （二）国际多式联运的基本条件

国际集装箱运输是一种现代化运输方式。与传统的件杂货散运方式相比，它具有运输效率高、经济效益好及服务质量优的特点。目前，国际多式联运已成为一种新型的国际集装箱运输方式，受到国际航运界的普遍重视。1980 年 5 月在日内瓦召开的联合国国际多式联运公约会议上产生了《联合国国际多式联运公约》。如今，提供优质的国际多式联运服务已成为集装箱运输经营企业增强竞争力的重要手段。

构成国际多式联运必须具备以下基本条件：

（1）必须具有一份多式联运合同。多式联运合同（Multimodal Transport Contract）是指多式联运经营人与托运人之间订立的负责完成或组织完成国际多式联运并凭此收取运费的合同。它明确规定了多式联运经营人和托运人之间的权利、义务、责任和豁免。

（2）必须使用一份全程的多式联运单据。

（3）必须是至少两种不同运输方式的连续运输。

（4）必须是国际货物运输。

（5）必须由一个多式联运经营人对货物运输全程负责。多式联运经营人（Multimodal Transport Operator）是多式联运业务的当事人，是具有法人地位的独立的经济实体，是整个运输的总承运人和多式联运合同的履行者，要承担从接收货物开始一直到交付货物为止的全程运输负责。

（6）必须全程实行统一运费率。这是指从发运地到目的地的全程单一联运费率，包括运输成本、管理费用及利润三部分。它既要把全程各段的运杂费用包括合理利润、各段费用调整及货币贬值等因素考虑进去，又要使这个费率具有竞争性。统一费率的建立是多式联运的特点之一，对于货主事先核算运输成本、选择合适的运送路线大为有益，同时也简化了各种费用的结算手续。

实行国际多式联运，发货人将货物交给多式联运第一程承运人后，便可凭多式联运经营人签发的多式联运单据（Multimodal Transport Documents，MTD）向银行办理结汇手续。

由此可见，国际多式联运通常是以集装箱为运输单元，将不同的运输方式有机地组合在一起，构成连续的、综合性的一体化货物运输。通过一次托运、一次计费、一份单证、一次投保，由各运输区段的承运人共同完成货物的全程运输，即将货物的全程运输作为一个完整的单一运输过程来安排。

开展国际多式联运是实现“门到门”运输的有效途径，它简化了手续，减少了中间环节，加快了货运速度，降低了运输成本，提高了货运质量。货物的交接地点真正做到了门到门、门到站、站到站、站到门等。

### （三）国际多式联运的组织形式

国际多式联运是采用两种或两种以上不同运输方式进行联运的运输组织形式。这里所指的至少两种运输方式可以是海、陆、空多种运输方式的组合。目前，最有代表性的国际多式联运主要有远东—欧洲、远东—北美等海陆空联运。其组织形式包括：

1. 海陆联运

海陆联运是国际多式联运的主要组织形式，也是远东—欧洲、远东—北美多式联运的主要组织形式之一。在国际多式联运中，大陆桥运输起着非常重要的作用。它是远东一欧洲、远东—北美国际多式联运的主要形式。它是通过采用集装箱专用列车或卡车，以横贯大陆的铁路或公路作为中间“桥梁”，将大陆两端的集装箱海运航线与专用列车或卡车连接起来的一种连贯运输方式。目前，最主要的大陆桥运输线路有亚欧大陆桥和北美大陆桥。

（1）远东—欧洲国际多式联运。

目前，组织和经营远东—欧洲海陆联运业务的主要有班轮公会的三联集团、北荷、冠航和丹麦的马士基等国际航运公司以及非班轮公会的中国远洋运输公司、中国台湾长荣航运公司和德国那亚航运公司等。这种组织形式以航运公司为主体，与航线两端的内陆运输部门开展联运业务。西伯利亚大陆桥运输包括“海—铁—铁”“海—铁—海”等运输方式。由俄罗斯的过境运输总公司（SOJUZTRANSIT）担当总经营人，它拥有签发货物过境许可证和统一的全程联运提单的权利，承担全程运输责任。至于参加联运的各运输区段，则采用“互为托、承运”的接力方式完成全程联运任务。西伯利亚大陆桥是较为典型的一条过境多式联运线路。

随着我国兰新铁路与中哈边境的土西铁路的接轨，一条新的“亚欧大陆桥”已经形成，为远东至欧洲的国际集装箱多式联运提供了又一条便捷路线。

（2）远东—北美国际多式联运。

远东—北美国际多式联运利用北美大陆桥办理“海—陆—海”联运业务。北美大陆桥运输包括美国大陆桥运输和加拿大大陆桥运输。美国大陆桥运输有两条线路：一条是从西部太平洋沿岸至东部大西洋沿岸的铁路和公路运输线；另一条是从西部太平洋沿岸至东南部墨西哥湾沿岸的铁路和公路运输线。目前，主要有四家船公司经营远东—北美的国际多式联运业务。船公司以多式联运经营人的身份，签发多式联运单据，对全程运输负责。加拿大大陆桥与美国大陆桥相似，由船公司把货物海运至温哥华，经铁路运到蒙特利尔或哈利法克斯，再与大西洋海运相连接。

北美大陆桥是世界上历史最悠久、影响最大、服务范围最广的大陆桥运输线。据统计，从远东到北美东海岸的货物50%以上是采用双层列车进行运输的，采用这种大陆桥运输方式比采用全程水运方式通常要快1～2周。例如，集装箱货从日本东京到欧洲鹿特丹港，采用全程水运（经巴拿马运河或苏伊士运河）通常约需5～6周时间，而采用北美大陆桥运输仅需3周左右的时间。

2. 海空联运

海空联运方式始于20世纪60年代，到80年代才有较大的发展。采用这种运输方式，运输时间比全程海运短，运输费用比全程空运便宜。20世纪60年代，出现了将货物从远东船运至美国西海岸，再通过航空运至美国内陆地区或美国东海岸的海空联运方式。海空联运组织形式以海运为主，只是最终交货运输区段是由空运来承担的。1960年底，苏联航空公司开辟了从西伯利亚至欧洲的航空线；1968年，加拿大航空公司参加了国际多式联运；20世纪80年代，出现了经由香港、新加坡、曼谷等至欧洲的航空线。目前，国际海空联运线主要有：

（1）远东—北美—欧洲：目前，远东与欧洲间的航线有的以温哥华、西雅图、洛杉矶为中转地，也有的以香港、曼谷、符拉迪沃斯托克为中转地，此外还有的以旧金山、新加坡为中转地。

（2）远东—中南美：近年来，远东至中南美的海空联运发展较快，因为此处港口和内陆运输不稳定，所以对海空运输的需求很大。该联运线以迈阿密、洛杉矶、温哥华为中转地。

（3）远东—中东、近东、非洲、大洋洲：这是以香港、曼谷为中转地至中东、近东、非洲、大洋洲的运输路线。在特殊情况下，还有经由马赛至非洲、经由曼谷至印度、经由香港至大洋洲等地的联运线。

3. 陆空联运

陆空联运是火车—飞机—卡车的联合运输方式，简称TAT（Train-Air-Truck）；或火车（汽车）和飞机的联合运输方式，简称TA（Train/Truck-Air）。

中国大陆幅员辽阔，而国际航空港口岸主要在北京、上海、广州等地。虽然主要的城市每天都有班机飞往北京、上海和广州等地，但飞机运载货物数量有限，费用较高，如采用包机，费用更高。因此，在货量较大时，往往采用国内陆运至航空口岸，再与国际航班衔接的运输方式。

目前中国内地很多货物采用陆空联运方式。长江以南的货物用火车、汽车或船运至香港，然后利用香港航班多，到欧洲、美国运价低的有利条件，把货物从香港运到目的地或中转地，再用汽车运往目的地。如重庆与香港货物陆空联运，先把重庆货物空运到深圳，然后利用“深港物流快线”通过陆路运输到香港，再从香港中转欧美进出口货物。重庆与香港陆空联运的成本比以前货物直接从重庆空运到香港至少可降低30%，而且运输时间不会延长太多。长江以北的货物多采用火车或汽车运到北京或上海航空港再出运。

**【案例分析】**

### 苏州陆空联运实现“虚拟空港”

苏州“虚拟空港”继2002年实现“空陆联程”进口后，2008年正式启用“陆空联运”出口模式。这标志着苏州双向“直航”进入实质性运作阶段。

苏州是国际制造业尤其是IT产业的聚集地，许多企业需要在48小时或72小时之内把产品运到世界各地，但没有机场快不起来。

2002年，苏州工业园区率先尝试“空陆联程”，即将苏州作为航空运输的最终目的地，将苏州工业园区视为一个虚拟空港，国外供应商在发货时，直接将货物的目的地定为苏州工业园区。这样一来，当货物到达真正的机场比如上海浦东机场、杭州萧山机场后，将由航空公司直接通过陆路运输转至园区。通过这一模式，国外的生产原材料空运到苏州，时间从原来的1.5天缩短到现在的9个小时左右。

“陆空联运”其实是“空陆联程”进口的逆向出口模式，就是将苏州工业园区视为虚拟国际机场，以国际航空运输协会（IATA）规定的城市代码“SZV”为标识，并以苏州作为始发港，货主在苏州完成交货，并办理报关、报检等手续后，货物再通过“卡车航班”运抵周边机场办理中转手续出港。据测算，货物从苏州工业园区海关申报出口，到进入上海地面代理仓库等待装机，全程通关时间不到8小时，极大提高了苏州的物流运作效率。

（资料来源：http：//www.news365.com.cn）

**（四）中国开展国际多式联运的现状**

目前，中国可至的国际多式联运路线主要包括中国大陆经海运往返西欧内地、日本内地、美国内地、大洋洲内地和非洲内地等联运路线以及经过蒙古或俄罗斯至西亚和往返西欧、北欧各国的亚欧大陆桥的运输线。具体线路如下：

（1）中国内地—中国港口（包括中国香港）—德国港口或比利时港口—西欧内地（包括反方向）。

（2）中国内地—中国港口—日本港口—日本内地（包括反方向）。

（3）中国内地—中国港口—美国港口—美国内地（包括反方向）。

（4）中国内地—中国港口—日本港口—大洋洲港口—大洋洲内地（包括反方向）。

（5）中国内地—中国港口—科威特—伊拉克。

（6）中国东北地区—图们—朝鲜清津港—日本港口（包括反方向）。

（7）中国港口—肯尼亚港口—乌干达港口。

当前在中国国际集装箱联运中，主要有分段运输、国际联运、国际多式联运三种运输组织形式，其中分段运输的运量占我国国际集装箱运输总量的90%以上。国际集装箱中转站在港口腹地设置过剩和内陆站点数量严重不足形成极大反差。作为国际运输各种运输方式的连接点，国际集装箱中转站在我国已初步形成了以沿海大中城市港口为枢纽向内陆延伸的集疏运网络。但由于中转站集中设置在港口及其腹地，出现了与社会实际需求相脱节和运力过剩的现象，导致这些中转站建成后实际运量严重不足。随着铁路体制的改革、港口建设的完善，中国的国际多式联运会得到更迅速的发展。

## 知识拓展

### 一、地理大发现

“地理大发现”是西方史学对15世纪到17世纪欧洲航海者开辟新航路和“发现”新大陆的通称。在14世纪和15世纪，地中海沿岸一些城市出现了资本主义生产的萌芽，南欧一些国家的手工业及商业贸易有了相当程度的发展，一些商人渴望向外发展贸易，获取更多财富。但从15世纪中叶起，土耳其奥斯曼帝国一直占据东西方交通往来的要地——君士坦丁堡及东地中海和黑海周围广大地区，对过往商人横征暴敛，多方刁难，加之频繁的战争和海盗活动，西欧与东方陆上贸易的通道受到阻碍；而从东方经由波斯湾—两河流域—地中海和经由红海—埃及—地中海的两条海上商路又完全为阿拉伯人所操纵。因此，欧洲其他地区的商人和封建主为了获得更加充裕的东方商品和更多的交换货币——黄金，并免受土耳其人、阿拉伯人及意大利人的层层盘剥，便急于探求通向东方的新航路。同时，西方各国在生产技术方面已有很大进步，指南针也已从中国传到了欧洲，航海术的提高、多桅快速帆船的出现、大炮和轻便毛瑟枪的出现，以及地圆学说获得承认等，都为远洋探航提供了物质条件和思想准备。西班牙和葡萄牙是当时欧洲最强盛的封建中央集权制国家，它们以有利的地理位置，逐渐成为探索新航路的主要组织者。“地理大发现”主要指以下几大事件：

1. 新航路的发现

从 15 世纪起，葡萄牙人不断沿非洲西海岸向南航行，占据了一些岛屿和沿海地区，掠夺当地财富。1487—1488 年葡萄牙人迪亚士到了非洲南端的好望角，带来探寻新航路的一次重要突破。葡萄牙贵族达·伽马奉葡萄牙国王之命于 1497 年 7 月 8 日从里斯本出发，绕过好望角，沿非洲东海岸北上，之后由阿拉伯水手马季得领航横渡印度洋，于 1498 年 5 月 20 日到达印度西海岸的卡里库特，次年载着大量香料、丝绸、宝石和象牙等返抵里斯本。这是第一次绕非洲航行到印度的成功，被称为“新航路的发现”。

2. 新大陆的发现

在葡萄牙组织探寻新航路的同时，西班牙也力图寻求前往印度和中国的航路。1492 年 8 月 3 日意大利人哥伦布奉西班牙国王之命，从巴罗斯港（即古都塞维尔，今称塞维利亚）出发，率领探险队西行，横渡大西洋。同年 11 月 12 日，他们到达了巴哈马群岛的圣萨尔瓦多岛（华特林岛），之后又到了古巴岛和海地岛，最终于 1493 年 3 月 15 日回航至巴罗斯港。此后哥伦布又三次西航，陆续抵达西印度群岛、中美洲和南美大陆的一些地区，掠夺了大量白银和黄金之后返回西班牙。这就是人们所称的“新大陆的发现”。

3. 第一次环球航行

1519 年 9 月 20 日，葡萄牙航海家麦哲伦奉西班牙国王之命，率探险队从巴罗斯港出发，横渡大西洋，沿巴西东海岸南下，绕过南美大陆南端与火地岛之间的海峡（即后来所称的麦哲伦海峡）进入太平洋。1521 年 3 月到达菲律宾群岛，麦哲伦战死于此地。其后，麦哲伦的同伴继续航行，终于到达了“香料群岛”（今马鲁古群岛）中的哈马黑拉岛。之后，满载香料又经小巽他群岛，穿过印度洋，绕过好望角，循非洲西海岸北行，于 1522 年 9 月 7 日回到西班牙，完成了人类历史上第一次环球航行。

“地理大发现”是社会生产发展的产物，是封建社会日趋衰落、资本主义开始兴起的时代要求，是欧洲资本主义经济产生与发展对于扩大原料产地、市场以及交换手段的必然需要。它不仅加速了资本主义的原始积累过程，而且对世界生产力分布也有重大影响。

**二、船籍和船旗**

船籍指船舶的国籍。商船的所有人向本国或外国有关管理船舶的行政部门办理所有权登记，取得本国或登记国国籍后才能取得船舶的国籍。船旗是指商船在航行中悬挂的其所属国的国旗，是船舶国籍的标志。按国际法规定，商船是船旗国浮动的领土，无论在公海或在他国海域航行，均需悬挂船籍国国旗。船舶有义务遵守船籍国法律的规定并享受船籍国法律的保护。

**三、美国海运航线简介**

1. 美线 W/C（West Coast，西岸）

（1）PSW（Pacific South West，美西南岸濒太平洋）：主要有 LAX（Los Angeles）、LBH（Long Beach）、SFO（San Francisco）、OAK（Oakland，奥克兰）（注：新西兰的城市 Auckland 汉译名也为“奥克兰”）。

（2）PNW（Pacific North West，美太平洋岸西北向港口）：主要有 SEA 或 STL（Seattle，西雅图）、PTL（Portland，波特兰）（注：东岸也有同名之“波特兰”）、TAC. WA（Tacoma，塔科马；WA 为 Tacoma 所在州名简写）。

2. 美线 E/C（East Coast，东岸）

每家航商（Carrier、Liner）挂靠（Call）E/C 之港口均有不同，但一定都会挂靠 New York. E/C。主要港口有：NY（New York，纽约）、SAV（Savannah，沙瓦纳）、NFK（Norfolk，诺福克）。E/C 之 Boston. MA（注：MA 为 Boston 所在州名简写）较特殊，通常用 Barge（驳船）由 E/C 的 NY 或别的大港 T/S（转运）。另加约 USD 400/UNIT 之 T/S 费。

3. G/P 或 G/C（Gulf Port 或 Gulf Coast）

墨西哥湾沿岸港口主要有 Tampa（坦帕）、Houston（休斯敦）、Miami（迈阿密）。

对目的地（目的港）为 E/C 与 G/P 之货物，其 SVC（Service）方式有：

（1）MLB（Miniland Bridge）：迷你路桥——岸跨岸。

从远东到 W/C 的 Main Ports，卸柜经由火车全程内陆转运至 E/C 或 G/C 各主要港口，通常要换 3~4 次火车，但 Inland 全程（FM W/C to E/C or G/P）的 T/T（Transit Time）运输时间比起 A/W（All Water，全水路）来要短不少（一般 5~7 日即到，而全水路下从 W/C 至 E/C 要 10~20 日）。

Inland（内陆）运输有两种：铁路与拖车（公路）。

（2）A/W 经 Panama Canal 绕行至 E/C 或 G/C 各港，自 HKG 至目的港全程约需 27~32 天。其特点是 Direct Call 不经 Inland 运输。

除以上两种运输方式（目的地均为 W/C 或 G/C 之海港）外，美线常见的还有以下几种运输方式：

1. IPI（Interior Point Intermodel）

IPI 与 MLB 的区别在于：前者目的地非 W/C、G/C 之海港而是“IPI 点”（也称“内陆点”，Inland Points/Interior Points）。

IPI 按柜（货）之 Port of Discharge（卸船港）的不同有两种：一是于 W/C 卸船后转 Inland 运输（火车或拖车）；二是于 E/C 或 G/C 卸船后转内陆运输，此种情况称为 R-IPI。例如：于 Savannah（E/C 港口）拖车到 Atlanta（为 IPI 点）即为 R-IPI。

2. O. C. P.（Overland Common Points）

对于目的地在落基山脉以东且货量较大的 Inland Points 可采用 O. C. P. 运输方式。O. C. P. 与 MLB、A/W、IPI 及下文讲的 Micro Bridge、RAMP 的本质区别在于：O. C. P. 条款下海运的航商（Carrier）仅负责到 W/C，而由 Forwarder 或 Consignee 自行安排从 W/C 至 Destination 的 Inland 运输。柜子经 C/S（Consignees）拆吉后归还于当地（W/C）船公司之堆场（实为 Carrier 租的），Salt Lake City（盐湖城）即为一颇具代表性的内陆点；另外，O. C. P. 非多式联运而其他的全是。

O. C. P. 地区：North Dakota（北达科他州）、South Dakota（南达科他州）、Neberaska（内布达斯加州）、Colorado（科罗拉多州）、New Mexico（新墨西哥州）以东地区。另外，加拿大也有一个 O. C. P. 地区。

3. Micro Bridge 或 Micro-land Bridge，称为"微陆桥"（岸至内陆点）

由 W/C or E/C 之 Base Ports 经由 Inland（Train or Truck）转运至 IPI 内陆点。通常 Micro Bridge 的目的地为几个有名的内陆城市：CHI（Chicago，芝加哥）、Phoneix（凤凰城）、Detroit（底特律）等。其实，Micro Bridge 与 IPI 极为相似。

以上三种运输条款与提单中的填制方法必须吻合。

例 1：Vancouer O. C. P. Montereal，在 Port of Discharge 栏显示 Vancouer O. C. P.，在 Final Destination 栏显示 Montereal，在 Destination of Goods 栏显示 In Transit to Montereal。

例 2：MLB 运输时，Port of Discharge 为 LBH（Long Beach，长滩，于 W/C），Place of Delivery 为 MLB Houston。

例 3：IPI 运输时，Port of Discharge 为 LBH，Place of Delivery 为 IPI Memphis，TN。

O. C. P. 下 Consignee（收货人）可要求保税运输，于 Destination 结关提货。事实上，现行的地区运输费率与 O. C. P. 已相差无几，加上 O. C. P. 下收货人需于 W/C 办理中转手续，目前 O. C. P. 使用得不多。

4. RAMP

内陆 CY 堆场，船公司只负责运至 Consignee 所在地附近的与船公司有合约（Bond）的 CY 内，而从此 CY 至 Consignee 则由 Consignee 自行安排拖车运到。例如 Chicago 即为所有 Carrier（船公司）均提供至内陆 RAMP 的重要地点。

若 Carrier 于 Consignee 当地并无 RAMP 可供放置重/吉柜者［例如 Phoneix（菲尼克斯）］，通常 Carrier 会提供全程（Door to Door）之 SVC（Service）。但其拖车头之 Waiting Hours 通常为 2hrs（小时），此时间用于 Consignee 拆吉为免费的，超过 2hrs 则收取 USD 45～50/HR 的罚金（Fine）。

运输条款中 DR（Door）to RAMP 即指 RAMP 运输方式（P/P = Port to Port；即 CY&CY；P/D = Port to Door；P/R = Port to RAMP）。

**四、跨境电商物流模式**

跨境电商物流是指物品通过跨境网络销售平台从供应地到目的地的实体流动过程，包括了国际运输、包装配送、信息处理等环节。

跨境电商物流模式主要包括国际快递、邮政小包、海外仓、专线速递和中欧班列多式联运。

1. 国际快递

国际快递特点是业务流程复杂，影响因素多；交付速度快；安全可靠，反馈及时；门到门服务。

目前，在跨境电商业内的国际快递企业有 FedEx、TNT、UPS、DHL 等传统的国际物流品牌。客户可以根据不同的国家地域，货物的体积、重量等选择不同的渠道组织国际物流。FedEx 联邦国际快递公司总部在美国，联邦国际快递货物一般 2～4 个工作日送达；21 千克以上发东南亚、中南美洲和欧洲比较有优势。TNT 总部在荷兰，TNT 国际快递货物一般 3 个工作日送达，在西欧国家通关速度快。UPS 联合包裹总部在美国，联合包裹快递货物在北美线路具有绝对优势，速度相对较快；6～21 千克的快递货物发英国和南美都比较有优势。DHL 敦豪航空货运公司总部在德国，敦豪快递货物在欧洲一般 3 个工作日，东南亚一般 1～2 个工作日送达；5.5 千克以下物品发送到北美和英国有绝对优势。

由于国际快递的专业性和时效性，国际快递成为一些大型 B2B 平台卖家的首选，如阿里巴巴国际站等，也有一些自营性质的行业 B2C 平台会使用国际快递进行样品的寄送，如石材行业的 B2C 平台 StoneGroupon。但是国际快递的物流运送费用是比较高的，即使是通过企业的账号拿到十分优惠的价格，也会比其他递送渠道的费用高。

2. 邮政小包

邮政小包主要是通过 EMS，以个人邮包的形式进行发货，其特点是价格低廉、清关便捷。但是，邮政小包递送时效相对较慢，并且丢包率高，如果不是挂号件则无法进行跟踪。

随着跨境 B2C、C2C 电商的不断发展，邮政小包以其价格优势仍然会占据巨大的市场份额，邮政方面在其业务量不断上升的同时必须更加注重服务质量的改善。

3. 海外仓

海外仓是结合电商特点，在专线物流方式上的延伸，同时还能提供海外的快速递送专业渠道、精准的海外库存管理、灵活的销售策略和决策支持，提高客户体验度。由于跨境物流成本的不断上升以及物流效率相对较低，为了解决跨境电商最后一公里的难题，直接在海外建立或租用自己的仓库成了跨境电商企业的一个新选择。海外仓将是未来跨境电商的首选，由于其成本巨大，目前市面上做海外仓的公司在整体实力上有限，并且前期投入较高。随着海外仓市场竞争的日益激烈和跨境电商刚性需求的不断增长，海外仓在 2014 年得到长足的发展。部分国际大型跨境电商企业，如 eBay、Amazon、Aliexpress、DX、OSell等企业利用海外仓发货的优势，提前运筹布局。

4. 专线速递

专线速递是针对某个指定国家的一种专线递送方式，特点是货物送达时间基本固定，一般欧洲的英、法、德等发达国家 5～6 个工作日可以送达，运输费用较传统国际快递便宜，清关便利。专线速递对于针对某一国家或者地区的跨境电商来说是较好的物流解决方案。专线物流的国内运输时效有保障，但货物到国外以后如果使用邮政小包，也会出现递送延迟。同时，在服务质量方面，专线物流比不上快递物流。

5. 中欧班列多式联运

中欧班列是指按照固定车次、线路等条件开行，往来于中国与欧洲及“一带一路”沿线各国的集装箱国际铁路联运班列。2011 年 3 月，首列中欧班列（重庆—杜伊斯堡，“渝新欧”国际铁路）成功开通，“渝新欧”是重庆至欧洲的国际铁路大通道，从重庆出发，经西安、兰州、乌鲁木齐，向西过北疆铁路，到达边境口岸阿拉山口，进入哈萨克斯坦，再经俄罗斯、白俄罗斯、波兰，至德国的杜伊斯堡。2020 年，中欧班列全年累计运送货物突破 100 万个标准箱，运行线路达到 65 条，通达欧洲 15 个国家的 51 个城市。

国际物流在跨境电商中的重要性不言而喻，在注重资源整合的电子商务中，将会有更多经济、便捷的国际物流方式出现。

## 技能训练

**一、读西亚地图，并回答相关问题**

（1）有两艘满载 15 万吨原油的油轮从波斯湾驶往美国的旧金山和纽约，请将沿途经过的主要海峡和大洋填在下面的空格中：

③________海峡→④________洋→旧金山

波斯湾→①________海峡→②________洋

⑤好望角→⑥________洋→纽约

（2）西亚石油除输往美国外，还输往________国和__________地区。

（3）西亚石油出口以____________运输为主，其次还有__________运输。

（4）用荧光笔（或彩笔）在地图上标示出当今世界石油运输的主要航线：

①波斯湾（巴士拉）—非洲南端好望角—西欧（英国伦敦）航线

②波斯湾——阿拉伯海—马六甲海峡—南海—远东（中国、韩国、日本）航线

③波斯湾—红海—苏伊士运河—地中海—直布罗陀海峡航线

**二、在东南亚地图上标示相关地理事物**

A. 马来西亚　B. 印度尼西亚　C. 中国　D. 新加坡

E. 印度洋　F. 南海　G. 马六甲海峡　H. 太平洋

I. 安达曼海　J. 台湾海峡

**三、复习思考题**

（1）由中国出口一批货物，采用 CIF 贸易术语成交，由上海运往美国内地城市亚特兰大，应如何订立 O. C. P. 运输条款，最好选择哪些港口为目的港？（列举三个港口）

（2）由中国厦门港运往非洲赞比亚的货物，应选择哪个港口为目的港较合适，沿途将经过哪些主要的大洋和海峡？

（3）由中国江苏徐州运往波兰华沙的货物应选择哪种运输方式较合适，沿途将经过哪些主要的国家？

（4）世界上主要的海运航线有哪些？

（5）世界上主要的海峡和运河有哪些？

（6）一批原油从波斯湾运往日本大阪，沿途将经过哪些主要的大洋、海峡？

（7）一批货物从中国湛江港装运，通过海运方式运往意大利威尼斯，沿途将经过哪些主要的海洋、运河和海峡？

（8）由中国天津运往澳大利亚悉尼的货物，沿途将经过哪些主要的海域？

（9）世界集装箱运输的主要航线有哪些？

（10）由上海驶往多伦多、芝加哥的一艘 2 万吨货轮，在穿过巴拿马运河后还应经过哪些海峡、海湾和运河（水道）？

# 第三章　中国的对外贸易与交通运输

## 第一节　中国的对外贸易发展概况

### 一、中国的对外开放与对外贸易

实行对外开放是中国的一项长期基本国策。它是一个既关系到中国进一步发展和解放生产力、完善和发展社会主义，也关系到国家繁荣富强、民族兴衰成败的重大战略问题。实行对外开放是中国发展对外贸易的根本指导思想，发展对外贸易是实行对外开放的主要内容，两者是相互依存、不可分割的。

#### （一）对外开放的主要内容

对外开放的主要内容是：大力发展对外贸易，特别是扩大出口贸易；积极引进先进技术和设备，特别是有助于企业技术改造的先进技术；积极有效地利用外资；积极开展对外承包工程和劳务合作；发展对外经济技术援助和多种形式的互利合作；设立经济特区和开放沿海城市，设立经济技术开发区和保税区，开放沿江、沿边和内地省会城市，大力发展外向型经济。

其中，发展对外贸易、利用国外资金、引进先进技术设备是对外开放的最主要内容。在上述三项最主要内容中，发展出口贸易是利用外资和引进技术的物质基础，是对外开放政策的最根本内容。实行对外开放政策，必然使对外贸易在我国国民经济中处于重要的战略地位。

#### （二）对外开放的格局

中国的对外开放，在不断总结经验的基础上，由点到面，由浅入深，从南到北，从东到西，形成了以经济特区和沿海开放城市为重点的多渠道、多层次、全方位的开放格局。这个格局大体上以1992年春邓小平同志的南方谈话发表后改革开放进入新阶段为标志，划分为两个阶段：1992年前，先开放沿海地区，逐步形成向内地开放的格局；1992年后，逐步形成多层次、多渠道、全方位对外开放的格局。

*1.1992年以前的对外开放格局*

早在实行对外开放的政策初期，党中央和国务院就确定了“重点开放沿海地区，逐步向内地开放”的经济发展战略，把中国经济发展进程划分为东部地区（即沿海地区）、中部各省和西部地区三大梯度，先发展东部地区，然后带动中部和西部地区发展。按照此项战略，将中国对外开放分为经济特区、沿海开放城市、沿海经济开放区、内地四个层次。

1980年5月，国务院决定设立深圳、珠海、厦门、汕头四个经济特区。1987年中央批准海南建省，并将其作为全国最大的经济特区对外开放。1990年中央又决定开发和开放上海的浦东，实行经济特区的政策。经济特区是我国对外开放的第一个层次。

1984 年 5 月，中央决定进一步开放大连、秦皇岛、天津、烟台、青岛、连云港、南通、上海、宁波、温州、福州、广州、湛江、北海 14 个沿海港口城市。沿海开放城市是我国对外开放的第二个层次。

1985 年 1 月，中央又决定将长江三角洲、珠江三角洲、闽东南地区开辟为沿海经济开放区。1987 年后，又将山东半岛、辽东半岛列入沿海经济开放区。这是继经济特区、沿海开放城市之后的第三个开放层次。

内地则作为第四个层次。

中国的对外开放政策，就是从经济特区—沿海开放城市—沿海经济开放区—内地这四个层次逐步推进的。

2. 沿海经济发展战略

积极参与国际交换和国际竞争，大力加强对外经济技术交流与合作，已成为不可阻挡的世界潮流。这是人类社会生产力发展的必然结果，是社会经济发展的必然规律。中国发展外向型经济，正是要顺应世界潮流，遵循经济规律。所谓外向型经济，就是通过放宽贸易限制，利用外资，引进技术，大力发展面向国外市场的产业，以出口贸易带动企业和国民经济的技术改造，加速产业结构、产品结构的优化，促进社会主义现代化建设。中国要实行对外开放，不断加强对外经济技术的交流与合作，其实质就是要大力发展外向型经济。

中国对外开放以后，大力发展外向型经济的策略，首先是在沿海地区实施的。在沿海地区多层次开放带动内地开放的格局取得极大成功的基础上，中央于 1987 年底制定了沿海地区经济发展战略，进一步加快对外开放的步伐。

沿海地区经济发展战略的基本内容与核心是：充分发挥沿海地区的劳动力优势，走向国际市场，参与国际交换和国际竞争，大力发展外向型经济。

3. 1992 年以来的对外开放格局

1990 年开始，以开发上海浦东和海南洋浦、兴办保税区、开发长江流域、开放沿边和内陆省会城市等为标志，我国对外开放逐步由东向西推进，地域不断扩大，至今已形成了多层次、多渠道、全方位的对外开放格局。

以 1992 年春邓小平同志视察南方并发表重要讲话为标志，中国改革开放进入新阶段，中国对外开放格局出现了新的变化。

（1）沿海地区外向型经济深入发展。

1990 年 6 月，中央批准开发上海和开放浦东，主要利用国外资金发展外向型经济。在浦东新区内设置保税区。此后，兴办保税区的措施逐步向沿海各地推广。

在沿海地带、经济特区、开放城市以及珠江三角洲和长江三角洲“两洲”、环渤海湾和环北部湾“两湾”外向型经济蓬勃发展的大好形势下，有些地方已形成了外向型经济的开放格局。

1991 年 3 月起，国务院批准在沿海开放城市建立经济技术开发区和高新技术产业开发区，将其作为对外开放的窗口、深化改革的试验区和示范区。现在国家级高新技术产业开发区已具一定规模，其中多数设在沿海地区，进一步促进了沿海外向型经济地区的经济发展。

（2）长江三角洲和长江沿江地区开放战略初步形成。

1992 年 6 月，中央明确指出：要以上海浦东的开发开放为龙头，以三峡工程建设为契机，进而推动长江三角洲和长江沿江地区的开发开放和经济发展。这是党中央作出的一项重大战略决策。1992 年 8 月，国务院决定进一步开放重庆、岳阳、武汉、九江、芜湖 5 个长江沿岸城市。与此同时，国务院决定对哈尔滨、长春、呼和浩特、石家庄 4 个边境或沿海地区省会城市以及太原、合肥、南昌、郑州、长沙、成都、贵阳、西安、兰州、西宁、银川 11 个内陆省会城市实行城市开放政策。这是中国在 20 世纪 80 年代已形成的沿海地区开放形势的基础上，将对外开放由东向西、由南向北推进，在更大的范围和更深的层次上前进了一步，使广大内陆地区为中国经济发展发挥更大的作用。

（3）东北、西北、西南三大开放地带。

1992 年起，中央决定逐步开放沿边地带。此后，逐步形成了沿周边国家的东北、西北、西南三大开放地带，一种以边境贸易为先导，以内地为依托，以高层次经济技术合作为重点，以开拓周边国家市场为目标的沿边开放新态势已经形成。

（4）沿新亚欧大陆桥开放地带。

1991 年底，与黑海、波罗的海以及大西洋沿岸各港口相衔接的第二条亚欧大陆桥全线贯通。这一条大陆桥的贯通，使得从中国连云港至荷兰鹿特丹的路程比第一条西伯利亚大陆桥缩短了 2 000 多千米。这条大陆桥横贯我国中西部 11 个省区，其中黄河沿岸有 8 个省区。沿大陆桥实行开放，形成沿黄河经济协作带，有益于辐射和带动大陆桥南北广大区域，开发中国内陆腹地，走向国际市场。同时为西部的开发开放提供了重要条件。

由此，中国出现了一个“四沿”（沿海、沿江、沿边、沿桥）开放的多层次、多渠道、全方位的新格局。

## 二、改革开放以来对外经贸发展

### （一）货物贸易的发展

1978 年底，党的十一届三中全会以后，中国实行对外开放政策，进行经济体制改革，国民经济迅速发展，对外贸易也进入了一个新的发展时期。

1978 年，中国货物贸易进出口总额为 206. 4 亿美元；1985 年第六个五年计划完成时，进出口总额为 696 亿美元；1990 年第七个五年计划完成时，进出口总额为 1 154 亿美元；第八个五年计划期间进出口总额更是高速增长，1995 年达 2 809 亿美元；第九个五年计划期间进出口总额继续保持增长，2000 年达 4 743 亿美元；2008 年进出口总额为 2. 5 万亿美元，仅次于美国和日本，居世界第三位；2013 年进出口总额为 4. 16 万亿美元，居世界第一位。

21 世纪以来，中国外贸依存度（对外贸易总额/国内生产总值）不断提高，据中国商务部统计，2001 年中国外贸依存度为 38. 47%，2005 年为 63. 86%，2006 年为 67%，2007 年和 2008 年均超过 70%。这说明中国对外贸易在国民经济中所处的地位越来越重要，中国经济与世界经济已经形成了相互依赖的伙伴关系，世界经济对中国经济发展的影响也日益明显。

2019 年，中国货物贸易进出口总额为 31. 54 万亿元。其中，出口额为 17. 23 万亿元，同比增长 5. 0%；进口额为 14. 31 万亿元，同比增长 1. 6%；贸易顺差为 2. 92 万亿元，同比增长 25.4%。全年进出口、出口、进口规模均创历史新高。2019 年中国货物出口额占全球货物出口总额的比重为 13.2%，比上年提升 0.4 个百分点，出口占国际市场份额稳步提升；货物进口额占全球货物进口总额的比重为 10.8%。

中国的贸易伙伴遍布全球，市场多元化战略成效显著。2019 年，中国对欧盟、东盟、美国、日本四大贸易伙伴进出口额合计占同期中国进出口总额的 48.1%。2019 年对欧盟进出口额为 4.86 万亿元，同比增长 8.0%；对东盟进出口额为 4.43 万亿元，同比增长 14.1%；对美国进出口额为 3.73 万亿元，同比下降 10.7%；对日本进出口额为 2.17 万亿元，同比增长 0.4%。2020 年，新冠疫情的阴霾笼罩全球，中国和东盟国家砥砺前行，贸易投资逆势增长。中国与东盟互为第一大贸易伙伴。

2019 年中国与"一带一路"倡议沿线国家贸易发展势头良好，合作潜力不断释放，成为拉动中国外贸发展的新动力。较上年中国对拉丁美洲、非洲进出口额分别增长 8.0% 和 6.8%。

**（二）对外开放新格局前景展望**

习近平总书记在党的十九大报告中作出了中国特色社会主义进入了新时代的科学论断。新时代论断涵盖的领域包括国内政治、经济、民主、生态等领域，也包括国际经贸交往、大国外交、人文交流等方面。

中国通过开展大国外交，营造更加稳定友善的国际环境。中国提出共建"一带一路"国际合作倡议，通过基础设施建设和贸易、文化、科技等领域的交往，倡导打造人类命运共同体。

党的十九大综合分析国际国内形势和我国发展条件，将实现第二个百年奋斗目标分为两个阶段安排。第一个阶段，从 2020 年到 2035 年，在全面建成小康社会的基础上，再奋斗十五年，基本实现社会主义现代化；第二个阶段，从 2035 年到 21 世纪中叶，在基本实现现代化的基础上，再奋斗十五年，把我国建成富强民主文明和谐美丽的社会主义现代化强国。

预计到 2030 年，中国经济总量将超过美国位列全球第一，人均 GDP 有望超过 2 万美元，人民币将成为仅次于美元和欧元的第三大国际支付货币，在国际支付体系中的占比将显著上升，逐步接近经济总量占全球份额。"一带一路"倡议地区将成为全球经济新的增长极，在全球经济版图中的分量和地位将大幅上升，沿线一体化程度将更加紧密，经济、金融、科技、人员和文化等领域交往将促进人民币区的形成。

预计到 2050 年，中国 GDP 总量和人均 GDP 都将位列世界前列，真正实现中华民族伟大复兴。中国在国际金融体系中的地位以及人民币在国际支付和投融资领域中的份额，也将与中国 GDP 全球份额相匹配，人民币将成为可以与美元匹敌的全球货币。人民币汇率形成机制将实现市场化，人民币将成为跨境资本流动和国际结算的重要货币，央行将主要通过利率调节和其他市场化手段来调控汇率。"一带一路"倡议沿线的大部分国家，经济稳定发展将带动政治平稳，促使各国民主意识觉醒，地缘政治冲突将逐渐减少，世界将日益演变为更加和谐稳定的命运共同体。①

① 王有鑫．新时代中国对外开放新格局的深刻内涵和前景展望．金融时报，2017－10－31.

### （三）新时代高水平对外开放

习近平总书记在党的二十大报告中强调，“中国坚持对外开放的基本国策，坚定奉行互利共赢的开放战略”，“推进高水平对外开放”。2022 年 12 月召开的中央经济工作会议进一步强调，“坚持推进高水平对外开放，稳步扩大规则、规制、管理、标准等制度型开放”。

1. *以新发展理念为指导推进高水平对外开放*

创新理念是高水平开放的不竭动力，以先进科学技术、高素质创新型人才、公平竞争的营商环境和新产业领域等为主要内容的创新模式替代以往单纯依靠廉价劳动力、资源、传统制造业等发展对外经济的陈旧模式。协调和绿色理念是高水平开放的路径和保障，以结构更加合理、人与自然和谐共生的开放推动可持续发展。开放理念是高水平开放的目标导向，增强中国在全球治理中的话语权，带动全球经济朝着更加开放、公平、平衡的方向发展。共享理念是高水平开放的归宿，通过开发更大市场，补齐地区非均衡开放发展模式的短板，缩小城乡发展差距，实现全体人民共同富裕，满足人民对美好生活的向往。

2. *以新发展格局为目标推进高水平对外开放*

高水平开放是更宽领域的开放。我国通过主动降低产品关税，落实外资企业国民待遇，大幅度放宽市场准入条件，减少负面清单，加大现代服务业领域开放力度，逐渐打开国内内需市场，推动服务业、农业等产业在更多更宽领域的扩大开放。高水平开放是更深层次的开放。我国在融入国际分工的过程中，坚持“共商共建共享”的全球治理理念，积极参与并努力引领全球治理体系变革，参与国际经贸规则制定，主动提供国际公共产品，在全球经济治理体系变革中发挥更大作用。

3. *以向全球价值链中高端迈进为抓手推进高水平对外开放*

高水平对外开放要求我国产业集群不能停留在全球价值链分工体系的低端，必须提高制造业国际竞争力，发展以高技术、高附加值、信息密集等为显著特征的生产性服务业，完善对外贸易政策和法律法规，改善企业营商环境，增强国际的高端科研合作，构建面向全球的高标准自由贸易区网络，推动产业向全球价值链中高端迈进。

4. *以新竞争优势为核心推进高水平对外开放*

站在新的历史起点上，我国应通过培育国际经济合作新优势，增强我国对外开放的质量与水平。第一是破解技术层面的“低端锁定”问题，以创新研发补齐技术短板，打破发达国家对高端技术的垄断局面。第二是培育高素质创新型人才，优化人力资本。第三是清除不适应高水平对外开放的体制机制障碍，稳步扩大规则、规制、管理、标准等制度型开放，深化国内相关领域改革，打造更公平合理、更具竞争力的营商环境，促进国内国际要素有序自由流动，实现资源高效配置和市场深度融合。

推进制度型开放是党中央对国内外政治经济环境变化及发展趋势的深刻把握，是新时代实现高水平对外开放的必然要求，是我国开放战略转型的重要标志。

开放初期，我国的开放举措主要集中在商品和要素领域，为了促进商品和要素流动而不断降低关税和非关税壁垒，实行“边境开放”。当今国内国际形势正处于深刻变化中，我国在继续推动商品和要素流动型开放的同时，应更加注重规则等制度型开放。

# 第二节 中国的主要港口和海运航线

## 一、中国对外贸易主要港口

### (一)《全国沿海港口布局规划》

为了合理、有序地开发和利用港口资源，完善国家综合运输网络，促使沿海港口向规模化、集约化、现代化方向发展，适应国家经济社会发展需要，交通运输部与国家发改委联合编制了《全国沿海港口布局规划》（以下简称《规划》），并于2006年经国务院审议通过。《规划》的出台，对中国沿海港口的可持续发展和国家综合运输体系的完善都起到十分重大的促进作用，对中国经济社会的发展也将产生重大而深远的影响。

《规划》根据不同地区的经济发展状况及特点、区域内港口现状及港口间运输关系、主要货类运输的经济合理性，将沿海港口划分为环渤海、长江三角洲、东南沿海、珠江三角洲和西南沿海5个港口群体，形成煤炭、石油、铁矿石、集装箱、粮食、商品汽车、陆岛混装和旅客运输8个系统的运输布局。

1. 环渤海地区港口群体

环渤海地区港口群体由辽宁、津冀和山东沿海港口群组成，主要服务于我国北方沿海和内陆地区的社会经济发展。

辽宁沿海港口群体以大连东北亚国际航运中心和营口港为主，包括丹东、锦州等港口，主要服务于东北三省和内蒙古东部地区。津冀沿海港口群以天津北方国际航运中心和秦皇岛港为主，包括唐山、黄骅等港口，主要服务于京津、华北及其西向延伸的部分地区。山东沿海港口群以青岛、烟台、日照港为主，包括威海等港口，主要服务于山东半岛及其西向延伸的部分地区。

2. 长江三角洲地区港口群体

长江三角洲地区港口群体依托上海国际航运中心，以上海、宁波、连云港为主，充分发挥舟山、温州、南京、镇江、南通、苏州等沿海和长江下游各港口的作用，主要服务于长江三角洲以及长江沿线各地区的经济社会发展。

3. 东南沿海地区港口群体

东南沿海地区港口群体以厦门、福州港为主，包括泉州、莆田、漳州等港口，主要服务于福建和江西等内陆省份部分地区的经济社会发展。

4. 珠江三角洲地区港口群体

珠江三角洲地区港口群体由粤东和珠江三角洲地区各港口组成。该地区港口群依托香港经济、贸易、金融、信息和国际航运中心的优势，在巩固香港国际航运中心地位的同时，以广州、深圳、珠海、汕头港为主，相应发展汕尾、惠州、虎门、茂名、阳江等港口，主要服务于华南、西南部分地区，加强了广东省和内陆地区与港澳地区的交流。

5. 西南沿海地区港口群体

西南沿海地区港口群体由粤西、广西沿海和海南省的港口组成。该地区港口的布局以湛江、防城港、海口港为主，相应发展北海、钦州、洋浦、八所、三亚等港口，主要服务于西部地区开发，为海南省扩大与岛外的物资交流提供了运输保障。

《规划》实施后，港口群内起着重要作用的综合性、大型港口的主体地位更加突出，增强了为腹地经济服务的能力。港口群内部和港口群之间分工合理、优势互补、相互协作、竞争有序。

**（二）中国主要对外贸易港口概况**

1. 大连港

大连港位于辽东半岛南端的大连湾内，港阔水深，冬季不冻，万吨货轮畅通无阻。大连是哈大线的终点，以东北三省为经济腹地，是东北的门户，也是东北地区最重要的综合性外贸口岸。大连港是我国南北水陆交通运输枢纽和重要国际贸易港口之一。

大连港作业范围主要包括大港、香炉礁、大连湾、大窑湾四大区域。截至2019年，大连港拥有35万吨专业矿石码头和15万吨转水码头。大连港主要从事原油、成品油及液体化工品装、卸、储运服务和客运服务等方面业务。2019年，大连港货物吞吐量近36 641万吨。港口以其泊位多、功能齐全、进出港船舶多和现代化程度高四大优势，成为我国最大的港口群。

2. 秦皇岛港

秦皇岛港地处渤海之滨，扼东北、华北之咽喉，是我国北方著名的天然不冻港。这里海岸曲折，港阔水深，风平浪静，泥沙淤积很少，万吨货轮可自由出入。秦皇岛港位于河北省东北部、渤海北岸，地处连接山西省大同和河北省秦皇岛的大秦线最东端，是连接中国“西煤东运”和“北煤南运”运输干线的主枢纽港。管道运输方面，港区具有完善的输油管网系统，与秦京管线和通往大庆油田的输油管线直接相连。

截至2019年，秦皇岛港拥有12.2千米长的码头岸线，分为东、西两大港区，运营泊位50个，包括44个万吨级以上泊位。其中有23个煤炭泊位、7个油品及液体化工泊位、17个杂货泊位、3个集装箱泊位。拥有堆存能力1 027万吨的专业化煤炭堆场、堆存能力219万吨的杂货堆场、15个总仓储能力为28.6万立方米的油罐及堆存2.3万标准箱的集装箱堆场。

港口有京哈铁路和铁岭—秦皇岛—北京输油管通过；大同至秦皇岛运煤专用电气化铁路的配套工程——秦皇岛港煤码头三期工程的建成，使秦皇岛港成为世界最大的能源输出港，以及我国“北煤南运”大通道的主枢纽港。2018年，秦皇岛港开通韩—中—蒙海铁联运国际集装箱班列，为中国“一带一路”建设增添了一条新的海铁联运国际集装箱大通道。2019年秦皇岛港货物吞吐量达21 880万吨，集装箱吞吐量达62万标准箱。

3. 唐山港

唐山港位于河北省唐山市东南沿海，是我国沿海的地区性重要港口，是我国能源、原材料等大宗物资专业化运输系统的重要组成部分，也是曹妃甸循环经济示范区、唐山海港经济开发区开发建设的重要基础设施及战略资源。

唐山港分为曹妃甸港区和京唐港区。两港区的基本定位和主要功能是：曹妃甸港区是为服务曹妃甸循环经济示范区、以大宗散货转运为主的大型综合性港区，利用深水岸线的资源优势，发展大宗原材料转运功能，并承担“北煤南运”的重要任务；京唐港区是为腹地经济发展所需的各类物资提供运输服务的综合性港区。

唐山港京唐港区位于唐山市东南80千米处的唐山海港开发区境内、渤海湾北岸，处于环渤海经济圈中心地带，是我国沿海重要港口。唐山港曹妃甸港区位于唐山市南部70

千米处的南堡地区曹妃甸岛，是渤海唯一不需要开挖航道和港池即可建设 30 万吨级大型泊位的天然良港。2005 年，唐山港曹妃甸港区的 25 万吨级矿石码头开港，并实现了国际通航。2008 年 5 月，国务院批准了《曹妃甸循环经济示范区产业发展总体规划》，把曹妃甸港区作为我国能源、矿石等大宗原燃料的集疏港。

2019 年唐山港货物吞吐量达到 6.57 亿吨，集装箱吞吐量达到 294.34 万标准箱。唐山港跻身世界港口第三位，成为全国最大的进口铁矿石接卸港、最大的钢材输出港、重要的油气能源进口基地和储备中心。

港口辐射范围不断扩大，航线通达 70 多个国家和地区的 190 余个港口。自 2010 年以来，开通国际班列 3 条，中日韩蒙国际班列实现常态化运行，形成了覆盖“三北”（东北、华北、西北）、连通东北亚的东西互动、海陆统筹运输网络，逐步成为“一带一路”建设的重要枢纽。

4. 天津港

天津港是我国沿海主枢纽港，是京津冀现代化综合交通网络的重要节点和对外贸易的主要口岸，是华北、西北地区能源物资和原材料运输的主要中转港，也是北方地区的集装箱干线港和发展现代物流的重要港口。随着腹地经济的发展，天津港具有运输组织、装卸仓储、中转换装、临港工业、现代物流、口岸商贸、保税加工及配送、航运和市场信息、综合服务等多项功能。

首先，京哈、京沪、京津三条铁路干线在此交会，并外接京广、京九、京包、京承、京通、陇海等干线与全国铁路联网。其次，京津塘高速公路、丹拉高速公路、津晋高速公路、海防公路等形成辐射状公路网络。最后，此处管道纵横，既有直通北京的航空煤油管线，也有连接大港油田和天津石化的原油和成品油管线，并可通过天津至沧州的管线与中石化原油管网相通。

天津港有着独特的区位优势。天津港处于京津城市带与环渤海经济圈的交会点上，是首都北京的海上门户，对腹地的辐射力和影响力较强。天津港已经形成了以集装箱、原油及其制品、矿石、煤炭为“四大支柱”，以钢材、粮食等为“一群重点”的货源结构。

天津港主航道长 44 千米，航道底宽最宽已达 260 米，航道水深最深已达 -19.5 米，20 万吨级船舶可以随时进港，25 万吨级船舶可以乘潮进港。

天津港是我国打造陆海内外联动、东西双向互济开放格局的重要节点。近年来，天津港深度融入京津冀协同发展国家重大战略，突出海陆枢纽地位。

滨海新区的开发开放为天津港创造了难得的历史机遇，天津港将被建设成为世界一流大港。

5. 烟台港

烟台港位于山东半岛北岸的芝罘湾内，东邻威海港，隔海与辽东半岛相望。烟台港北有芝日、东有崆峒岛拱峙，是天然的优良港湾。港区水深域阔，不冻不淤。烟台港是国家水路运输的主枢纽港和国内沿海重要的对外开放港口，烟台是胶东地区的交通枢纽，有铁路、公路、航空、海运互相联结的交通网络，是国家正在建设的同江至三亚沿海南北大通道的重要节点，在全国综合运输网中占据重要地位。

烟台港目前的核心港区，主营集装箱、客货滚装运输和矿石、煤炭、粮食、化肥、钢材等散杂货业务，共有泊位 50 个，万吨级以上深水泊位 27 个，最大水深 20 米。随着烟台港西港区的建设，主要散杂货业务将向西港区转移。

2012年，烟台港货物吞吐量突破2亿吨大关，集装箱吞吐量突破185万标准箱，正式跨入两亿吨港口俱乐部，成为中国沿海第11个、世界沿海第17个两亿吨港口。2015年，烟台成为国家“一带一路”倡议17个沿海支点城市之一。2016年，烟台港集团完成货物吞吐量2.65亿吨、集装箱吞吐量260万标准箱，化肥、铝矾土、朝鲜煤、石油焦、中非杂货班轮等指标连续多年位居中国沿海港口首位。

2022年，烟台港货物吞吐量突破4亿吨，集装箱吞吐量突破400万标准箱，向着建成东北亚具有核心竞争力的现代化强港迈出了坚实一步。

6. 青岛港

青岛港位于山东半岛南岸的胶州湾内，港内水域宽深，四季通航，港湾口小腹大，是我国著名的优良港口。青岛港是晋中煤炭和胜利油田原油的主要输出港。

青岛港是我国外贸亿吨吞吐大港，是太平洋西海岸重要的国际贸易口岸和海上运输枢纽。青岛港分为大港港区、中港港区、黄岛油港港区和前湾港港区四大部分。现有码头18座，泊位82个。其中包括可停靠12 000～15 000标准箱船舶的世界最大的集装箱码头，可停靠30万吨级超级巨轮的矿石码头、原油码头，10万吨级的煤炭码头，主要提供集装箱、原油、铁矿石、煤炭、粮食等各类进出口货物的装卸、储存、中转、分拨等物流服务。

2019年，青岛港货物吞吐量超过5.15亿吨，同比增长6.1%；集装箱吞吐量2 101万标准箱，同比增长8.8%。青岛港自2014年开始实施国际化战略，通过与世界级企业强强联合，实施管理输出、资本输出、技术输出、品牌输出，开启了建设世界一流的国际化港口的新征程。

2023年，青岛港全自动化集装箱码头三期工程成功投产运营，实现全自主集成创新应用场景零的突破。青岛港重视智慧绿色港口建设，建成全球首个“氢+5G”智慧生态码头，全自动化集装箱码头投产运营，作业效率较传统码头提升30%，节省人力80%；建设涵盖智慧调度、智慧库场、智慧设备、智慧皮带流程全系统的干散货智慧码头，铁矿石、纸浆等货种作业效率保持全球领先。硬件能力进一步提升，青岛港成为中国首个智慧、绿色“双五星”港口。

7. 日照港

日照港是我国重点发展的沿海20个主枢纽港之一，也是新亚欧大陆桥的东方桥头堡，现拥有日照、岚山两大港区，32个生产泊位。港口装卸以煤炭、铁矿石、集装箱、粮食、液体化工及油品等十大主导货种为主，2019年货物吞吐量为46 377万吨。

日照港区位优势明显，自然条件得天独厚。港口位于我国海岸线中部，东临黄海，北与青岛港、南与连云港毗邻，隔海与日本、韩国、朝鲜相望。港区湾阔水深，陆域宽广，气候温和，不冻不淤，适合建设20万～30万吨级的大型深水码头，为我国名副其实的天然深水良港。

连接港口的兖石铁路、坪岚铁路向西经新乡、侯马、西安直达新疆的阿拉山口，形成与陇海平行，与京沪、京九、京广、焦枝、同蒲铁路相交的纵横交错的铁路网，把日照港与华东、中原、西北等广大地区连接在一起。

8. 连云港

连云港位于新亚欧大陆桥东端，是一个综合性的国际贸易枢纽港。连云港拥有辽阔、稳定的经济腹地，即整个“陇海—兰新”经济地带。连云港是全国十大海港之一，港口现有万吨级以上泊位30个，2019年吞吐量23 456万吨以上。6.7千米的拦海大堤使港口形成了30平方千米风平浪静的港池，拥有亿吨级吞吐能力。

连云港市以港口为中心的海陆空立体交通网初步形成。民航开通了到中国重要城市北京、广州、上海等地的航班。铁路可直通北京、上海、南京、成都、武汉、宝鸡等大中城市，并通过京沪线、京九线、陇海线等连接中国各地。连云港是中国五大交通枢纽之一，公路对外交通已全部实现高速化，国家重点建设的同三、连霍两条高速公路在境内交会。

9. 南通港

南通港东濒黄海，南临长江，是海轮进入长江的第一个港口，处于海、江、河联运的枢纽地位。南通港东出大海可与我国南北沿海各港及世界各国和地区通航；通过长江可联系苏、皖、赣、鄂、湘、渝、川等沿江各省区。

南通口岸已建成万吨级以上泊位24个，其中集装箱专用泊位3个，2019年港口年吞吐量达33 620万吨以上。长江南通段宽8千米，水深10米以上，江面开阔，河势稳定，具有发展修造船业的良好条件。南通现已拥有修造船厂13家、船舶产品生产厂55家，是我国重要的修船基地。其中，南通远洋船务工程公司的“南通”号浮船坞（15万吨级）为国内最大的修船坞。

10. 上海港

上海港位于长江三角洲前缘，居我国大陆海岸线中部，扼长江入海口，地处长江东西运输通道与海上南北运输通道的交会点，是我国沿海的主要枢纽港，也是我国参与国际经济大循环的重要口岸。上海市外贸物资中的99%经由上海港进出，其每年完成的外贸吞吐量占全国沿海主要港口的20%左右。上海港也是世界著名港口，2006年货物吞吐量位居世界第一，集装箱吞吐量为世界第三。

上海港港区陆域由长江口南岸港区、杭州湾北岸港区、黄浦江港区、洋山深水港区组成。截至2016年底，上海港已经与全球214个国家和地区的500多个港口建立了集装箱货物贸易往来，拥有国际航线80多条。2016年，上海港完成货物吞吐量7.02亿吨，完成集装箱吞吐量3 713万标准箱。2019年，上海港港口货物吞吐量7.1亿吨，居世界第二位，仅次于宁波舟山港。2022年，上海港集装箱吞吐量突破4 700万标准箱，连续十二年稳居世界集装箱第一大港的位置。

上海港充分发挥港口优势，加大技术创新力度，应用先进的互联网、物联网和自动化技术，对港口设施进行科技改造，提高港口运营效率。以科技兴港，全力推动“智慧港口、绿色港口、科技港口、效率港口”建设。2017年，洋山四期自动化码头顺利开港运营。洋山四期自动化码头的建成开港，标志着上海国际航运中心洋山港区成为全球规模最大、港口自动化程度最高的码头。

11. 宁波港

宁波港位于浙江东海岸，包括北仑、宁波、镇海、大榭、穿山5个港区，不仅是我国对外贸易的重要港口和海运中转枢纽，也是世界上的重要港口。宁波港作为中国大陆重点开发建设的四大国际深水中转港之一，在区位、航道水深、岸线资源、陆域依托、发展潜力等方面都具有较大优势。

北仑港是宁波最重要的港区。宁波老港主要为客运港。镇海港已建成万吨级和 3 000 吨级的两座煤炭专用码头，并在甬江口东侧新建了两座 24 000 吨级的原油码头。北仑港是我国第一座 10 万吨级的矿石转运码头，主要为上海宝山钢铁总厂提供进口铁矿石服务。北仑港港阔水深，有可进出 30 万吨级巨轮的航道。

“宁波舟山港”的名称自 2006 年起正式启用。2008 年宁波舟山港的货物吞吐量达到 5.2 亿吨，超过上海港和天津港成为全国第一大港。自 2013 年以来，宁波舟山港一直占据货物总吞吐量世界第一大港的宝座。2019 年，宁波舟山港货物总吞吐量达到 11.2 亿吨，集装箱吞吐量达 2 753 万标准箱，排名蝉联全球第三（仅次于上海港和新加坡港）。

12. 温州港

温州港位于中国黄金海岸线中段、浙江省的东南部，东濒东海，南接闽北，西与丽水市相连，北与台州市毗邻，是浙江南部的经济、文化中心和交通枢纽。温州港海岸线曲折，形成了磐石等天然良港。温州港是我国主要的集装箱码头之一。

13. 福州港

福州港位于台湾海峡西岸，分为河口港和海港。河口港在闽江下游河口段，全长 67.2 千米；海港分布在闽江入海口南北翼的福清湾、罗源湾等深水港湾中。马尾港是福州港外港，是个天然良港。福州港是我国沿海主要港口之一，是福州市及闽江流域发展外向型经济和连接国际市场的重要支柱，也是福建省对台“三通”的重要口岸。2019 年福州港货物吞吐量达 21 255 万吨，集装箱吞吐量达 354 万标准箱。

14. 泉州港

泉州港位于福建省东南部，与台湾省仅有一水之隔。泉州港现辖有 5 个港区：肖厝港区、斗尾港区、深沪湾港区、围头湾港区和泉州湾港区。截至 2015 年 5 月，泉州港已建成投产的码头泊位 91 个，其中万吨级以上码头泊位 25 个。泉州港与台湾隔海相望，距高雄港、基隆港、台中港、马公港仅 90～165 海里。2019 年泉州港货物吞吐量达 12 726 万吨，居全国沿海港口第 21 位，集装箱吞吐量 258 万标准箱，居全国港口第 20 位。

15. 厦门港

厦门港地处福建省东南的金门湾内、九龙江的入海口。它面向东海，濒临台湾海峡，与台湾、澎湖列岛隔水相望，为我国东南海疆之要津、入闽之门户。具有港阔、水深、不冻、少雾、少淤、避风条件好等优点，万吨级巨轮不受潮水影响，可以随时进出，是中国东南沿海的一个天然良港。厦门港是厦门经济特区的一部分，分为内港和外港。2006 年，厦门湾内港口体制一体化整合，新组建的厦门港口包括厦门湾内的东渡、海沧、嵩屿、刘五店、客运、招银、后石、石码共 8 个港区。2017 年，厦门港主航道扩建四期工程竣工，可满足全航段 20 万吨级集装箱船与 15 万吨级集装箱船组合全潮双线通航，提升了厦门港通航条件。

厦门港海岸线蜿蜒曲折，港区外岛屿星罗棋布，港区内群山环抱，港阔水深，终年不冻，是条件优越的海峡性天然良港，历史上就是我国东南沿海对外贸易的重要口岸。

截至 2020 年，厦门港建成生产性泊位 175 个，其中万吨级以上泊位共 80 个（含 10 万吨级以上泊位 19 个、20 万吨集装箱泊位 5 个），拥有集装箱、邮轮、石油、煤炭等专用码头，最大靠泊能力 20 万吨级。2019 年，厦门港货物吞吐量达 21 344 万吨，居全国沿海港口第 17 位，集装箱吞吐量达 1 112 万标准箱，居全国沿海港口第 7 位。

厦门港交通发达，形成了陆海空立体交通体系。铁路运输以鹰厦铁路为干线，省内与外福线、漳龙线、漳泉线等铁路支线连接。

16. 汕头港

汕头港位于潮汕平原的南部，东临台湾海峡，距高雄 214 海里，距香港 187 海里，扼韩江、榕江、练江之出海口，素有“岭东之门户，华南之要冲”的称誉。汕头港担负着粤东、闽西南、赣南地区对外贸易货物运输的重任。

2015 年，汕头港被纳入中国“一带一路”重点建设的 15 个港口之一。2019 年，汕头港广澳港区二期 10 万吨级集装箱码头正式试运营。汕头港拥有 3.5 万吨级、2.5 万吨级、2 万吨级、1.5 万吨级、5 千吨级、3 千吨级集装箱、杂货、煤炭、客运等码头泊位 32 个。2020 年汕头港货物吞吐量达 3 351 万吨，集装箱吞吐量达 159 万标准箱。

17. 广州港

广州港历史悠久，早在 2 000 多年前的秦汉时期，广州古港就是中国对外贸易的重要港口，也是中国古代“海上丝绸之路”的起点之一；1 300 多年前的唐宋时期，“广州通海夷道”是世界上最长的远洋航线；至清朝，广州成为中国唯一的对外通商口岸和对外贸易的最大港口。步入 21 世纪，在腹地经济持续快速增长的支撑下，广州港快速发展。广州港主要包括黄埔港、广州内港、莲花山港和南沙港区。

南沙港区坐落在广州市南沙区西岸龙穴岛，南向南海，东望深圳，西靠南海、番禺、顺德，位于粤港澳大湾区地理几何中心，是连接粤港澳大湾区城市群的枢纽性节点。

南沙港区具有丰富的港口岸线资源和临港陆域资源，规划总面积达到 65 平方千米，可建设 50 个深水泊位和大量驳船泊位，目前已建成 16 个 15 万吨级专业化集装箱泊位。南沙港区已常态化靠泊作业全球最大的、载箱量超过 23 000 标准箱的超大型集装箱船舶。截至 2016 年，南沙港区已开通 65 条国际航线，提高了班轮密度，53 条“穿梭巴士”集装箱驳船支线已基本覆盖珠三角港口群；积极推行国际 AEO 互认制度，建立了粤港跨境货栈。

广州港地处珠江入海口和我国外向型经济最活跃的珠江三角洲地区中心地带，濒临南海，毗邻香港和澳门，东江、西江、北江在此汇流入海。通过珠江三角洲水网，广州港与珠三角各大城市以及香港、澳门相通，由西江联系我国西南地区，经伶仃洋出海航道与我国沿海及世界诸港相连。

广州港区拥有一批设施先进的大型集装箱、煤炭、粮食、石油和化工等专业化深水码头，以及华南地区最大的滚装船码头。截至 2016 年底，广州港拥有各类码头泊位 807 个、锚地 88 个、浮筒 23 个、万吨级以上泊位 76 个，最大靠泊能力 30 万吨。

广州是华南地区的交通枢纽中心，水路、铁路、公路和航空交通发达。广州所处的珠三角地区内河航运发达，以通航 1 000 吨级标准航道为骨干，江海直达，连通港澳的航道运输网；与西南等省区衔接的省际通航能力大大提高。

秉承“海上丝绸之路”的遗风，广州港与世界 80 多个国家和地区的 350 多个港口有海运贸易往来，与美国巴尔的摩港和洛杉矶港、加拿大温哥华港、澳大利亚悉尼港、意大利那不勒斯港、瑞典哥德堡港等 11 个港口缔结为友好港。

广州港集团对标国内外先进港口，积极加强港航基础设施建设，进一步优化功能布局，加快推进南沙港铁路、南沙四期全自动化码头、广州南沙国际物流中心等一批重点基础设施项目。广州南沙国际冷链项目（南区工程）是全国规模最大的临港综合性冷链物流基地，为优质肉类、水产品、果蔬等冷链货物提供仓储、查验、加工、交易、配送等一站式服务。南沙国际物流中心北区项目定位为大型临港海铁联运综合物流园，依托临港、港铁联运的干线运输和园区与港区管理一体化的优势，为海铁联运、国际中转集拼和跨境电商等物流新业态的发展提供有力支撑。

2019 年，广州港全港货物吞吐量 6.06 亿吨（仅次于宁波舟山港、上海港和唐山港），集装箱吞吐量达 2 283 万标准箱，稳居全国港口第四位（仅次于上海港、宁波舟山港和深圳港）。广州港全港集装箱班轮航线总数已达 165 条，其中外贸班轮航线 120 条，此外还开通了 69 条“穿梭巴士”驳船支线和 11 条海铁联运班列。广州港已发展成为华南地区非洲航线最密集的枢纽港，已开通的 22 条非洲航线基本覆盖东非、西非和南非等区域所有基本港。

18. 深圳港

深圳港位于珠江三角洲南部、珠江入海口伶仃洋东岸，毗邻香港。西部港区位于珠江口东岸入海前缘，主要包括蛇口、赤湾、妈湾、东角头和福永等港区；东部港区位于南海大鹏湾西北部，主要包括盐田、沙鱼涌和下洞等港区。此外还有内河码头。东西港区均与香港九龙半岛隔海相望。

截至 2018 年，深圳港拥有各类泊位 159 个，其中万吨级以上泊位 67 个、集装箱专用泊位 46 个、20 万吨级集装箱泊位 8 个。

截至 2018 年，深圳港已开通国际集装箱班轮航线 239 条，通往 100 多个国家和地区的 300 多个港口，全球海运班轮三大联盟航线挂靠深圳港的数量超过 100 条，位居全球港口首位。深圳港已与 18 个内河码头和 6 个内陆无水港签订组合港协议，开通覆盖 52 个珠三角支线码头的 60 条驳船航线（含香港）和 14 条海铁联运班列线路。

2019 年深圳港货物吞吐量达 25 785 万吨，居全国沿海港口第 15 位；集装箱吞吐量 257 万标准箱，居全国港口第三位（仅次于上海港和宁波舟山港）。

经过多年投资发展，国内大型港口规模已居全球前列。2018 年我国前十大港口货物吞吐规模合计 59.32 亿吨，在全部港口吞吐量中占比为 44.45%，其中第一大港口宁波舟山港吞吐量超 10 亿吨。我国十大港口中有 7 个港口位列全球前 10 名以内，其中宁波舟山港、上海港、唐山港也是全球排名前三的大港口，上海港集装箱吞吐量全球第一（见表 3－1）。

**表 3－1 2018 年中国十大港口货物吞吐量和集装箱吞吐量**

| 港口 | 货物吞吐量（万吨） | 集装箱吞吐量（万标准箱） | 国内排名 | 世界排名 |
|---|---|---|---|---|
| 宁波舟山港 | 108 439 | 2 635.08 | 1 | 1 |
| 上海港 | 68 548 | 4 201.02 | 2 | 2 |
| 唐山港 | 63 710 | 295.80 | 3 | 3 |
| 广州港 | 59 396 | 2 162.27 | 4 | 5 |
| 青岛港 | 54 250 | 1 931.54 | 5 | 6 |
| 苏州港 | 53 227 | 636.00 | 6 | 7 |

（续上表）

| 港口 | 货物吞吐量（万吨） | 集装箱吞吐量（万标准箱） | 国内排名 | 世界排名 |
|---|---|---|---|---|
| 天津港 | 50 774 | 1 600. 69 | 7 | 9 |
| 大连港 | 46 784 | 976. 74 | 8 | 11 |
| 烟台港 | 44 308 | 300. 16 | 9 | 13 |
| 日照港 | 43 763 | 366. 34 | 10 | 14 |

（数据来源：根据公开资料整理）

根据交通运输部发布的数据，2022 年，全国港口货物吞吐量前 10 名为：宁波舟山港、唐山港、上海港、青岛港、广州港、苏州港（内河）、日照港、天津港、烟台港、北部湾港（见表 3 - 2）。全国港口完成集装箱吞吐量 2. 96 亿标准箱，同比增长 4. 7%，其中沿海港口合计完成 2. 61 亿标准箱，同比增长 4. 6%；完成货物吞吐量 156. 85 亿吨，同比增长 0. 9%，其中外贸货物吞吐量 46. 07 亿吨，同比下降 1. 9%。受新冠疫情、供应链危机、地缘政治等因素影响，港口吞吐量增幅不大。宁波舟山港的货物吞吐量、外贸货物吞吐量排名第一，上海港的集装箱吞吐量排名第一。

**表 3 - 2　2022 年全国港口货物吞吐量和集装箱吞吐量**

| 货物吞吐量（万吨） | | | | 集装箱吞吐量（万标准箱） | | |
|---|---|---|---|---|---|---|
| 排名 | 港口 | 1—12 月 | 同比增速 | 港口 | 1—12 月 | 同比增速 |
| 1 | 宁波舟山港 | 126 134 | 3. 00% | 上海港 | 4 730 | 0. 60% |
| 2 | 唐山港 | 76 887 | 6. 40% | 宁波舟山港 | 3 335 | 7. 30% |
| 3 | 上海港 | 72 777 | - 5. 40% | 深圳港 | 3 004 | 4. 40% |
| 4 | 青岛港 | 65 754 | 4. 30% | 青岛港 | 2 567 | 8. 30% |
| 5 | 广州港 | 65 592 | 0. 70% | 广州港 | 2 486 | 1. 60% |
| 6 | 苏州港（内河） | 57 276 | 1. 20% | 天津港 | 2 102 | 3. 70% |
| 7 | 日照港 | 57 057 | 5. 40% | 厦门港 | 1 243 | 3. 20% |
| 8 | 天津港 | 54 902 | 3. 70% | 苏州港（内河） | 908 | 11. 90% |
| 9 | 烟台港 | 46 257 | 9. 30% | 北部湾港 | 702 | 16. 80% |
| 10 | 北部湾港 | 37 134 | 3. 70% | 日照港 | 580 | 12. 20% |

（数据来源：交通运输部）

### （三）中国对外贸易的远洋运输

1. 中国对外贸易的远洋航线

我国的远洋航线以主要海港为起点，可分为东、西、南、北四个方向。这些航线把我国与世界主要经济区域联系起来。其中东行航线由我国沿海港口东行到日本，并经日本东渡太平洋抵达北美和拉美各国，然后再通过巴拿马运河到达加勒比海地区和北美、拉美各国的东海岸。南行航线由我国沿海港口南行到东南亚、澳大利亚和新西兰等地。西行航线是一条非常重要的航线，由我国各港口起，先经南再往西航行，穿过马六甲海峡进入印度洋，经红海，过苏伊士运河，入地中海，出直布罗陀海峡，最后进入大西洋。还有一条航线经印度洋，绕过非洲南端的好望角，进入大西洋。西行航线可达南亚、西亚、非洲、欧洲各国港口。北行航线主要抵达朝鲜、韩国、俄罗斯等国家的海港。

（1）亚欧航线（也叫苏伊士运河航线）：中国（上海等港口，途经台湾、巴士海峡等）—东南亚（新加坡、马尼拉等）—马六甲海峡—印度洋（南亚科伦坡、孟买、加尔各答、卡拉奇等）—曼德海峡（亚丁）—红海—苏伊士运河（亚历山大）—地中海（地中海东部黎巴嫩的贝鲁特、的黎波里，以色列的海法、阿什杜德，叙利亚的拉塔基亚，地中海南部埃及的塞得港、亚历山大，突尼斯的突尼斯，阿尔及利亚的阿尔及尔、奥兰，地中海北部意大利的热那亚，法国的马赛，西班牙的巴塞罗那和塞浦路斯的利马索尔等港）—直布罗陀海峡—英吉利（多佛尔）海峡—欧洲各国（伦敦、利物浦、曼彻斯特、南安普敦、里斯本、敦刻尔克、鹿特丹、安特卫普、汉堡、不来梅、斯德哥尔摩、赫尔辛基）。

（2）好望角航线：中国—南海—东南亚、南亚—印度洋—东非（达累斯萨拉姆）—莫桑比克海峡—好望角（开普敦）—大西洋—西非（达喀尔）—西欧。载重量在25万吨级以上的巨轮无法通过苏伊士运河，须绕过非洲南端的好望角。

（3）北太平洋航线：中国—日本（神户、大阪、名古屋、横滨、门司、东京、千叶市等）—太平洋（夏威夷火奴鲁鲁）—北美西海岸（温哥华、波特兰、旧金山、洛杉矶、长滩等），并发展海铁联运。北太平洋航线是亚洲同北美各国间的国际贸易航线，随着东亚经济的发展，这条航线上的贸易量不断增加。

（4）巴拿马运河航线：中国—北太平洋航线—巴拿马运河（巴拿马城）—加勒比海—（①尤卡坦海峡—墨西哥湾：坦帕港、新奥尔良港、休斯敦港等—佛罗里达海峡；②向风海峡）—大西洋—（①北美洲东海岸：纽约、魁北克等；②南美洲东岸：累西腓港、萨尔瓦多港、维多利亚港、里约热内卢港、布宜诺斯艾利斯港、布兰卡港等）。巴拿马运河是沟通大西洋和太平洋的捷径。

（5）海湾航线：中国—南海—东南亚（新加坡等）—马六甲海峡—印度洋（南亚科伦坡等）—阿拉伯海—阿曼湾—霍尔木兹海峡—波斯湾。挂靠的主要港口有：伊朗的霍梅尼港和阿巴斯港、阿拉伯联合酋长国的阿布扎比港和迪拜港、科威特的科威特港、伊拉克的巴士拉港等。

（6）东南亚航线：中国—南海—东南亚各国。挂靠的主要港口有：新加坡港、吉隆坡港、曼谷港、马尼拉港、三宝垄港等。

（7）南太平洋航线：中国—南海—爪哇海—大洋洲（弗里曼特尔港、悉尼、墨尔本港、惠灵顿、奥克兰）—南太平洋—南美西海岸（卡亚俄、瓦尔帕莱索等）—麦哲伦海峡—大西洋—南美洲东岸港口。

（8）北行航线：中国—朝鲜海峡—日本海—俄罗斯（海参崴、纳霍德卡）。北行航线可连接北冰洋航线：俄罗斯（海参崴）—太平洋—白令海峡—北冰洋—北欧（摩尔曼斯克）—大西洋—西欧。

2. 中国对外贸易的远洋运输两大企业

（1）中国海运（集团）总公司（简称中国海运）。中国海运成立于1997年，总部设在上海市。中国海运是以航运为主业的跨国经营、跨行业、跨地区、跨所有制的特大型综合性企业集团。

中国海运设有北美、欧洲、中国香港、东南亚、韩国、西亚六个控股公司和日本株式会社、澳大利亚代理有限公司；境外产业下属 90 多家公司、代理、代表处，营销网点总计超过 300 个。

中国海运主营业务设有集装箱、油运、货运、客运、特种运输等专业化船队；正在开展汽车船运输和 LNG 业务。相关业务有码头经营、综合物流、船舶代理、环球空运、船舶修造、船员管理、集箱制造、供应贸易、金融投资、信息技术等。

中海集装箱运输股份有限公司（简称中海集运）是中国海运集团所属主要从事集装箱运输及相关业务的多元化经营企业。经营范围涉及集装箱运输、船舶租赁、揽货订舱、运输报关、仓储、集装箱堆场、集装箱制造、修理、销售、买卖等领域。中海集运是中国最主要的航运商之一，在中国港口的集装箱航运业中占据主导地位。中海集运作为中国海运集团所属的重点发展企业，拥有现代化、大型化、快速化、年轻化、具有核心竞争力的船队，共计 136 艘船舶，整体运载能力达 350 307 标准箱。中海集运已先后开辟中国各港至日本、韩国、东南亚、澳大利亚、欧洲（地中海）、美洲、西非、波斯湾等数十条国际集装箱班轮航线和国内沿海内贸线及外贸内支线。其中，美国航线共投入近 30 艘全集装箱船进行远东—北美的班轮服务，所涉及的内陆点多达 40 个；中国至日本、韩国、东南亚各主要港口间航班密度大、布局广，已形成网络运输的格局；欧洲、地中海航线在国内直挂港口最多，投入运力最大；沿海内贸干支线贯通中国南北，途经沿海 30 余个大小港口，在国内内贸集装箱运输市场上整体实力最强。

（2）中国远洋运输集团（简称中远集团，COSCO）。中远集团是以国际航运、现代物流以及船舶修造为主业，集远洋运输、现代物流、船舶修造、码头、船务代理、海上货运代理、海上燃油供应、贸易、金融、劳务等产业于一体的全球性跨国企业集团，也是中国最大的国际航运、物流和修造船企业集团，综合实力居世界前列。

中远集团拥有和控制着 800 余艘各类现代化商船，共 5 100 多万载重吨，年货运量超 4 亿吨，远洋航线覆盖全球 160 多个国家和地区的 1 500 多个港口，船队规模稳居中国第一、世界第二。其中集装箱船队规模在中国排名第一、世界排名第六；干散货船队排名世界第一；专业杂货船和能够装载超大超重货物的特种运输船，综合实力居世界前列；油轮船队控制十余艘 30 万吨超级油轮，是当今世界最先进的现代化运输船队之一。

中远物流业在我国规模和实力居市场领先地位，在汽车物流、家电物流、化工物流、电力物流、会展物流、融资物流六大领域为客户提供高附加值服务。中远港口业发展迅速，目前在全球投资经营 30 个码头项目，总泊位达 140 个，世界排名第五。

中远修造船业迅速崛起，在大连、舟山、南通、广东、上海、连云港等地拥有多家国内领先、国际上享有较高知名度的大型船舶企业及多家船舶配套企业，从事大型船舶和海洋工程建造、改装及修理，拥有含 30 万吨级、50 万吨级的各类型船坞，可以承建海洋工程项目、重吊多用途船、散货船、30 万吨 VLCC、30 万吨 VLOC、6 200PCC 和 13 000TEU 等船舶，从生产设备装配水平到生产管理水平均居国内领先地位，技术能力、生产效率及生产成本等指标居业界前列。

中远集团数百家国内外成员单位形成了以北京为中心，以远洋航运和全球物流为依托，以中国香港、日本、新加坡、美国、欧洲、大洋洲、韩国、南非和西亚 9 大区域为辐射点的全球业务网络，在50多个国家和地区拥有千余家企业和经营机构。中远集团正逐步确立国际航运、物流和修造船领域系统集成者的地位。

2015年12月，国务院批准中国远洋运输（集团）总公司与中国海运（集团）总公司实施重组。中国远洋海运集团有限公司（简称中国远洋海运集团）于2016年2月18日在上海正式成立。中国远洋海运集团是以航运、综合物流及相关金融服务为支柱，多产业集群、全球领先的综合性物流供应链服务集团。

截至2022年，中国远洋海运集团经营船队综合运力为11 382万载重吨/1 394艘，排名世界第一。其中，集装箱船队规模为302万标准箱/487艘，居世界前列；干散货船队运力为4 514万载重吨/437艘，油、气船队运力为2 918万载重吨/228艘，杂货特种船队运力为587万载重吨/175艘，均居世界第一。

中国远洋海运集团完善的全球化服务筑就了网络服务优势与品牌优势。航运、码头、物流、航运金融、修造船等上下游产业链形成了较为完整的产业结构体系。截至2022年，集团在全球投资码头56个、集装箱码头49个。集装箱码头年吞吐能力1.32亿标准箱，居世界第一。全球船舶燃料销量超过2 830万吨，居世界第一。集装箱租赁业务保有量规模达391万标准箱，居世界第三。海洋工程装备制造接单规模以及船舶代理业务也稳居世界前列。

中国远洋海运集团以航运、港口、物流等为基础和核心产业，致力于构建世界一流的全球综合物流供应链服务生态。

## 第三节　中国的航空运输

### 一、中国航空运输业发展概况

改革开放40多年来，中国航空运输持续快速增长，成为全球航空运输发展的亮点。我国大型航空运输企业在市场竞争中不断成长壮大，国际竞争力不断增强，在世界民航业中名列前茅。根据国际机场协会发布的2019年全球机场客流量排名，中国有3个机场进入榜单前十名，包括北京首都机场（第2名）、中国香港国际机场（第8名）、上海浦东国际机场（第9名）。

2019年全国民航运输机场完成货邮吞吐量1 709.6万吨。我国航空货运行业的主要市场参与者为中航集团、东方航空、南方航空和海南航空。

航空货运是经济发展的晴雨表。2018年中国国内生产总值超过90万亿元，外贸进出口总值实现30.5万亿元。与经济的稳定发展相一致，2018年我国民航运输机场货邮吞吐量为1 674万吨。

由于居民消费方式的转变和国内电商的快速发展，快递包裹成为国内航空货运市场的重要组成部分。2014—2018年，全国快递服务企业业务量从139.6亿件增长到了507.1亿件，年均增幅达52%。由于时效快、品质高，航空货运已经逐步成为国内快递的主要运输方式。

作为外贸新形式的跨境电商自2019年起持续推动国际航空货运的快速发展。目前，中国是世界跨境电商最大需求市场。中国中等收入群体超过4亿人，是全球规模最大、最具成长性的群体，也是跨境电商的主要客户。

近几年，中国航空货运市场逐步由航空公司主导转变为物流集成商主导。大型物流集成商将全国的货物集中到某机场，航空公司根据物流集成商的需求安排航班，物流集成商决定航班的运营。造成这种变化的主要原因是货运主体为了寻求长远竞争优势不断向全产业链延伸。顺丰、圆通已经从快递派送业务拓展到航空公司运力引进，再延伸到机场建设；阿里巴巴和京东由电商拓展到与航空公司合作，打造全球货运枢纽；宏远物流、年年有鱼集团等公司更是发挥其跨境电商和进口活体水生动物的优势，在全国多地运营货运包机。2019 年，单个航空货运主体向产业链上下游延伸并形成综合物流集成商的趋势将更加明显。

综合物流集成商集聚趋势会增加国内航空货运市场对大型货机的需求。2019 年，中国内地航空公司运营全货机 167 架，市场需求较大的波音 747F/777F 仅有 41 架，41 架中的 38 架为中国国际货运航空有限公司、中国货运航空有限公司、南航货运和金鹏航空所有。目前，大型货机主要投放在北京、上海、广州、成都等传统货源集散地。

机场货运的发展需要便捷的地面交通、良好的通关环境、丰富的口岸资质、优质的地面服务、完善的航线网络、稳定的适空产业以及可用于长远规划的土地资源。目前我国的航空货运枢纽主要集中在三大机场群。京津冀机场群以北京首都机场为核心，长三角机场群以上海浦东机场为核心，粤港澳大湾区机场群形成了香港机场、广州机场和深圳机场的多核心。凭借强大的腹舱载货能力，首都机场 2018 年货邮吞吐量达到 207 万吨，占京津冀机场群货邮吞吐量的 86.2%。自 2008 年以来，全球三大快递物流巨头（联合包裹、敦豪货运、联邦快递）聚集的上海浦东机场货邮吞吐量多次蝉联中国内地机场第一名和世界机场第三名。得益于地理位置、贸易形式、安检体制等优势，香港机场货运发展持续强劲，近几年一直处于世界第一位，2018 年货邮吞吐量更是达到了 510 万吨，是名副其实的全球航空货运枢纽。与香港机场相邻，广州机场和深圳机场的年均货邮吞吐量仍保持在百万吨以上，形成了区域内航空货运发展枢纽的多核心。

2019 年 9 月，北京大兴国际机场正式启用。大兴机场依靠四通八达的交通网络、先进的设备设施以及丰富的腹舱资源等优势，成为中国北方地区的航空货运枢纽。京津冀机场群形成大兴机场和首都机场航空货运枢纽的双核心，同时配以天津机场的全货机优势，实现机场群的货运协同发展。

此外，圆通集团拟投资 122 亿元在嘉兴机场建设全球航空物流枢纽，京东集团计划在南通机场打造京东物流航空货运枢纽，这都将促进中国航空货运市场的快速发展。

中国国际航线分布特点：

（1）中国的国际航线以北京为中心，通过上海、广州、乌鲁木齐、大连、昆明、厦门等航空口岸向东、西、南三面辐射。

（2）中国的国际航线主要呈东西向。向东连接日本、北美，向西连接中东、欧洲，是北半球航空圈带的重要组成部分。

（3）中国的国际航线是亚太地区航空运输网的重要组成部分。它与南亚、东南亚、澳大利亚等地有密切的联系。

## 二、中国主要的国际航空中心

### （一）北京首都国际机场

北京首都国际机场（简称首都机场），位于北京市区东北方向，距离天安门广场约25千米。首都机场是中国地理位置最重要、规模最大、设备最齐全、运输生产最繁忙的大型国际航空港，它不但是北京的空中门户和对外交往的窗口、中国民航最重要的航空枢纽、中国民用航空网络的辐射中心，还是当前中国最繁忙的民用机场、中国国际航空公司的基地机场。

首都机场拥有三座航站楼、两条4E级跑道、一条4F级跑道以及旅客、货物处理设施。它是中国国内唯一拥有三条跑道的国际机场，机场原有东、西两条4E级双向跑道，长宽分别为3 800米×60米、3 200米×50米，并且装备有Ⅱ类仪表着陆系统，其间为一号航站楼、二号航站楼。2008年建成的三号航站楼和第三条跑道（3 800米×60米，满足F类飞机的使用要求）位于机场东边，能承载空中客车A380等新型超大型客机起降。三号航站楼启用后首都机场的旅客吞吐设计总量为8 200万人次。

2019年，北京首都国际机场旅客吞吐量1亿人次，货邮吞吐量195.53万吨，飞机起降量59.4万架次，旅客吞吐量、货邮吞吐量和飞机起降量分别居中国第1位、第2位、第1位。

### （二）上海浦东国际机场

上海浦东国际机场位于上海市东部，面积为40平方千米，距市中心约30千米。浦东国际机场和虹桥机场是上海的两大机场，相距约40千米。浦东机场日均起降航班达560架次左右，航班量已占到整个上海机场的六成左右。通航浦东机场的中外航空公司已达48家，航线覆盖73个国际（地区）城市、62个国内城市。上海浦东国际机场是内地最繁忙的货运机场，2005年，年货运量达到186万吨，上海浦东国际机场货邮吞吐量排名已跻身全球十大国际货运机场之列。

2019年，上海浦东国际机场旅客吞吐量7 615.34万人次，货邮吞吐量363.42万吨，飞机起降量51.2万架次，旅客吞吐量、货邮吞吐量和飞机起降量分别位居中国第2位、第1位、第2位。

### （三）广州白云国际机场

广州白云国际机场位于广州市北部，距市中心约28千米，机场飞行区等级为4F级，是中国三大门户复合枢纽机场之一。机场有3条跑道和2座航站楼，远期规划为5条跑道和3座航站楼，有202个客机位，43个货机位；覆盖全球210多个通航点，其中国际及地区航点超过90个，通达全球40多个国家和地区。

2019年广州白云国际机场旅客吞吐量突破7 337.85万人次，货邮吞吐量超192万吨，飞机起降量49.1万架次。

根据《广州白云国际机场总体规划修编（2020年版）》，新规划的广州白云国际机场定位为引领粤港澳世界级机场群建设、支撑民航强国战略的国际航空枢纽。新修编的白云机场总体规划按照近期2030年飞机起降量77.5万架次、旅客吞吐量1.2亿人次、货邮吞吐量380万吨，远期2045年飞机起降量87万架次、旅客吞吐量1.4亿人次、货邮吞吐量600万吨进行规划。

**（四）北京大兴国际机场**

北京大兴国际机场（Beijing Daxing International Airport，IATA：PKX，ICAO：ZBAD），地处于中国北京市大兴区榆垡镇、礼贤镇和河北省廊坊市广阳区之间，北距天安门 46 千米、北京首都国际机场 67 千米，为 4F 级国际机场、世界级航空枢纽、国家发展新动力源。

2019 年 9 月 25 日，北京大兴国际机场正式通航，2019 年 10 月 27 日，北京大兴国际机场航空口岸正式对外开放，实行外国人 144 小时过境免签、24 小时过境免办边检手续政策。

截至 2021 年 2 月，北京大兴国际机场民航站坪设 223 个机位、4 条运行跑道，另有 3 800米长的第五跑道为军用跑道。北京大兴国际机场可满足 2025 年旅客吞吐量 7 200 万人次、货邮吞吐量 200 万吨、飞机起降量 62 万架次的使用需求。

## 第四节　中国的主要铁路干线

### 一、中国铁路网系统

铁路网是由相互连接的铁路干线、支线、联络线和铁路枢纽构成的铁路网系统。目前中国已形成了全国以北京为中心、各省以省会为中心伸展线路的铁路网骨架，连接着许多不同规模的铁路枢纽，构成了中国铁路网骨架的主要干线。

**（一）南北交通的中枢：京广线**

京广线从北京南下经石家庄、郑州、武汉、长沙直达中国南大门广州。沿途纵贯六省市，跨越五大流域，途经华北平原、两湖平原、江南丘陵，穿越南岭山地，连接珠江三角洲，沿线人口稠密、物产丰富、经济发达、城镇密布，运输十分繁忙。南运货物主要有煤炭、钢铁、木材及出口物资等；北运货物主要有稻米、有色金属及进口物资等。

**（二）东部沿海地区交通大动脉：京沪线**

京沪线始于北京，经天津、济南、徐州、南京直抵中国最大城市上海。贯穿京、津、沪三个直辖市和冀、鲁、苏、皖四省，跨越四大水系，连接华北平原、江淮平原和长江三角洲。京沪线北接京沈，南接沪杭。沿线地势低平、人口稠密、城镇众多、煤炭资源丰富、经济发达，是中国重要的工农业生产基地。南运的货物主要是煤炭、钢铁、木材、棉花等；北运货物主要有机械、仪表、百货等。

**（三）纵贯南北的第二大交通中枢：北同蒲—太焦—焦柳线**

全线北起山西大同，经太原、焦作、枝城达柳州，基本上与京广线平行。沿线经过五省区，跨越三大流域，纵贯黄土高原、豫西山地、江汉平原、湘西山地和两广丘陵。全长 2 395 千米，沿线盛产粮、棉、油、烟叶等农副产品及煤、有色金属等矿产，该线对改善我国铁路布局、提高晋煤外运能力、分流京广运量等方面都具有重要作用。

**（四）纵贯南北的第三大交通中枢：京九线**

京九线始于北京，经天津、河北、山东、河南、安徽、湖北、江西、广东直抵香港九龙。全长 2 538 千米，沿线跨越海河、黄河、淮河、长江、珠江五大水系，纵贯华北平原、鄱阳湖平原、大别山、井冈山、两广丘陵。沿线地区不仅是我国粮棉油等农副产品的重要产区，也是矿产资源、旅游资源非常丰富的地区。该线对促进沿线经济的发展、维持香港的长期稳定繁荣具有重要作用。

**（五）纵贯西南地区的南北干线：宝成—成昆线**

该线北起宝鸡，翻越秦岭、大巴山，穿越川西平原，飞越岷江，横跨金沙江，到达昆明。全长 1 754 千米，沿途多崇山峻岭、急流险滩，有许多“地下铁路、空中车站”。成昆铁路桥、隧道总长度占线路总长度的 40%，工程之艰巨为世界铁路建筑史上所罕见。该线在宝鸡与陇海线衔接，在成都与成渝线相接，沿线是我国特产丰富的多民族聚居地区，蕴藏着丰富的矿产资源和森林资源，铁路的建成促进了西南地区的经济建设，加强了民族团结，也是连接西北地区的重要通道。

**（六）横贯中原和西北的大动脉：陇海—兰新线**

全线东起黄海之滨的连云港，经郑州、西安、兰州直抵乌鲁木齐，途经六省区，横贯黄淮平原、豫中平原、关中平原、黄土高原，穿过河西走廊、吐鲁番盆地，翻越天山山脉到达北疆。全长 3 652 千米，是我国最长的一条铁路干线，沿途经过我国许多历史古都和文化名城，沿线有丰富的煤炭、石油等矿产和棉花、畜产品等。这条铁路的修建，对于沟通经济发达的东部地区和正在发展的西北地区的经济联系、促进西部地区经济和旅游事业发展、巩固边防有着重要意义。另外，由此铁路西行经中亚地区可直抵波罗的海沿岸及大西洋沿岸，陇海—兰新线是世界上最重要的一条“亚欧大陆桥”，也是我国通往中亚、中东、欧洲的捷径。这条大陆桥对发展我国的外贸事业、加速沿边开放起着重要作用。

**（七）北部重要的东西干线：京秦—京包—包兰线**

京秦线东起秦皇岛，经丰润到北京；京包线自北京西行经呼和浩特至包头，全长 833 千米；包兰线自包头西行南下经银川至兰州，全长 980 千米。该线东起北京，越冀北山地，跨张北高原、内蒙古高原，过河套平原、宁夏平原至兰州，连接六省区市，沟通华北和西北。沿线煤、铁、池盐、磷矿等资源丰富，又分布着我国重要的畜牧业基地和商品粮基地。西运货物主要有钢铁、机械、木材等；东运货物以煤炭、矿石、畜产品为主。该线对促进华北和西北经济联系，分担陇海线运输压力，建设少数民族地区以及巩固边防都有着重要意义。

**（八）横贯江南的东西干线：沪杭—浙赣—湘黔—贵昆线**

全线东起上海，经浙江、江西、湖南、贵州、云南等六省市，连接长江三角洲、江南丘陵和云贵高原。全长 2 677 千米，是横贯江南的东西大动脉。该线东段人口密集、工农业发达，西段煤、铁等资源丰富。东运的货物主要有粮食、木材、有色金属等；西运的货物主要有钢铁、机械、水泥、日用百货等。这是一条与陇海线和长江航线平行的、密切联系东西部的铁路主干线，对加快赣、湘、黔、滇等省的经济建设有着重要意义。

**（九）自成体系的东北铁路网主干线：哈大、滨洲—滨绥线**

东北铁路网以哈尔滨、沈阳为中心，由哈大、滨洲—滨绥线相接构成“丁”字形骨架，连接全区 70 多条干支线，独具一格，自成体系。哈大线北起哈尔滨，经长春、沈阳、鞍山到大连，全长 944 千米。它连接东北三省主要的工业中心、政治中心和最大海港，通过重要的农业区和人口密集地带，是我国通运能力最强、客货量最大的主干线之一，也是东北地区经济发展的支柱。滨洲—滨绥线西起满洲里，经哈尔滨至绥芬河，全长 1 483 千米。它两端都与俄罗斯的铁路接轨，是一条重要的国际铁路线，沿途特产极为丰富，分布着我国木材、粮食、畜产品供应基地，以及石油、煤炭、木材等产地。

**（十）沟通关内外的干线：京沈线、京通线**

京沈线南起北京，经天津、秦皇岛出山海关，沿辽西走廊到沈阳。全长 850 千米，沿途是我国的重要城市以及煤炭、钢铁、机械、石油等生产基地集中的地区，是我国客运、货运密度都较大的铁路干线之一，也是联系关内外的最主要通道。

京通线自北京郊区昌平，经内蒙古赤峰至通辽，全长 870 千米。它是晋煤出关和东北木材外运的重要铁路，也是沟通华北和东北的第二条铁路干线，对减轻京沈线的运输压力和内蒙古东部的经济开发有很大意义。

## 二、通往国外的国际铁路

**（一）滨洲线**

滨洲线由哈尔滨经大庆、富拉尔基、海拉尔，到达满洲里，全长约 930 千米，与俄罗斯的外贝加尔接轨。东北三省运往俄罗斯中西部以及运往欧洲的货物多利用滨洲线的满洲里口岸。

**（二）滨绥线**

滨绥线由哈尔滨经尚志、牡丹江到达绥芬河，全长约 540 千米，和俄罗斯的远东铁路接轨。我国与俄罗斯远东地区的国际铁路货物联运多利用滨绥线的绥芬河口岸，而俄罗斯国境站是格罗迭科沃。

**（三）牡图线**

牡图线由牡丹江经宁安、汪清到图们，全长约 240 千米，同朝鲜南阳的铁路相接。图们站主要办理国际联运进出口货物运输。

**（四）梅集线**

梅集线由梅河口经柳河、通化到集安，全长约 210 千米。通过鸭绿江铁路桥与朝鲜满浦的铁路接轨。

**（五）沈丹线**

沈丹线由沈阳经本溪、凤城，到达丹东，跨过鸭绿江，与朝鲜新义州的铁路接轨，全长 277 千米。丹东站是客货运混合站，办理旅客出入境检查手续。

**（六）集二线**

集二线由集宁经过察哈尔、苏尼特，到达二连浩特，与蒙古的扎门乌德铁路接轨，全长约 333 千米。二连浩特站是北京—乌兰巴托的中间站。由我国内陆各省区运往俄罗斯中西部以及欧洲的货物则多走集二线的二连浩特口岸，穿过蒙古国境后进入俄罗斯，在乌兰乌德与俄罗斯的西伯利亚铁路相连。

**（七）兰新线**

兰新线由兰州经酒泉、哈密、乌鲁木齐、奎屯到我国西北地区唯一的铁路口岸阿拉山口，出阿拉山口换装出境进入中亚，与哈萨克斯坦德鲁日巴的铁路相连，进而分为北线、中线和南线，连接欧洲铁路网通往欧洲，最终抵达荷兰的鹿特丹港，有现代“丝绸之路”的美称。

**（八）湘桂线**

湘桂线由衡阳经东安、桂林、柳州、南宁，到达凭祥市，通过友谊关，到达越南谅山，全长约1 026千米，是我国通往越南的主要铁路线。

**（九）昆河线**

昆河线从昆明经宜良、开远到达河口市，全长约469千米，通过红河桥在老街与越南铁路相接。

## 三、我国的国际多式联运

近年来，为适应和配合我国对外贸易运输的发展需要，我国对某些国家和地区已开始采用国际多式联运方式。目前，我国已开展的国际多式联运路线主要包括从我国内地经海运往返日本内地、美国内地、非洲内地、西欧内地、大洋洲内地等的联运线，以及经蒙古或俄罗斯至伊朗和往返西欧、北欧各国的西伯利亚大陆桥运输线。

**（一）西伯利亚大陆桥**

集装箱运输业务发展较快，目前每年维持在10 000标准箱左右，我国办理西伯利亚大陆桥运输主要采用铁—铁（Transrail）、铁—海（Transea）、铁—卡（Tracons）三种方式。

**（二）新亚欧大陆桥**

1990年9月12日，随着中国兰新铁路与哈萨克斯坦土西铁路接轨，连接亚欧的第二座大陆桥正式贯通。新亚欧大陆桥东起中国连云港，西至荷兰鹿特丹，途经哈萨克斯坦、乌兹别克斯坦、吉尔吉斯斯坦、塔吉克斯坦、俄罗斯、白俄罗斯、波兰、德国和荷兰等国，全长10 900千米。该大陆桥为亚欧各国开展国际多式联运提供了一条便捷的国际通道。远东至西欧，经新亚欧大陆桥比经苏伊士运河的全程海运航线运距缩短8 000千米；比通过巴拿马运河运距缩短11 000千米。远东至中亚、中近东，经新亚欧大陆桥比经西伯利亚大陆桥运距缩短2 700～3 300千米。该大陆桥运输线的开通将有助于缓解西伯利亚大陆桥运力紧张的状况。

新亚欧大陆桥在中国境内经过陇海、兰新两大铁路干线，全长4 131千米。它在徐州、郑州、洛阳、宝鸡、兰州分别与我国京沪、京广、焦柳、宝成、包兰等重要铁路干线相连，具有广阔的腹地。新亚欧大陆桥于1993年正式运营。至此，亚太地区运往欧洲、中近东地区的货物可经海运至中国连云港上桥，出中国西部边境站阿拉山口后，进入哈萨克斯坦境内边境站德鲁日巴换装，经独联体铁路运至其边境站、港，再通过铁路、公路、海运继运至西欧、东欧、北欧和中近东各国。而欧洲、中近东各国运往亚太地区的货物，则可经独联体铁路进入中国西部边境站阿拉山口换装，经中国铁路运至连云港后，再转船继运至日本、韩国、中国香港和台湾、菲律宾、新加坡、泰国、马来西亚等国家和地区。

**（三）中欧班列**

1. 中欧班列建设概况

中欧班列是指按照固定车次、线路等条件开行，往来于中国与欧洲及“一带一路”沿线各国的集装箱国际铁路联运班列。我国已经开通了3条中欧班列主干通道。西部通道由我国中西部经阿拉山口（霍尔果斯）出境，中部通道由我国华北地区经二连浩特出境，东部通道由我国东北部地区经满洲里（绥芬河）出境。

2011年3月，首列中欧班列（重庆—杜伊斯堡，渝新欧国际铁路）成功开通后，义乌、苏州、郑州、成都、合肥、武汉、长沙、哈尔滨、兰州等城市也陆续开通往返欧洲的集装箱班列。

2014 年，中国国家主席习近平在欧盟访问期间提出，中欧双方应该把简单买卖型贸易合作提升为各领域联动的复合型经贸合作。中国铁路总公司于 2014 年下半年调整了中欧班列运行图，将运行线路由 8 条增加至 19 条。据中国铁路总公司统计，2014 年全年共开行中欧班列 308 列，发送集装箱 26 070 标准箱。

2019 年 10 月 9 日，中欧班列（义乌—列日）“世界电子贸易平台（eWTP）菜鸟号”首趟班列从浙江义乌启程，途经哈萨克斯坦、俄罗斯、白俄罗斯、波兰和德国，于 10 月 26 日抵达比利时列日物流多式联运货运场站，成为首趟贯通中国长江三角洲地区、中亚和欧洲的跨境电子商务专列。

2020 年 12 月 5 日，首趟满载跨境电商货物的“湾区号”中欧班列从深圳平湖南铁路场站出发，驶向终点站匈牙利布达佩斯。该班列车满载电子产品、电器零配件、家具及工艺品等多个种类商品，总重量约 430 吨。“湾区号”搭载的跨境电商货物仅需 16 天即可到达目的地，运费只需空运运费的 1/5，有效地节约企业的物流费用和时间成本。

2020 年，中欧班列全年累计运送货物突破 100 万标准箱，运行线路达到 65 条，通达欧洲 15 个国家的 51 个城市。

2. 建设中欧班列的意义

首先，中欧班列是“丝绸之路经济带”发展战略的重要组成部分。中欧班列以其运距短、速度快、安全性高的特点，以及安全快捷、绿色环保、受自然环境影响小的优势，发展成为国际物流中陆路运输的骨干方式。中欧班列物流组织日趋成熟，班列沿途国家经贸交往日趋活跃，国家间铁路、口岸、海关等部门的合作日趋密切，丝绸之路从原先的“商贸路”变成产业和人口集聚的“经济带”。

其次，中欧班列推动了“丝绸之路经济带”各国的经济发展，维护了全球自由贸易体系和开放型世界经济。当前国际形势面临“百年未有之大变局”，经济全球化进程出现深刻调整，但和平与发展仍然是时代主题。共建“一带一路”倡议，常态化开行“中欧班列”正是顺应了世界多极化、经济全球化、国际关系民主化的发展潮流。中欧班列凭横跨欧亚大陆的独特优势，开行线路越来越多，朋友圈越来越广，成为服务国内国际双循环、畅通中欧贸易以及连接“一带一路”倡议沿线国家最为紧密的运输大通道。中国提倡“和平、友谊、交往、繁荣”的丝绸之路文化，在“一带一路”倡议的指引和经济全球化的背景下，“中欧班列”建设必将获得更强劲的动力，迎来更广阔的前景。

## 第五节　中国内地（大陆）与港澳台之间的贸易

### 一、中国内地与香港更紧密经贸关系的安排

进入 21 世纪，内地与香港之间在人、财、物流动方面都出现了许多新的突破。内地和香港均一致认为，设立内地与香港自由贸易区或者实施“内地与香港更紧密经贸关系的安排”非常必要，据此，香港企业可以在成本、安全性、速度及效率方面保持竞争力，有利于推动香港与内地的产业升级，实现经济上的双赢。2002 年初，内地与香港就设立类似自由贸易区问题进行磋商，双方在会议中同意将设立类似自由贸易区的建议正式改名为“内地与香港更紧密经贸关系安排”，并将这种“安排”的涵盖面扩大到商品贸易、服务

贸易和贸易投资三个方面。

2003年6月29日，双方签署了《内地与香港关于建立更紧密经贸关系的安排》（*Closer Economic Partnership Arrangement*，CEPA），并于2004年1月1日正式生效。据此，香港当地产品九成以上可以零关税进入内地（涉及273个税目之下共4 000多种产品）。这远远超过中国对WTO的关税减让承诺。同时内地对香港开放17个服务行业，香港居民可以在内地开设业务和就业，内地居民可以个人游方式去香港旅游。为推动投资便利化，CEPA对促进贸易投资、简化通关手续，增强法律法规透明度，加强电子商务、商品检验检疫和质量认证、中小企业合作、中医药产业合作等领域均作了明确规定。类似的安排也在内地与澳门之间建立。

**（一）CEPA概述**

1. CEPA出台的缘由

CEPA的出台，其原因是多方面的。总的看来，是内部和外部两方面因素共同作用的结果。

（1）内部因素：两地经贸关系需要新的突破。中国内地改革开放事业迅猛发展，内地与香港的经济联系日益紧密，在内地引进资金、人才、技术等方面，香港都扮演着不可替代的角色。

20世纪80年代以后，两地经贸关系持续发展。1992年内地决定实行社会主义市场经济体制，1997年7月1日中国政府恢复香港行使主权，2001年中国加入WTO，这些重大举措和事件，使两地之间的经贸关系越来越紧密，其结果是推动了两地经济的发展，增强了中国国际竞争力和综合国力。另外，由于不断扩大开放，特别是由于加入了WTO，内地市场对外商更具吸引力，港商在内地市场的地位面临越来越严峻的挑战。

内地与香港两地之间的经贸关系如何进一步加强并有新的突破以迎接新的挑战，这是中央和特区政府共同关注的问题。正因为如此，CEPA的出台是内地、香港两地区之间更加有效地整合资源的需要，也是提高两地整体竞争力的必由之路。

（2）外部因素：这是应对全球区域经济集团的抉择。20世纪90年代以来，国际竞争进一步加剧，贸易保护主义盛行，加上一些发达国家不按国际贸易共同规则行事，致使WTO多边贸易谈判屡屡受阻。这种状况促使众多国家和地区从组建区域经济集团或自由贸易区（FTA）中寻找出路。

区域经济集团都带有排他性，其内部的优惠不会向集团外的成员提供，这是区域经济集团不断增多的原因之一。以北美自由贸易区为例，由于取消关税，墨西哥成衣和纺织品大量进入美国市场，并取代中国成为美国同类产品市场份额的首位。面对这种形势，我国积极拓展双边、地区经贸合作，参加已有的或组建新的FTA。CEPA的出台，是内地与香港共同应对区域经济集团挑战的最佳抉择。

2. CEPA的基本内容

CEPA正文共6章计23条，并有6个附件。其内容包括总则、货物贸易、原产地、服务贸易和投资贸易便利化。总则规定的CEPA的目标是：逐步减少或取消双方之间实质上所有货物贸易的关税和非关税壁垒；逐步实现服务贸易自由化，减少或取消双方之间实质上所有歧视性措施；促进贸易投资便利化。CEPA的原则是：遵循“一国两制”的方针；符合世界贸易组织的规则；顺应双方产业结构调整和升级的需要，促进稳定和可持续发展；实现互惠互利、优势互补、共同繁荣；先易后难，逐步推进，并可因形势的发展和需要补充、增加新的内容。根据 CEPA 的总则和原则，内地与香港采取货物贸易自由化、服务贸易自由化、贸易投资便利化等重大措施。

**（二）CEPA 与中国对外区域经济合作战略**

CEPA 与中国对外区域经济合作战略的关系，特别是 CEPA 的出台，会对中国与东盟 FTA（即“10 +1”）的建设产生深远影响。

CEPA 是中国区域经济战略的重大举措，是中国应对国际竞争压力和国际经济合作挑战的一个先行策略和试验场，因此它的影响是深远的。

一是“探路者作用”。CEPA 的实施，有利于中国更好地融入世界经济，并为实施“10 +1” FTA 和其他区域经济合作摸索道路。

CEPA 是中国推进机制性区域经济合作战略的先行步骤。港澳是全球国际化程度较高的地区，CEPA 的实施，为内地摸索与学习开展对外区域经济合作的经验，特别是在取消货物关税和非关税壁垒、实现货物的原产地原则、实现服务贸易自由化和建立开放与竞争的投资机制等方面开辟了道路。而且，港澳地区的经济规模较小，即使出现某些负面冲击，也不至于影响大局。

二是“加油器作用”。CEPA 的实施，有利于双方实现产业结构的调整和优化，提高整体的国际竞争力，从而在对外区域经济合作中发挥更大作用。

CEPA 的实施，能够促进两地优势互补，提升整体的国际竞争优势。香港可进一步借助内地日益巨大的市场，加强香港的金融和服务产业优势，并利用零关税的重要机遇，推进香港高附加值制造业的发展。对内地来说，则可进一步借助香港的资金、技术，特别是在金融服务和开展国际合作方面的丰富经验，加快体制改革和产业优化，还可与港澳合作，共同拓展海外市场。

三是“磁力场作用”。CEPA 的实施，有利于增强港澳同胞的国家意识，也会对台湾产生巨大的吸引力。

香港是重要的国际经济中心，它的稳定和繁荣对中国具有重要的战略意义。自香港回归祖国以来，在中央坚定贯彻“一国两制”的方针下，香港经济保持了平稳发展。CEPA 的实施，进一步促进了两地交流和融合，有利于发挥香港的优势，推进香港的产业调整和优化，实现香港的繁荣和稳定，并从根本上增强香港人的归属意识。

CEPA 的签署和实施，促进了内地与港澳经贸合作全方位、多层次、宽领域地开展，带动了香港、澳门经济的全面增长。2004 年和 2005 年，香港本地生产总值分别同比增长 8.6% 和 7.3%，澳门本地生产总值分别同比增长 28.3% 和 6.7%。同时，CEPA 的签署和实施，对内地进一步扩大开放、优化经济结构也起到了积极作用。2005 年，内地与香港进出口贸易总额达到 1 367.1 亿美元，比 2003 年增长 56.4%；内地吸收香港直接投资项目 14 831 个，实际使用港资达 179.7 亿美元，香港继续成为内地累计吸收境外投资的最大来源地。内地与澳门进出口经贸总额也达到 18.8 亿美元，创历史新高。特别值得一提的是，作为港澳经济强项的服务业加快进入内地，带来了全新的经营理念和先进的服务方式，促进了内地服务业水平的提高，推动了内地经济结构的优化。实践表明，CEPA 的实施，有利于畅通三地经脉，加快区域经济整合，促进内地与港澳经济优势互补、互利共赢，是深化内地与港澳经贸合作的双向平台和有力引擎。

2006 年 3 月，全国人大批准的《国民经济和社会发展第十一个五年规划纲要》明确把香港、澳门纳入国家的总体发展规划之中，提出要加强和推动内地与港澳在经贸、科教、文化、卫生、体育等领域的交流和合作，继续实施内地与香港、澳门更紧密的经贸关系安排；支持香港发展金融、物流、旅游、资讯等服务业，保持香港国际金融、贸易、航运等的中心地位；支持澳门发展旅游等服务业，促进澳门经济适应多元发展。

总之，CEPA 既是内地与香港之间的“双赢”安排，也是中国整个对外区域经济合作战略的先导。因此，它既为两地经济带来了巨大商机和利益，同时也要求两地在价值观念、行为方式、体制模式和政府作用等方面作进一步协调和磨合。

CEPA 的签署，使粤港澳城市群的经贸合作更加紧密，对周边特别是西部地区的覆盖能力加强。两地政府达成共识，合力打造“大珠三角”经济区，两地对经济发展重新定位，广东将致力发展成为制造业基地，香港则发展成为物流、金融和服务业中心，争取经过 10 ~20 年的时间，把大珠江三角洲地区建设成为全球极富活力的地区之一。

为实现货运更便捷、人才流动更紧密的目标，粤港澳三地合作共建了港珠澳大桥。大桥总造价超过 1 269 亿元，已于 2018 年 10 月开通运营。港珠澳大桥是世界最长的大桥。大桥的起点是香港大屿山，经大澳，跨越珠江口，最后分成 Y 字形，一端连接珠海，一端连接澳门。

港珠澳大桥的兴建，使粤港澳三地的资金、技术、人才等生产要素可以通过大桥这一物流载体更有效聚合，并辐射向大西南腹地，从而形成更具竞争力的“粤港澳大湾区”。

**（三）中国式现代化进程中的香港机遇**

在党的二十大上，习近平总书记概括提出并深入阐述中国式现代化理论，中国式现代化探索的是一种典型的现代化模式的迭代，必将创造出人类文明新形态。习近平总书记十分强调中国式现代化中的香港机遇。2023 年 4 月，习近平总书记在广东考察时再次强调，要使粤港澳大湾区成为新发展格局的战略支点、高质量发展的示范地、中国式现代化的引领地。这些重要论述充分表明，香港在中国式现代化中，有可能是全国最具引领作用、最能占尽先机的区域。

香港历来是中国联通世界的重要窗口，是世界各国分享中国发展红利的重要通道。在推进中国式现代化的新征程上，中央政府赋予香港比以往更为重要的角色和使命，香港的独特地位和优势将更加凸显。香港在强国建设、民族复兴进程中将继续承担中国联通世界的重要功能。

第一，香港“背靠祖国、联通世界”的重大优势，将在中国推进高水平对外开放中进一步彰显和升级。香港是集国际金融、航运、贸易中心和国际航空枢纽为一体的国际大都会，也是内地最大的资金来源地、最大的境外投融资平台。在中国式现代化进程中，中央全力支持香港抓住国家发展带来的历史机遇，主动对接“十四五”规划、粤港澳大湾区和“一带一路”建设；全力支持香港同世界各地展开更广泛、更紧密的交流合作。

第二，香港法治环境的重大优势，将在服务香港、服务内地、服务全球中进一步彰显和升级。香港拥有深厚的法治基础和优秀的法律人才，法治水平长期享有国际盛誉。香港良好的法治，为维护和发展优质营商环境奠定了基石。香港国安法的出台不仅有效维护了国家安全和人民福祉，也有效维护了各国投资者的合法权益。中央始终坚持依法治港，香港的法治环境和自由开放规范的营商环境将会越来越好。香港良好的法治，可为内地涉外法治建设和内地企业对接国际市场提供有益借鉴。“十四五”规划提出支持香港建设亚太区国际法律及争议解决服务中心，在中央支持下，国际调解院筹备办公室已在香港成立。

第三，香港国际金融中心的重大优势，将在人民币国际化进程中进一步彰显和升级。香港是世界三大金融中心之一。在中国式现代化进程中，世界金融将进一步走进中国，中国金融也将进一步走向世界，特别是有序推进人民币国际化，势必为香港金融业发展带来重要机遇。

第四，香港文化多元的优势，将在中西文化交流、文明互鉴中进一步彰显和升级。香港中西文化水乳交融，是香港特色中华文化形态的大熔炉。作为陆地文明与海洋文明结合部、中华文化与西方文化交汇地、西方制度方案与中国特色方案共生处、经济枢纽与文化交流集中区，粤港澳大湾区又为香港增强文化创造力、文化辐射力提供了无与伦比的地理优势和人文底蕴。展望未来，香港理应保持东西文化荟萃的特色，在促进东西方文化交流、文明互鉴、民心相通中进一步彰显香港价值、香港担当。①

## 二、两岸经贸往来与“三通”

### （一）两岸经贸发展概况

自改革开放以来，大陆一直在积极推动两岸经贸关系的发展，出台了多项扩大两岸贸易往来、便利台商来大陆投资的法规及措施，使两岸经贸交流实现了多形式、多领域、大规模、深层次的发展，形成了互补互益、互利互惠的两岸经贸合作格局。

综观改革开放以来两岸经贸交流的发展，一系列数字在世界经济史中都称得上是奇迹：从1979年到2007年，两岸贸易额年均增长30%，其中大陆自台湾进口额增长了5 049倍，台湾对大陆贸易顺差增长了484.75倍，年均增长25.74%；从1987年至2007年台商对大陆投资数额也增长了15倍。

2008年1—12月大陆与台湾贸易额达1 292.2亿美元。其中，大陆对台湾出口额为258.8亿美元，自台湾进口额为1 033.4亿美元，贸易逆差额为774.6亿美元。台湾是大陆第七大贸易伙伴、第九大出口市场、第五大进口来源地。

2008年1—12月大陆共批准台商投资项目2 360个，实际使用台资金额19亿美元。截至2008年12月底，大陆累计批准台资项目77 506个，累计吸收台湾直接投资476.6亿美元。按实际使用境外投资统计，台资在大陆累计吸收境外投资中占5.6%，排在第五位。

2005年到2007年，大陆对台湾同胞实施了近60项优惠政策，这些政策的核心是：采取各种措施鼓励和支持两岸产业合作与技术推广，扩大合作领域；优化服务，便利两岸农工产品贸易和大陆台资企业产品销售；加大力度确保台商在大陆的各项利益。这些政策都从“让利于台湾同胞”的角度出发，显示了大陆在处理两岸问题中“将台湾同胞放在首位”的意愿和方针。

马英九执政期间（2008年5月至2016年5月），对两岸经贸发展采取务实、理性、开放的政策思维，实施了一系列开放两岸经贸往来的举措。在两岸同胞的共同努力下，两岸“周末包机”、大陆民众赴台旅游得以实现。放宽台商赴大陆投资限制，为两岸经贸关系的深入发展创造了新的条件。

---

① 郑雁雄．中国式现代化进程中的香港机遇．紫荆，2023-05-01.

两岸关系在重建政治互信后飞速发展。一是两岸高层互动频繁。双方搭建了两岸经贸文化论坛、博鳌论坛、亚太经合组织领导人非正式会议等交流平台，2015 年 11 月习近平与马英九会面，开创了两岸领导人会晤的先河，将两岸关系提升到历史新高度。二是成立“两岸经济合作委员会”，两岸在民航、旅游、海运等领域建立协商机制，国台办与台湾大陆事务主管部门建立沟通机制。三是两岸民间交流持续深化，“三通”正式实施，签署《海峡两岸经济合作框架协议》（简称 ECFA）。

2016 年台湾岛内政党轮替后，重新执政的民进党当局拒不承认“九二共识”，使两岸既有的政治基础遭到破坏，两岸关系呈现一些新的特点。面对新形势，大陆保持战略自信与战略定力，坚持对台政策的总基调，扎实推进“反独促统”工作。

2023 年对台工作会议强调，新时代中国共产党解决台湾问题的总体方略构成了习近平新时代中国特色社会主义思想的重要组成部分，丰富发展了国家统一理论和对台方针政策，回答了新时代推动两岸关系和平发展、团结台湾同胞共同致力于实现中华民族伟大复兴和祖国统一的时代命题，是做好新时代对台工作的根本遵循和行动指南。

### （二）两岸“三通”

大陆一直以来主张实现两岸全面直接“三通”，即两岸之间双向的直接通邮、通商与通航，而不是局部或间接“三通”。“三通”的核心是实现两岸之间的直航。两岸直航是指海峡两岸的飞机、船舶可以由双方机场或港口，载运旅客、货物和邮件，不经由第三地而直接航行至对岸。其主要功能和作用是为两岸人员往来、经济合作和各项交流提供便利的交通运输条件。

2018 年以来，大陆先后出台促进两岸经济文化交流合作的“31 条措施”和“26 条措施”，助力台胞台企发展的“11 条措施”和“农林 22 条措施”，以及扩大开放台湾居民在大陆申设个体工商户的政策，助力台胞台企分享更多大陆发展机遇、享受更多同等待遇。支持台胞台企参与“一带一路”建设、国家区域重大战略和区域协调发展战略。支持福建探索海峡两岸融合发展新路，支持其他台商集聚地方对台先行先试。引导两岸企业在资金、技术、管理、标准、品牌、渠道等领域加强合作。帮助台商台企拓展大陆内需市场。江苏、浙江、福建等地上千家台企享受各类税收优惠，数百家台企获得工业转型升级、绿色制造、智能制造等专项资金支持。

### （三）近 20 年闽台经济发展概况

1. 经济发展速度差异明显（见表 3－3）

**表 3－3　近 20 年闽台经济增长幅度**

单位：亿元

| 省份 | 2000 年 | 2019 年 | 近 20 年经济增长幅度 |
|---|---|---|---|
| 台湾 | 27 438 | 42 141 | 54% |
| 福建 | 3 764 | 42 395 | 1 040% |

2. 支柱产业与发展趋势（见表3－4）

表3－4　闽台支柱产业与产业特点

| 省份 | 支柱产业 | 代表企业 | 产业特点 |
| --- | --- | --- | --- |
| 台湾 | 半导体、电子制造业，精密机械，显示技术 | 台积电、日月光、联发科、联电、力晶、联咏、硅品、奇景光电、瑞昱、南亚科 | ①半导体产业中的芯片分设计、制造、封测三个环节；<br>②芯片制造方面，台湾全球领先，台积电一家企业占据市场80%的份额；<br>③在芯片设计领域，有联发科，仅次于高通；<br>④在封测环节，有世界第一的日月光 |
| 福建 | 电子信息、石油化工、机械装备、纺织鞋服 | 冠捷电子、浔兴股份、九牧王、闽华电池、三力机电 | 以打造“21世纪海上丝绸之路经济带”为核心，发展好海峡西岸城市群 |

3. 深化两岸经贸融合发展

为支持福建发挥对台工作独特优势、进一步扩大对台先行示范效应，2024年1月8日，商务部、中央台办、国家发展改革委、工业和信息化部联合印发《关于经贸领域支持福建探索海峡两岸融合发展新路若干措施的通知》，从5个方面提出14项措施。

一是支持福建扩大对台开放合作。推动福建自贸试验区对台先行先试，支持福建用好《区域全面经济伙伴关系协定》（RCEP）规则，支持福建加强对台招商引资。二是支持福建对台贸易高质量发展。提升福建对台贸易便利化水平，支持福建打造对台贸易枢纽，探索两岸服务贸易合作新业态。三是深化闽台优势产业融合发展。支持深化闽台产业融合，助力福建打造优势产业集群，支持福建对台合作平台建设。四是助力在闽台企融入国内大循环。推动福建内外贸一体化建设，支持在闽台企申报老字号，支持福建对台会展交流。五是促进重点区域加快融合发展。支持福建沿海地区密切与金门、马祖贸易往来，加强与金门、马祖合作开展园区建设。若干措施将有助于进一步加强闽台经贸交流合作，深化两岸经贸融合发展，支持台商台企更好地融入新发展格局。

## 知识拓展

### 一、郑和下西洋

1405年7月11日（明永乐三年）明成祖命郑和（原姓马，小字三保，云南昆阳人）率领由240多艘海船、27 400名船员组成的庞大船队远航，先后访问了30多个在西太平洋和印度洋的国家和地区，加深了中国同东南亚、东非各国之间的友好关系。郑和船队每次都由苏州刘家港出发，到1433年（明宣德八年），他一共远航了7次之多。最后一次，宣德八年4月回程到古里时，他在船上因病逝世。民间故事《三保太监西洋记通俗演义》将他的旅行探险称为“三保太监下西洋”。

郑和船队曾到过爪哇、苏门答腊、苏禄、彭亨、真腊、古里、暹罗、阿丹、天方、左法尔、忽鲁谟斯、木骨都束等地，最远曾到达非洲东岸、红海、麦加。

关于“西洋”的定义：明朝初期以婆罗（Borneo）/文莱为界，以东称为“东洋”，以西称为“西洋”，故过去所称南海、西南海之处，明朝称为“东洋”“西洋”，暹罗湾之海则称为“涨海”。

## 二、中国高速铁路

### 1. 发展历程

1998 年，广深铁路电气化提速改造完成，设计最高时速为 200 千米。同年 8 月，广深铁路率先使用向瑞典租赁的 X2000 摆式高速动车组。

2004 年，中国在广深铁路运行时速 160 千米的国产快速旅客列车。中国北车等公司先后从加拿大庞巴迪、日本川崎重工、法国阿尔斯通和德国西门子公司引进技术，联合设计生产高速动车组。

2007 年，全国铁路实施 CRH 动车组列车运行方案。秦沈客运专线动车组以时速 250 千米至 270 千米持续高速运行。

2008 年，中国第一条具有完全自主知识产权的高速铁路（京津城际铁路）通车运营。

2009 年，时速 350 千米的京港高铁武广段开通运营。武广高铁成为世界上运营速度最快、密度最大的高速铁路。

2013 年，随着宁杭、杭甬、盘营高铁以及向莆铁路的相继开通，中国高铁总里程达到 12 000 千米，“四纵”干线基本成型。

2014 年，我国首列牵引电传动系统和网络控制系统完全自主创新的高速动车组（中国北车 CRH5A 型动车组）“5 000 千米正线试验”成功，标志着中国高铁列车实现由“中国制造”向“中国创造”的跨越。我国《高速铁路设计规范》正式发布，成为中国高铁建设技术标准体系。

2016 年，中国标准高速动车组以时速 420 千米在郑徐高速铁路上运行，标志着我国已全面掌握高铁核心技术。中国中车集团公司在全球高铁市场中竞争力占据绝对优势。

2017 年，装配中国自主研发的“复兴号”列车投入运营。

2018 年，中国铁路总公司在京沈高速铁路启动高速列车自动驾驶系统试验。

2019 年，中国自主研制的 40 米跨 1 000 吨运架成套设备投入使用，完成第三次突破高铁制架技术；京张城际铁路沿线 5G 信号基站全部开通。

2019 年，中国铁路营业里程达到 14 万千米，其中高铁 3. 5 万千米，居世界第一。设计时速 350 千米京港高铁商合段线路正式运营。

截至 2020 年末，全国铁路营业里程 14. 63 万千米，其中高铁 3. 8 万千米。

2022 年，国际铁路联盟发布实施由中国主持制定的《高速铁路设计　基础设施》标准和《高速铁路设计　供电》标准，两项标准在总结世界高速铁路设计成功经验、系统集成先进技术的基础上，引入中国高速铁路总体设计理念，吸纳中国高速铁路列车多项基础性关键指标，推介中国高铁多项优势技术，最终确立国际铁路联盟高速铁路总体设计、线路等领域的设计理念关键参数和技术要求，为世界高速铁路建设运营贡献了中国智慧和中国方案。

2022 年 3 月 19 日，搭载中国自主化高铁列控核心技术的匈塞铁路贝诺段正式开通运营，全套中国完全自主知识产权的 CTCS－3 级列控系统首次在欧洲国家成功应用。列控系统是高速铁路的大脑和神经中枢，是实现高铁高速度、高密度、高安全运行的核心系统，是世界铁路科技竞争的核心焦点。

2023 年，中国通号集团公司以全套自主化标准和产品装备雅万高铁，打造中国高铁首次全系统、全要素、全产业链走出国门的“样板工程”。

2. 中国高铁的竞争力

中国拥有世界先进的高铁集成技术、施工技术、装备制造技术和运营管理技术。中国高速列车保有量 1 300 多列，列车种类最全，覆盖时速 200 千米至 380 千米各个速度等级；动车组累计运营里程约 16 亿千米，高铁建设和运营经验丰富。

### 三、“一带一路”国际合作倡议

1. “一带一路”倡议的含义

2013 年 9 月和 10 月，习近平总书记在出访中亚和东南亚国家期间，先后提出共建“丝绸之路经济带”和“21 世纪海上丝绸之路”的重大倡议。

“一带一路”是合作发展的理念和倡议，是依靠中国与有关国家既有的双多边机制，旨在借用古代“丝绸之路”的历史符号，高举和平发展的旗帜，主动发展与沿线国家的经济合作伙伴关系，共同打造政治互信、经济融合、文化包容的利益共同体、命运共同体和责任共同体。

2. “一带一路”建设的意义

当今世界正发生复杂深刻的变化，国际金融危机深层次影响继续显现，世界经济缓慢复苏、发展分化，国际投资贸易格局和多边投资贸易规则酝酿深刻调整，各国面临的发展问题依然严峻。共建“一带一路”倡议顺应世界多极化、经济全球化、文化多样化、社会信息化的潮流，秉持开放的区域合作精神，致力于维护全球自由贸易体系和开放型世界经济。

共建“一带一路”倡议旨在促进经济要素有序自由流动、资源高效配置和市场深度融合，推动沿线各国实现经济政策协调，开展更大范围、更高水平、更深层次的区域合作，共同打造开放、包容、均衡、普惠的区域经济合作架构。共建“一带一路”倡议符合国际社会的根本利益，彰显人类社会共同理想和美好追求，是国际合作以及全球治理新模式的积极探索，将为世界和平发展增添新的力量。

3. “一带一路”建设的内容

“一带一路”建设秉承的是共商、共享、共建原则。在通路、通航的基础上通商，形成和平与发展新常态。“一带一路”建设是中国与丝路沿途国家分享优质产能，它是共商项目投资、共建基础设施、共享合作成果，内容包括政策沟通、设施联通、贸易畅通、资金融通、民心相通五大共通模式。

4. “一带一路”建设的愿景

“一带一路”建设贯彻以和平合作、开放包容、互学互鉴、互利共赢为核心的丝路精神。建设六大路网，推动铁路、公路、水路、航空、管道和信息高速公路互联互通。只要沿线各国和衷共济、相向而行，就一定能够谱写建设丝绸之路经济带和 21 世纪海上丝绸之路的新篇章，让沿线各国人民共享“一带一路”共建成果。

## 技能训练

**一、读中国地图，按要求回答下列问题**

（1）请找出我国的陆地邻国（共14个）：东北与朝鲜接壤，东北、西北与俄罗斯、哈萨克斯坦、吉尔吉斯斯坦、塔吉克斯坦为邻，正北方是蒙古国，西部毗邻阿富汗、巴基斯坦，西南与印度、尼泊尔、不丹相接，南面有缅甸、老挝和越南。

（2）请找出我国濒临的海洋：渤海、黄海、东海、南海。

**二、复习思考题**

1. 填空题

（1）现代交通运输业包括__________、__________、__________、__________和管道运输等多种运输方式。各种现代化交通工具的发展，特别是__________运输的出现和应用，促进了各种运输方式的配合，由传统的单一运输发展为多式联运，大大提高了运输效率。

（2）目前，我国与越南的国际铁路货物联运多利用湘桂线的__________口岸（越南国境站是同登）和昆河线的__________口岸（越南国境站是老街）。

（3）哈大线北起__________，向南经长春、沈阳，到__________。滨洲线—滨绥线横贯东北地区，西起内蒙古的__________________________，向东经海拉尔、哈尔滨、牡丹江，东到__________，东、西两端均与俄罗斯的__________铁路相连。

（4）目前，我国与俄罗斯远东地区的国际铁路货物联运多利用滨绥线的__________口岸（俄罗斯国境站是格罗迭科沃）；东北三省运往俄罗斯中西部以及运往欧洲的货物多走滨洲线的__________口岸（俄罗斯国境站是后贝加尔）；由我国内陆各省区运往俄罗斯中西部以及运往欧洲的货物则多走集二线的__________口岸（蒙古国境站是扎门乌德），穿过蒙古国境后进入俄罗斯，在__________与俄罗斯的西伯利亚铁路相连。

（5）“大陆桥”是指把海与海连接起来的横贯大陆的铁路。新亚欧大陆桥东起我国__________港，经__________线、__________线，接北疆铁路，出__________口岸进入哈萨克斯坦，最终抵达荷兰的__________港，有现代“丝绸之路”的美称。

（6）西伯利亚大铁路东起俄罗斯海参崴港，止于莫斯科，并向东连接朝鲜和________________，西接北欧、中欧、西欧各国。从西欧到远东运用大陆桥进行国际集装箱海陆联运路程为13 000千米，比海上经好望角航线缩短一半的路程，运费要低20%以上，时间可节省3～5天。

（7）我国对外贸易主要海港有辽宁省的__________，河北省的__________，天津港，山东省的__________和__________，江苏省的__________和南通港，上海港，浙江省的____________和温州港，福建省的福州港，广东省的______________和湛江港，广西壮族自治区的__________。

（8）内地与香港的产业各有优势，内地的优势是____________________________________________________________________________________________________，香港的优势是______________________________________________________________________________，CEPA的实施，可实现两地产业优势互补。根据CEPA的总则和原

则，内地与香港采取__________贸易自由化、__________贸易自由化、贸易投资便利化等重大措施。

2. 案例分析题

一批采用集装箱多式联运的货物，由日本神户经我国连云港—郑州—兰州—乌鲁木齐运往荷兰的鹿特丹，写出沿途经过的湾、海洋、港口、铁路名称。

# 第四章　中国的主要贸易伙伴

## 第一节　美国

### 一、美国概况

国名：美利坚合众国（The United States of America）。美国原为印第安人聚居地，15世纪末，西班牙、荷兰、法国、英国等开始向北美移民。

居民：截至2021年8月15日，美国总人口约3.33亿。据美国2020年人口普查数据显示，非拉美裔白人占总人口57.8%，拉美裔占总人口18.7%，非洲裔占总人口12.4%，亚裔占总人口6.0%，印第安人和阿拉斯加原住民占总人口1.1%，夏威夷原住民或其他太平洋岛民占总人口0.2%。通用英语。全国54.6%的居民信奉基督新教，23.9%的居民信奉天主教，少数人信奉犹太教、东正教、佛教、伊斯兰教等。美国是多民族和多元文化的集聚地，风俗习惯因不同民族而各异。

首都：华盛顿哥伦比亚特区（Washington D. C.），截至2016年，华盛顿市区面积177平方千米；2019年1月，人口约70万。

国庆日：7月4日（美国独立日，1776年）。

行政区划：美国全国共分50个州和1个特区（哥伦比亚特区），有3 143个县。联邦领地包括波多黎各和北马里亚纳；海外领地包括关岛、美属萨摩亚、美属维尔京群岛等。

### 二、美国自然概况

美国位于北美洲中部，领土还包括北美洲西北部的阿拉斯加和太平洋中部的夏威夷群岛。北与加拿大接壤，南靠墨西哥湾，西临太平洋，东濒大西洋。大部分地区属大陆性气候，南部属亚热带气候。面积约937万平方千米，本土东西长4 500千米，南北宽2 700千米，海岸线长22 680千米。

美国自然资源丰富。煤、石油、天然气、铁矿石、钾盐、磷酸盐、硫黄等矿物储量均居世界前列，其他矿物有铜、铅、钼、铀、铝矾土、金、汞、镍、碳酸钾、银、钨、锌、铝、铋等，战略矿物资源钛、锰、钴、铬等则主要靠进口。已探明煤储量2 489亿吨，已探明原油储量689亿桶，已探明天然气储量10.4万亿立方米。森林面积约44亿亩，覆盖率达33%。

## 三、美国经济概况

### （一）美国在世界经济中的地位

美国是超级经济强国。第二次世界大战后，美国 GDP 占世界 GDP 曾超过 50%。目前美国占世界 GDP 的比重虽然与其最强大的时期相比，已经大幅度下降，但始终保持在 20%～30%的水平。根据 IMF 公布的数据，2019 年美国 GDP 为 21.34 万亿美元，占全球 GDP 的 24.2%。

美国作为世界经济中最重要一极的地位是由多方面因素决定的：

（1）领先的科技水平。借助第二次科技革命的推动，美国经济迅速发展，取代英国成为世界经济霸主。此后，美国长期保持了世界科技强国的地位。美国保持科技优势的秘诀是从全世界吸引和争夺人才。

（2）优越的产业结构。凭借科技领先优势，美国在战后进行了几轮产业结构调整，使美国的产业结构发生了巨大的变化。特别是 20 世纪 90 年代以来，美国的高新技术产业和金融服务业发展迅猛。美国在多年贸易逆差的情况下，服务贸易业却一直保持顺差状态，并且年均增长额超过两位数。

（3）从两次世界大战中受益。两次世界大战中多数参战国都受到重创，只有美国借助战争使其地位得到提升。第一次世界大战使美国从战前的资本输入国变为资本输出国，由债务国变成债权国，掌握了世界黄金存储量的 1/2，控制了国际金融市场，世界金融中心也由英国移到美国。"一战"后，美国与欧洲主要资本主义国家的力量对比发生了根本性改变。第二次世界大战使美国占资本主义世界工业总值的比重从 36%上升到 54.8%，美国从此确立了世界经济霸主地位。

（4）在经济全球化中获得巨大利益。目前美元在全球交易结算中具有绝对的主导地位，并且世界上绝大多数国家均以美元作为外汇储备。根据 IMF 公布的数据，2022 年，全球贸易中使用美元进行结算的比例超过 40%；美元在全球外汇储备中的比例达到 58.36%。

美国作为独霸全球的大国，经常利用美元来向其他国家施压，或者通过制裁惩罚对手。2022 年俄乌冲突发生后，俄罗斯受到美元霸主地位的严重威胁，积极推动在能源领域的本币结算业务，中国也采用人民币进行能源的采购结算，推动人民币国际化，降低使用美元的风险。2023 年，在美国银行业动荡不止、通胀持续居高不下、背负巨额国债的形势下，去美元化趋势正在形成。

长期以来，美国还是世界最主要的投资目的国。联合国贸发会议《2021 年世界投资报告》数据显示，美国 2020 年吸收外资 1 563.2 亿美元。截至 2020 年底，美国吸收外资存量 10.8 万亿美元。在通货膨胀没有得到有效遏制的情况下，美国通过加息的方式来刺激经济，导致大量美元回流美国市场，同时推高了美元在国际货币市场的价值。在俄乌爆发冲突之后，已经有大批资金从欧洲转移到了美国。美国在 2022 年先后五次提高利率，美联储通过不断加息继续让美元冲向美国资本市场。从滥发纸币到挑起俄乌战争，再到 2022 年加息，美国利用美元的霸权收割世界财富。

（5）不断创新政府对市场经济调控的模式。从罗斯福新政开始，美国政府不断创新对经济进行调控的模式。例如通过法律提高市场竞争程度，保护竞争，健全市场制度；重视基础设施建设；谋求社会公正与建立社会保障体系，等等。

进入 20 世纪 90 年代后，克林顿政府为了促进美国经济结构的大规模调整并保持美国的竞争活力，在产业组织政策上作了相应调整。克林顿政府大力削减国防开支，高度重视科学技术在产业结构调整中的作用，加大政府在研究与开发中的投入特别是在民用方面的投入，积极干预对外贸易，为美国的高新技术产业开拓国际市场，注重利用高新技术改造传统制造业，从而对美国最近十几年经济的持续增长起到了重要作用。

美国政府把从全世界吸引人才作为一项国家战略。1990 年，布什总统签署新的移民法。2001 年美国出台《加强 21 世纪美国竞争力法》，其核心就是要吸纳世界各国的优秀科技人才。

美国政府长期保持对基础科学研究的资助，以指导美国的科学发展方向并使之保持相互协调，重点支持了国防、空间、医学、能源等领域的研究开发，为美国在航天、卫星通信、计算机、电信等工业领域的绝对优势奠定了基础。美国竭力维持其世界经济霸主的地位，主要表现在以下几个方面：

（1）美国政府出台了一系列刺激国内经济增长的政策法规。2004 年美国颁布了《就业机会创造法》，2005 年又颁布了《本土投资法》，吸引跨国公司资本大量回流美国。2008 年初，布什政府推出“经济增长的一揽子计划”。该计划将以退税形式向美国中产阶层发放资金，以用于消费；通过减免税务用于商业投资的方式创造就业机会；谋求强化住房市场。

为了应对次贷危机，美国政府采取了救市行动，包括降低联邦基金利率和贴现率、向金融市场注入资金以及向初级市场交易商开启贴现窗口等措施。

（2）美国通过对外经济全球战略维持其世界经济霸主地位。在国际经济交往中，美国继续依仗其高科技优势，通过“超级 301 条款”和“特别 301 条款”，单方面向对方国提出经济制裁或以制裁相威胁，努力消除美国产品进入各国市场的障碍，迫使贸易伙伴为美国具有竞争力的商品和劳务的输出开放市场。美国加紧利用经济全球化趋势，通过争夺国际多边合作游戏规则的制定权和修改权，以图主导国际经济秩序，建立自身在经济、贸易、投资、科技、金融等领域中的全球主导地位。

（3）美国推动建立美洲自由贸易区，以应对欧盟东扩。2005 年美国众议院投票通过了布什总统提出的重要贸易决策，批准了美国与哥斯达黎加、萨尔瓦多、危地马拉、洪都拉斯以及尼加拉瓜五国的自由贸易协定。协定还包括和多米尼加共和国的单独协议。目前，美国已经与美洲大陆 34 个国家中的 14 个签署或拟签双边自由贸易协定。

在世界经济多极化日趋发展、国际经济竞争日益加剧、国际政治形势走向缓和的背景下，美国的世界经济霸主地位被动摇。但凭借其政治、经济、科技、军事方面的优势，美国仍然会长期保持世界经济格局中重要一极的地位。

### （二）美国产业发展概况

美国有高度发达的现代市场经济，是世界第一经济强国。20 世纪 90 年代，以信息、生物技术产业为代表的新经济蓬勃发展，受此推动，美国经济经历了长达十年的增长期。2001 年美国经济在经历长达十年的增长后陷入短暂衰退。2007 年美国经济下行因素增多，7 月次级房贷危机全面爆发。2008 年 9 月，随着雷曼兄弟等多家金融机构接连破产、被兼并或由政府接管，美国次贷危机迅速升级演变成大萧条以来最严重的国际金融危机。金融系统损失重大，信贷市场迅速萎缩，实体经济深度衰退，市场信心受到严重影响。奥巴马政府上台后实施大规模刺激经济计划，2009 年下半年起美国经济金融形势开始好转，国内生产总值恢复增长。2010 年美国经济继续复苏，全年 GDP 增长率达 3.0%，经济总量基本恢复至危机前的水平。2011 年美国经济继续保持温和复苏势头，全年经济增长率为 1.8%。2012 年以来，美国经济继续保持温和增长。

1. 农业

美国是全球最大的农业出口国之一，主要农产品包括玉米、小麦、糖和烟草，中西部大平原地区被誉为“世界粮仓”。美国的农场每年生产价值 900 亿美元的农产品。美国生产了占世界 50% 的玉米，20% 的燕麦，以及 15% 的鸡肉、猪肉、棉花和小麦。

2. 工业

近几年来，美国着力优化产业结构，实施“再工业化”战略，振兴实体经济，推动制造业回流，美国工业生产保持稳定，信息、生物等高科技产业发展迅速，利用高科技改造传统产业也取得新进展。主要工业产品有汽车、航空设备、计算机、电子和通信设备、钢铁、石油产品、化肥、水泥、塑料及新闻纸、机械等。在新冠肺炎疫情背景下，2020 年美工业生产萎缩 3.6%。

3. 服务业

美国服务业高度发达，产业门类齐全，国际竞争力强。美国商务部数据显示，2020 年美国服务业创造的 GDP 高达 17.065 万亿美元，占 GDP 比重上涨至 81.6%。2020 年美国零售电商销售额达 8 611.2 亿美元，同比增长 44%。在线零售在零售总额中所占份额稳步上升，2020 年电子商务渗透率达 21.3%，高于 2019 年的 15.8% 和 2018 年的 14.3%。美国旅游业规模居世界第一。2020 年，美国旅游业因疫情损失 7 660 亿美元，旅游业对 GDP 的贡献同比下降 41%。从细分数据看，2020 年，美国的国际游客消费下降 76.7%，从 2019 年的 1 812 亿美元下降至 422 亿美元，而国内旅游消费下降幅度为 37.1%。美国的金融业产值约为 1.727 万亿美元，占 GDP 比例为 8.24%。根据市值和资产规模综合排名，美国金融业前三大公司是伯克希尔·哈撒韦公司（Berkshire Hathaway Inc.）、摩根大通公司（J. P. Morgan Chase & Co.）、美国银行（Bank of America）。

4. 财政与金融业

20 世纪 60 年代至 70 年代，美国政府奉行“凯恩斯主义”的赤字财政政策，大幅增加社会福利和军事支出。80 年代，里根政府一方面减免税收，另一方面扩大政府支出，特别是军费开支，导致美联邦财政赤字急剧扩张。1992 年，美联邦财政赤字达 2 904 亿美元，占当年美国国内生产总值的 4.9%。1993 年克林顿政府上台后将“减赤”作为施政重点之一。90 年代美国经济持续增长使税收收入大幅增加，同时克林顿政府加强了税收征管，美联邦财政于 1998 财年转亏为盈，出现 692 亿美元的盈余。布什政府期间，一方面通过减税刺激经济复苏，另一方面大幅增加反恐及军费开支，从 2002 年起美联邦财政重现赤字。奥巴马政府就任后，为摆脱经济危机，推出大规模刺激经济计划和金融援助措施，2010、2011、2012 财年美联邦财政赤字分别高达 1.29 万亿美元、1.3 万亿美元和 1.1 万亿美元。

2006 年起，美国房市陷入衰退，而房贷利率上升，次级房贷违约率大幅上升。2010 年 7 月，奥巴马政府签署《多德—弗兰克华尔街改革与消费者保护法》，开启美国自“大萧条”以来最严厉的金融监管改革。

美国的商业银行分为在联邦政府注册的国民银行和在州政府注册的州立银行两种。美国主要商业银行有：

（1）花旗集团（Citigroup）：1955 年纽约花旗银行与纽约第一银行合并，改名为纽约第一花旗银行，1962 年改为第一花旗银行，1967 年改为花旗公司。总部设在纽约。1998 年与旅行者集团合并组建花旗集团，成为世界上最大的金融服务公司。

（2）摩根大通公司：2000 年 12 月由 J. P. 摩根公司和大通—曼哈顿公司合并而成，总部设在纽约。2004 年，摩根大通公司收购第一银行公司。

（3）美洲银行公司（Bank of America Corp）：美洲银行于 1904 年成立，总部在旧金山。1998 年与国民银行合并为美洲银行公司，成为横跨东西两岸的全国性银行。

美国的保险公司按业务性质可分为人寿保险公司和财产保险公司两类。2020 年底，市场占有率排名前五的人寿保险公司为太平洋人寿、国家人寿、恒康人寿、全美人寿、全国保险。

美国证券市场分为两大板块：交易所市场和场外交易市场。主要的证券交易场所包括：

（1）NYSE（纽约证券交易所），是美国最大的证券市场，至今已有 200 多年的历史，上市股票超过 3 500 只。纽约证券交易所市场较成熟，上市条件也较为严格，财富 500 强等大企业多在纽交所挂牌。

（2）NASDAQ（纳斯达克证券交易所），是美国上市公司最多、交易量最大的交易所，超过 5 400 家公司在此挂牌上市，范围涵盖所有高新技术行业，包括软件、计算机、电信、生物技术、零售和批发贸易等。

（3）AMEX（美国证券交易所），为美国第三大股票交易所，是唯一一家能同时进行股票、期权和衍生产品交易的交易所，其着重关注中小型企业，成为中小市值公司的最佳交易所。

（4）NYSE ARAC（纽约证券交易所高增长板），以交易 ETF 为主，是一个国际公认的、完全电子化的股票交易所，在纽交所高增长市场上市的公司一旦条件成熟便可无缝过渡到纽交所的主板市场。

5. 对外贸易

2020 年，美国货物和服务贸易总额为 4.94 万亿美元，其中出口额为 21 272 亿美元，进口额为 28 090 亿美元，逆差为 6 818 亿美元。2020 年，美国货物贸易总额为 37 858 亿美元，其中，出口额 14 351 亿美元，进口额 23 507 亿美元，逆差 9 156 亿美元。

2020 年，美国前五大货物出口目的地分别为加拿大、墨西哥、中国、日本和英国，前五大货物进口来源地分别为中国、墨西哥、加拿大、日本和德国。美国主要出口商品为：工业原材料、除汽车外的机械设备和汽车产品。主要进口商品为：除汽车外的机械设备、消费品、工业原材料。

2020 年，美国服务贸易总额为 11 503 亿美元。其中，出口额为 6 921 亿美元，进口额为 4 582 亿美元，贸易顺差 2 339 亿美元。2020 年美国前五大服务贸易出口目的地分别为英国、加拿大、日本、中国和德国，前五大服务贸易进口来源地分别为英国、德国、日本、加拿大和印度。服务贸易出口额前五的领域分别是金融服务、知识产权、旅行服务、交通运输和电信信息服务，服务贸易进口额前五的领域分别是交通运输、保险服务、知识产权、金融服务和电信信息服务。

6. 著名企业

沃尔玛公司（Walmart Inc.）、通用汽车公司（General Motors）、埃克森·美孚公司（Exxon Mobil）、福特汽车公司（Ford Motor）、通用电气公司（General Electric）、花旗集团（Citigroup）、雪佛龙—德士古公司（Chevron Texaco）、国际商用机器公司（International Business Machines）、美国国际集团（American International Group）、弗莱森电讯（Verizon Communications）、惠普（Hewlett-Packard）、波音公司（Boeing）、微软（Microsoft）、英特尔（Intel）、戴尔（Dell）、谷歌（Google）、苹果（Apple）、思科（Cisco）等。

## 四、美国的交通运输

美国是世界上交通运输业最发达的国家，全国已建立起庞大的铁路、公路、航空、内河航运和管道运输网，铁路、公路、航空、管道运输均居世界首位。全国共拥有铁路41万千米，约占世界铁路总长度的35%，全国最大的铁路运输中心是芝加哥。美国具有世界上最发达的高速公路体系，全国公路总长度为640万千米，为世界上公路线最长的国家。水上运输由内河航运和海运组成，美国大西洋和太平洋沿岸都建有世界一流的深水港口。美国航空运输业在客货运总量、航空线路、机场设施及各种类型飞机的数量和质量等方面都遥遥领先于世界其他国家。

以乘客量而言，在2004年全世界前30个最繁忙的机场中就有17个位于美国，包括了排名第一的亚特兰大哈兹菲尔德—杰克逊国际机场。以运货量而言，在同一年里，全世界前30个最繁忙的货运机场就有12个在美国，包括了排名第一的孟菲斯国际机场（MEM）。美国主要航空公司有美国航空、联合航空、达美航空、西北航空、大陆航空等；主要航空业制造公司有波音—麦道公司、洛克希德—马丁公司、联合技术公司；主要航空港有芝加哥、亚特兰大、达拉斯、洛杉矶、旧金山、丹佛、底特律等。

美国大部分的国外贸易都依赖海运，其商船吨位占世界总量的1/7。美国最繁忙的港口是纽约港以及加利福尼亚州的洛杉矶港和长堤港，它们全是世界上繁忙的港口。五大湖也有许多船运交通，且都与密西西比河的河网广泛连接，河的最下游直通大西洋。而连接五大湖与大西洋的伊利运河（Erie Canal）则促成了美国农业和工业的发展，并使得纽约市成为美国的经济中心。

美国的主要港口分布在三大地带：

①太平洋沿岸（West Coast，W. C，美西），包括西雅图（Seattle，SEA或STL）、塔科马（Tacoma）、洛杉矶（Los Angeles，LA或LAX）、长滩（Long Beach，LB或LBH）、旧金山（三藩市、圣弗朗西斯科，San Francisco，SF或SFO）、奥克兰（Oakland）、俄勒冈州的波特兰（Portland Oregon）。

②大西洋沿岸（East Coast，E. C，美东），包括纽约（New York，NY或NYK）、萨凡纳（Savannah）、巴尔的摩（Baltimore）、诺福克（Norfolk）、迈阿密（Miami）、查尔斯顿（Charleston）、休斯敦（Huston）、波士顿（Boston）、费城（Philadelphia）、新奥尔良（New Orleans）、缅因州的波特兰（Portland Maine，美西、美东各有一个Portland）。

③ Gulf沿岸，指墨西哥湾（Mexico Gulf），即美国南部港口，包括休斯敦、新奥尔良、

迈阿密、坦帕（Tampa）、莫比尔（Mobile）、蒙彼利埃（Montpelier）。从大范围讲，美南Mexico Gulf之港口也可划入E. C。

IPI运输条款下的内陆公共点（Inland Common Points）包括芝加哥（Chicago）、亚特兰大（Atlanta）、达拉斯（Dallas）、底特律（Detroit）、丹佛（Denver）、圣路易斯（St Louis）、密尔瓦基（Milwaukee）、华盛顿（Washington）、普勒维丹斯（Proviolence）、里其蒙（Richmond）、堪萨斯城（Kansas City）、查洛特（Charlotte）、辛辛那提（Cincinnati）、盐湖城（Salt Lake City）、圣地亚哥（San Diego）、萨克拉门多（Sacramento）、孟菲斯（Memphis）（美国的城市名后一般均需加上所在州的州名简写，因美国重名现象较普遍）。

（1）波士顿（英国有同名港口）：港口性质为海湾河口港。普通大潮时，进入船坞的最大船舶长91米，吃水5.4米。船坞内有35吨起重能力的汽车吊。谷物输送机的装卸能力为每小时35吨。船坞内有货棚及仓库，还有容量达1.5万吨的粮仓。主要进口货物为木材、化肥、水果、集装箱货物及杂货等，出口货物以谷物及钢铁制品为主。

（2）洛杉矶：港口性质为海湾港。濒临太平洋的东侧，是美国第二大集装箱港。它是北美大陆桥的桥头堡之一，也是横贯美国东西向的主要干线圣菲铁路的西部桥头堡，东部大西洋岸的桥头堡为费城；另一条铁路干线是南太平洋铁路，从洛杉矶开始经过新奥尔良延伸直至大西洋岸的杰克逊维尔（Jacksonville）港。洛杉矶是美国西海岸最大的工业城市，著名的工业为飞机制造业和石油工业。美国两大飞机制造公司之一的洛克希德公司是美国飞机和导弹制造业的垄断组织，就位于该市北部。加利福尼亚油田也在洛杉矶附近。此外，其汽车制造、电子仪器、化学、钢铁及印刷等行业都占主要地位。西北部的好莱坞是美国电影业的中心，东部的迪士尼游乐中心举世闻名。港口距机场约30千米，有定期航班飞往世界各地。

（3）芝加哥：港口性质为河口湖港。濒临密歇根（Michigan）湖的西南侧，是美国大湖区的主要港口。它是全国最大的铁路枢纽，有32条铁路干线交会于此。该港有广大的腹地，农牧业发达，是全国的谷物、牲畜市场及中西部的商业、金融、文化和工业中心。工业以农用机械及肉类加工为主，全美最大的农用机械制造业垄断组织——国际收割机公司以及最大的肉类加工业垄断组织——埃靳玛克公司均在芝加哥。另外，其冶金、电器、货车制造、印刷、面粉、罐头、塑料及冷冻食品等行业也很出名。该港耸立着西尔斯摩天大楼，共110层，高443米。市内还有多所大学、博物馆、图书馆等，是美国中西部地区最大的文化艺术中心。港口距国际机场约33千米，有定期航班飞往世界各地。

自日本横滨挂靠西雅图港以来，从美国东西铁路干线—北太平洋铁路，经过芝加哥到纽约终点站只需13天，比巴拿马运河要快一周的时间，所以美国总统轮船公司、丹麦马士基航运公司及日本川崎汽船公司等均将该港作为集装箱运输的中转站。这使芝加哥港开展的门到门、门到港、港到门和港到港等国际多式联运作业日趋繁忙。

（4）纽约：港口性质为海湾河口港。位于美国东北部、纽约州东南沿海的哈德逊（Hudson）河口，在长岛（Long Island）西端的上纽约（Upper New York）湾内，濒临大西洋的西北侧，是美国第一大城市和主要海港之一。它既是美国第三大集装箱港，又是美国出口废金属的最大港口。早在1825年随着通大湖区的伊利运河的开通和铁路的增多，纽约港就已得到了迅速发展，成为大湖流域重要的出入门户，同时成为美国最大的交通枢纽，是两条横贯美国东西大陆桥的桥头堡——北太平洋铁路东起纽约，西至西雅图；联合太平洋铁路东起纽约，西至旧金山。纽约还是全美最大的工商业基地和世界金融中心。它拥有世界上最大的资本主义垄断组织，如埃克森·美孚石油公司、国际电话电报公司、德士古石油公司等，市内的华尔街是美国垄断组织的大本营，也是美国金融的统治中心。纽约的工业发达，服装、印刷及化妆品等部门均居全国首位，其次是机械制造、石油化工、电气、金属制品、食品加工、军火、皮革及重型化工等。该港对外贸易总值约占全国的40%。港口与纽瓦克、肯尼迪国际机场相距约20千米，有定期航班飞往世界各地。

(5) 巴尔的摩（爱尔兰有同名港口）：在北美东海岸中部，位于东临北大西洋的切萨贝克湾北端西岸的帕泰帕斯柯河（Patapsco River）两岸。巴尔的摩港是美国马里兰州最大的港口，是全州陆、海、空交通运输的汇集点。巴尔的摩的地理位置使它成为从东部海岸到西部内陆市场极具竞争力的港口。巴尔的摩港比任何其他东部港口至少要靠近中西部市场约240千米，因此为收发货人降低了运输成本，加快了货物周转。

(6) 奥克兰：位于美国西部加利福尼亚州（California）西海岸，在金门（Golden Gate）海峡的东南端，地处旧金山湾口的东岸，隔湾与旧金山相望，与13千米长的海湾大桥（桥高65米）相连，是美国第四大集装箱港。该港北有西雅图、塔科马，南有洛杉矶、沃滩港，处于十分优越的地理位置。交通运输发达，有横贯美国东西的太平洋铁路线及主要公路干线，并可通行双层集装箱列车，在实行多式联运方面有较大的有利条件。主要工业有汽车、计算机、电气设备、造船、金属加工、炼油及化学等。

(7) 新奥尔良：位于美国密西西比河的入海口附近，是美国和世界最大的河、海两用港，也是美国重要的粮食、煤炭出口港。

(8) 西雅图：美国本土西北部的重要城市和海港。位于华盛顿州，西临与太平洋相通的皮吉特湾，东濒华盛顿湖。西雅图是美国主要的飞机制造中心之一，也是世界上最大的喷气式民用客机制造公司波音公司总部所在地，有“波音之城”的称号。同时又为美国西部林区的木材加工基地，也是重要的渔业基地。西雅图是美国西海岸主要海港，素有“通往阿拉斯加和远东的门户”之称。主要港区为皮吉特湾内的埃利奥特湾，水深港宽，为著名天然良港。有3条横贯大陆铁路的起讫点，并与太平洋沿岸的旧金山、洛杉矶及加拿大的温哥华等大城市有铁路和高速公路相连。

(9) 旧金山：是太平洋沿岸仅次于洛杉矶的第二大港，位于加利福尼亚州西北部，美国西海岸中点，为美国西部人口密度最高的城市。城市介于太平洋和旧金山湾之间，北临金门海峡。它是美国与太平洋地区贸易的主要海港，素有“西海岸门户”之称。港口自然条件优越，内侧的旧金山湾长104千米，宽6.4～16千米，面积1 160平方千米，港区平均水深30～35米；通向太平洋出口处的金门海峡最窄处仅为610米，主航道水深16.7米；湾内潮差小。港口设施优良，码头、泊位和仓库等主要分布在海湾以东的里士满和奥克兰附近。铁路通达，港区有铁路专用线107千米，水陆联运方便。公路网稠密，建有横跨海湾的金门大桥（长2 734米）和旧金山—奥克兰湾大桥（长2.74千米）等，并有海底隧道。高速电气铁路运输系统贯通整个海湾地区。位于市南11千米处的大型国际机场，为美国最繁忙的航空港之一。旧金山的城市经济以服务业、商业和金融业为主，占市区就业人口的1/2以上，工业仅占15%，是美国西部的金融中心。

中美贸易运输方式：

(1) 海洋运输。①中国沿海港口—太平洋—美国西部港口；②中国沿海港口—太平洋—巴拿马运河—加勒比海—尤卡坦海峡—墨西哥湾沿岸港口；③中国沿海港口—太平洋（可在神户、横滨、火奴鲁鲁挂靠）—巴拿马运河—加勒比海—向风海峡或莫纳海峡—大西洋—美国东部港口；④中国沿海港口—太平洋—麦哲伦海峡—大西洋—美国东部港口。

（2）O. C. P. 运输。O. C. P. 是 Overland Common Points 的缩写，是我国对美国签订贸易合同时，在运输条款中经常可见到的一个词语，译作“陆路共通点”。

所谓“陆路共通点”，是指美国西海岸有陆路交通工具与内陆区域相联通的港口。美国内陆区域，是以落基山脉为界，即除紧临太平洋的美国西部九个州以外，其以东地区均为适用 O. C. P. 的地区范围。O. C. P. 的运输过程就是将从我国出口到美国的货物海运到美国西部港口（旧金山、西雅图）卸货，再通过陆路交通（主要是铁路）向东运至指定的内陆地点。

O. C. P. 运输是一种特殊的国际运输方式。它虽然由海运、陆运两种运输形式来完成，但它并不属于国际多式联运。国际多式联运是由一个承运人负责的自始至终的全程运输；而 O. C. P. 运输的海运、陆运段分别由两个承运人签发单据，运输与责任风险也是分段负责。因此，它并不符合国际多式联运的含义，它是一种国际联营运输方式。

O. C. P. 是一种成熟的国际航运惯例。美国 O. C. P. 运输条款规定，凡是经过美国西海岸指定港口转往内陆地区的货物，如果按照该条款运输，可以享受内陆地区运输的优惠运费率，即陆路共通点运费率（O. C. P. Rate），比当地运费率（Local Rate）约低3% ~ 5%，同时可享有比直达美国东海岸港口每尺码吨约低 3.5 美元的海运费，内陆转运费、码头费、装卸费等都已附含其中。因此，采用 O. C. P. 运输，对进出口双方都有利。

O. C. P. 运输只适用于美国或加拿大内陆区域，所以，货物的最终目的地必须属于 O. C. P. 地区范围，签订贸易合同时应在运输条款中予以明确，同时也要明确是集装箱运输的 O. C. P. 运输方式；必须经由美国西海岸港口中转，以 CFR/CIF 美国西岸港口作为价格条款。为方便制单结汇，信用证也要作出相应规定：“自 × × ×（装运港）至 × × ×（美国西部港口）O. C. P. × × ×（内陆地点）”，其英文为：“Shipment from × × × to × O. C. P. × × ×”。在 O. C. P. 运输单据中必须注明 O. C. P. 字样。以卸贸港是美国西雅图（Seattle），最终目的地是底特律（Detroit）为例：提单中卸货港栏填制“Seattle O. C. P. ”，目的地栏填制“O. C. P. Detroit”，货物品名、唛头及货物包装上也应注明“Seattle O. C. P. Detroit”，在提单中间空白处也要加打“O. C. P. Detroit”，以便在装卸、转运时识别。

（3）航空运输。远东（中国）—北太平洋航线—美国。火奴鲁鲁是该航线的主要中继加油站。

## 五、中美经贸关系

中美经贸关系源远流长。1972 年，美国总统尼克松访华，中美联合发表《上海公报》，公报指出：“双方把双边贸易看作是另一个可以带来互利的领域，并一致认为平等互利的经济关系是符合两国人民的利益的。”从此开辟了中美关系的前景，也为中美贸易的恢复与发展奠定了基础。特别是 1979 年 1 月，中美两国正式建交，使得两国经贸关系由此进入了一个新的发展时期。

**（一）中美贸易额迅速增长**

1972 年中美贸易额几乎为零，到 1979 年两国建交时已达 24 亿美元，1988 年突破 100 亿美元大关，1996 年达到 428 亿美元，美国已超过中国香港，成为仅次于日本的中国第二大贸易伙伴。2002 年，中美贸易迅速发展，双边贸易额高达 971. 8 亿美元，美国仍是中国第二大贸易伙伴，是中国最大的出口市场，当年中国对美国出口额为 700 亿美元，远远超过对日本的出口额。2008 年全年中美双边贸易总额达 3 337. 4 亿美元。其中，我国对美出口额为 2 523 亿美元，占当年我国出口总值的 17. 7%。

据中国海关统计，2020 年，中美双边货物贸易总值 5 867. 2 亿美元，同比增长 8. 3%。其中，中国对美出口 4 518. 1 亿美元，同比增长 7. 9%；自美进口 1 349. 1 亿美元，同比增长 9. 8%。

据美国商务部统计，2020 年美中贸易额为 6 141. 18 亿美元。其中，美国对中国出口为 1 631. 52 亿美元，自中国进口为 4 509. 66 亿美元，对中国贸易逆差为 2 878. 14 亿美元。

**（二）中美贸易结构向多元化发展**

自 2000 年以来，为了适应我国工业现代化需要，从美国进口的机、电、仪等技术产品的比重迅速增加。中国已成为美国飞机、机电设备、纸及纸制品、化肥、谷物、化工产品、石油设备等的主要购买者之一。美国出口到中国的农产品近年来也大幅增加，美国已经成为中国农产品进口的最大来源地。

2021 年，中国从美国进口的商品主要包括电机、电气设备、机器、机械器具、矿物燃料、精密仪器及设备。中国对美国出口商品主要包括电机、电气设备、机器、机械器具、玩具、运动品、家具、灯具及照明装置、塑料及其制品。整体来看，电气设备、机械器具是中美双边贸易的主要产品；除此之外，中国对美国的矿物产品、粮食类、精密仪器的进口需求较大，而美国对中国的玩具、家具等生活用品，塑料等工业用品的进口需求较大，双边贸易存在明显的互补性。

**（三）商品贸易与直接投资相互促进**

20 世纪 90 年代后，美国对中国投资增长较快。投资主要集中在机械、汽车、通信、计算机、石油化工、能源、基础设施以及金融、保险等领域。美国对中国投资的增长促进了中美贸易的发展。

中美双向投资稳步增长，增速有波动。据美国商务部统计，2019 年，美在华投资存量为 1 162 亿美元，中国在美国投资存量为 376. 9 亿美元。据中国商务部统计，2020 年，中国对美国直接投资流量 60. 19 亿美元；截至 2020 年末，中国对美直接投资存量 800. 48 亿美元。主要投资领域为制造业、金融业、信息传输/软件和信息技术服务业、租赁和商务服务业、批发和零售业等。

**（四）中国与美国贸易关系中存在的主要问题**

*1. 关于知识产权问题*

中美知识产权纠纷是中美经贸关系中的焦点问题，直接影响到中美经贸关系的发展。20 世纪 80 年代以来，美国一直把加强知识产权的国际保护作为其贸易保护主义的手段之一。在这方面采取的主要措施是 1988 年 8 月美国国会通过的《美国综合贸易和竞争法案》，其中的“特殊 301 条款”规定，美国贸易代表有权将没有对美国知识产权给予充分有效保护的国家列为侵权的“重点国名单”，如果经过 6 个月的谈判，双方达不成协议，美国则实施贸易报复。

2018年，美国依据“301调查”结果，对从中国进口的商品大规模征收关税，并限制中国企业对美投资并购。根据美国贸易代表办公室（USTR），对于特定中国商品，美国将征收25%的关税。这些产品包括：电子产品、航空产品、现代铁路、新能源汽车和高科技产品等1 300个类别。

2. 关于美国限制进口中国商品的问题

美国一贯对我国出口美国的所谓敏感性商品采取进口限制政策，其中对我国向美国重点出口的纺织品限制尤为突出。2003年6月，美国商务部纺织品协议执行委员会（CITA）宣布启动对中国内地出口纺织品采取防卫措施的施行程序。根据该程序，美国国内符合条件的纺织品及服装生产商或其代表可以提请对从中国进口的纺织品及服装实施限制措施。

近年来，美国对中国进口限制从纺织品扩大到钢铁、彩电、电池、家具、食品、农用机械等多种商品。进口限制手段多样化，通过特别保障措施、反倾销、反补贴、知识产权保护等多种手段，频频发起贸易争端。

3. 关于美国出口限制问题

美国对向我国出口所谓的高科技产品和“战略性物资”、敏感性商品进行了十分严格的限制。美国的出口管制是其实行贸易歧视政策的手段。美国1985年对出口到中国的“受控商品”提出不能改变用户和用途的要求。

美国数十年来坚持对中国进行高科技出口管制，目的很明确，就是要保持对中国的科技优势，尤其是军事技术优势，以维持其霸权地位。不过，随着国际政治环境和全球经济环境的变化，这把“尚方宝剑”正在失去魔力。

4. 贸易不平衡问题

在中美贸易中，中方顺差、美方逆差的问题一直是困扰中美关系的一个问题。解决中美贸易不平衡问题需要双方共同努力，对于美方来说，只要减少美国高新技术及其产品对中国出口的限制，恢复和扩大有关贸易促进措施，这个问题就能得到妥善解决。

中美关系的战略深化，是利益博弈使然，更是实力消长所致。人权问题、宗教问题、人民币汇率、中国对美贸易顺差、西藏问题、对台军售等都是影响未来中美经贸关系的不确定因素。

中国是最大的发展中国家，而美国是最大的发达国家，因此两国在资源结构、产业结构、消费水平等方面的差异决定了两国经济具有很强的互补性，发展中美贸易和经济合作具有得天独厚的优越条件和广阔前景。只要中美双方从两国乃至世界经济发展的大局出发，妥善处理出现的问题和纠纷，就一定能推动双边经贸关系健康、稳步地向前发展。

## 六、美国人的习俗礼仪

1. 社交礼仪

美国人在待人接物方面具有4个主要特点：随和友善，容易接近；热情开朗，不拘小节；城府不深，喜欢幽默；自尊心强，好胜心重。

2. 服饰礼仪

总体而言，美国人平时对穿着打扮不太讲究。崇尚自然，偏爱宽松衣服，讲究着装体现个性，是美国人穿着打扮的基本特征。跟美国人打交道时，应注意他们在穿着打扮上的讲究，免得让他们产生不良印象：美国人非常注重服装的整洁；拜访美国人时，进门后，一定要脱下帽子和外套，他们认为这是一种礼貌；在美国，女性最好不要穿黑色皮裙；一位女士要是随随便便地在男士面前脱下自己的鞋子，或者撩动自己裙子的下摆，往往会产生存心引诱对方之嫌；穿睡衣、拖鞋会客，或是以这身打扮外出，都会被美国人视为失礼；出入公共场合时化艳妆，或是在大庭广众之下当众化妆补妆，不但会被美国人视为缺乏教养，而且还有可能令其感到“身份可疑”；在室内依旧戴着墨镜不摘的人，往往会被美国人视作“见不得阳光的人”。

3. 餐饮礼仪

美国人用餐的戒条主要有以下 6 条：不允许进餐时发出声响；不允许替他人取菜；不允许吸烟；不允许向别人劝酒；不允许当众脱衣解带；不允许议论令人作呕之事。

4. 习俗禁忌

美国人最喜欢的颜色是白色；最讨厌的数字是 13 和 3；忌讳将白色百合花作为礼物送人。

# 第二节　日本

## 一、日本概况

国名：日本国（Japan）。

居民：截至 2022 年 5 月，日本人口约 1.25 亿。主要民族为大和民族，北海道地区约有 2.4 万阿伊努族人。通用日语，北海道地区有少量人会阿伊努语。主要宗教为神道教和佛教。

首都：东京（Tokyo），东京都市圈人口约 3 750 万（2021 年）。

国庆日：2 月 23 日（天皇诞辰日）。

行政区划：分为 1 都（东京都，Tokyo）、1 道（北海道，Hokkaido）、2 府（大阪府，Osaka；京都府，Kyoto）和 43 县（省），下设市、町、村。

## 二、日本自然概况

日本位于亚欧大陆东部、太平洋西北部，领土由北海道、本州、四国、九州 4 个大岛和其他 7 200 多个小岛屿组成。日本陆地面积约 37.79 万平方千米。日本东面和南面为一望无际的太平洋，西临日本海、东海，北接鄂霍次克海，与朝鲜、韩国、中国、俄罗斯、菲律宾等国隔海相望。日本渔业资源丰富，北海道是世界著名的大渔场。

日本地处环太平洋火山地震带，地震、火山活动频繁。日本以温带和亚热带季风气候为主，夏季炎热多雨，冬季寒冷干燥，四季分明。全国国土跨纬度达 25°。

日本是一个多山的岛国，山地和丘陵占总面积的 71%。国土森林覆盖率高达 67%。富士山海拔 3 776 米，是日本的最高山峰。日本的平原主要分布在河流的下游近海地带，多为冲积平原，较大的平原有石狩平原、越后平原、浓尾平原、十胜平原等，其中面积最大的平原为关东平原。

日本河流密布。日本最长的河流是信浓川，它从中部地区的山地出发，穿过新潟县，一路奔腾367千米，到达日本海。利根川是第二大河流，它流经关东平原汇入太平洋。第三大河流是北海道的石狩川，全长约268千米。

日本海岸线全长33 889千米。日本是一个岛国，海岸线曲折。西部日本海一侧多悬崖峭壁，东部太平洋一侧多入海口，形成许多天然良港。在东部太平洋一侧自南向北均受日本暖流（黑潮）影响，东北部有千岛寒流（亲潮）。西部日本海一侧有对马暖流和里曼寒流。在寒流和暖流交汇处，鱼类资源丰富，成为天然渔场。

日本自然资源贫乏，除煤炭、天然气、硫黄等极少量矿产资源外，其他工业生产所需的主要原料、燃料等都要从海外进口。

## 三、日本经济概况

### （一）日本在世界经济中的地位

日本是世界第三经济大国。2019年日本GDP为5.18万亿美元，占全球GDP的5.9%。日本是东亚模式的先行者，东亚模式最大的优势就是全球生产基地。日本经济崛起经历了制造业大国—制造业强国、出口大国—贸易强国的历史性转型。

在当前数字化、智能化时代，各国之间产业竞争异常激烈。产业发展不进则退。自2020年以来，日本的一些制造业品牌在衰落，尤其是最终消费品。日本一些企业因创新不足而失去市场竞争力，使日本不少企业成为科技创新追随者。

### （二）日本产业发展概况

战后，日本充分利用世界科技革命成果和“后发展优势”，创造了长期高速增长的经济奇迹，20世纪60年代末成为仅次于美国的世界第二位经济大国；此后，成功地克服两次石油危机，在80年代中期进入“鼎盛时期”。90年代初期，日本经济突然泡沫崩溃，陷入十几年的经济萧条。1992年至2012年这段时期，是日本“失去的20年”，主要特点是经济增长率非常低。在这20年中，日本经济的年均实际增长率为0.8%，而名义增长率为0%。日本经济遭受紧缩。

日本是高度发达的资本主义国家。“二战”后得到美国的帮助，日本经济迅速崛起，成为经济大国。直到2010年，日本GDP才被中国超越。2018年日本GDP达到4.971万亿美元，居世界第三。在日本的GDP构成中，第一产业（农业）占比不到5%，第二产业（工业）占比为25%，而第三产业（服务业）占比超过70%。日本经济主要集中在工业和服务业领域。

1. 农业

“二战”后，日本农林牧渔业均获得较大发展，农业生产结构发生明显变化。通过保温育苗、品种改良、农药和化肥改良等技术，日本的农作物亩产量大幅上升，通过塑料大棚、温室技术，日本的蔬菜一年四季均可耕种。但由于日本耕地面积不断减少，农业人口不断流失，粮食自给率已连续多年下滑，日本有自给生产能力的粮食和畜产品仅限于大米和鸡蛋。由于国外农产品价格低廉，日本从海外进口农产品增加，日本主要进口农产品有：粮食（小麦、玉米、大豆）、肉类、乳制品、水产品、水果及蔬菜、动植物油、糖、茶叶等。

2. 工业

日本工业高度发达，工业结构向技术密集型和节能节材方向发展。主要部门有电子、家用电器、汽车、精密机械、造船、钢铁、化工和医药等，工业产品在国际市场上具有很强的竞争力。主要工业区大都集中在太平洋沿岸，形成了京滨、阪神、中京、北九州 4 个主要的工业区。

日产钢铁以高附加值产品为主，如汽车用高级钢板、电子工业用高级钢板、表面处理钢板、特殊性能钢材等。日本机床产业产值连续多年居世界首位。世界机床企业前 20 名中，日本占 7 家。2020 年日本造船完工量 1 294 万吨，占当年世界总量的 22.2%，仅次于中国和韩国，位列世界第三，主要造船公司有三菱重工、川崎重工、日立重工和住友重工等。

3. 服务业

日本的服务业产值占 GDP 的比重始终保持着稳定的增加趋势。日本信息服务业比较发达，占世界信息服务业总量的 10% 左右，信息服务业已成为推动日本经济发展的重要引擎，也是保持日本国际竞争优势地位的战略性新兴产业。日本的信息产业包括：通信业、广播电视业、信息服务业、影视音乐文字信息制作业、信息通信设备器材制造业、信息通信相关服务业、信息通信设施建设业、研究开发业 8 个行业。

4. 金融业

日本主要商业银行有三菱 UFJ 银行、瑞穗银行、三井住友银行、里索纳银行等。

日本主要保险公司有日本生命保险公司、日本第一生命保险公司、日本明治安田生命保险公司、日本住友生命保险公司、东京海上日动火灾保险公司、日本财产保险公司等。

东京证券交易所、大阪证券交易所分别是日本全国和关西地区的中心证券市场。2013 年 1 月，为提高日本证券交易所的全球影响力，两交易所合并，成立日本交易所集团。

日本货币为日元。目前，日元可与美元、人民币等货币直接兑换，人民币受关注程度不断上升，日本三井住友银行已推出日本国内人民币个人存款业务。

5. 对外贸易

外贸在日本国民经济中占重要地位。据日本财务省统计，2021 年日本进出口总额约为 177.2 万亿日元，其中出口约 85.9 万亿日元，进口约 91.3 万亿日元。

主要进口商品有：原油、天然气、煤炭、服装、半导体等电子零部件、医药品、金属及铁矿石原材料等；主要出口商品有：汽车、钢铁、半导体等电子零部件、塑料、科学光学仪器、一般机械、化学制品等。

据日本财务省统计，2020 年中国、美国和韩国是日本前三大贸易伙伴国，双边贸易额分别为 3 050 亿美元、1 875 亿美元和 711 亿美元。

6. 著名企业

索尼集团（Sony）、松下电器集团（Panasonic）、丰田汽车集团（TOYOTA）、三井集团、住友集团、东芝集团、富士通集团、三菱集团、日产汽车集团、日立制作所集团、佳能集团、大成建设集团等。

## 四、日本的交通运输

日本交通运输发达，已经形成了以海运为主的海陆空密切结合的现代化交通运输体系。拥有强大的船队，与世界各地有航线相通，横滨、神户、东京、大阪、北九州、名古屋是其重要港口。铁路全长为46 000多千米，其中电气化高速铁路2 000千米，主要铁路干线多分布在沿海一带。日本全国已建立较完备公路网。截至2021年末，公路总里程约122.5万千米，高速公路8 922.9千米。

日本航空业相当发达。以东京成田和羽田机场以及大阪关西机场为中心，形成四通八达的空运网络。主要航空公司有日本航空公司（JAL）、全日本空输株式会社（All Nippon Airways Co.，简称全日空），年运送旅客约1亿人次，运输货物约220万吨。北京、上海、广州、沈阳、大连、青岛、武汉、重庆等多个中国城市均与日本东京、大阪等机场开通国际航线。

日本的炼油、石油化工、钢铁、造船等工业都分布在东京湾以南沿太平洋的带状工业带上，且都是建造在填海造陆的土地上，形成巨大的临海型工业带。日本的“三湾一海”港湾地区，不仅是日本工业最集中的地区，也是全世界生产力最发达的地区。这种以港口建设为中心的临海工业地带，拥有各种深水码头和专业码头，使大型油船、矿石船等原料船长驱直入，为原燃料的大量进口和制成品的出口创造了绝佳条件，这既降低了成本，又提高了效率，从而增强了竞争能力。日本拥有庞大的商船队，是世界上最大的海运国家之一。发达的海运，使日本能自如地扬长避短，既克服了工业原料缺乏的困难，又满足了大量制成品出口的需要。

**（一）世界上最大的港口群**

在日本漫长的海岸线中，以经济最发达的“三湾一海”（即东京湾、伊势湾、大阪湾、濑户内海）利用海岸线最为充分。这片长达1 000千米的海岸，基本上都已建成了人工海岸。

1. 东京湾港口群

东京湾港口群的地理位置优越，是个掩护极好的袋状海湾，袋口宽仅8千米，随之向内陆延伸80千米，造成水深、浪小的港湾环境。日本已把这个袋状海湾建成了港口群，沿着东京湾海岸带两翼延伸100余千米，港口密布，工厂林立，构成了日本最大的港口工业区和城市群。这个大港口群包含东京、川崎、横滨、千叶等港口。其中千叶、横滨、川崎都是排在世界前列的港口。全世界吞吐量在1亿吨以上的10个特大港口中，日本占了5个（千叶、神户、横滨、名古屋、川崎），东京湾内就有3个。整个东京湾港口群吞吐能力已达5亿吨以上，在世界上可谓首屈一指。

东京湾港口群的港口建设与定位同临港工业相联系，从而达到港口群内各个港口的错位发展，避免了港口间的过度竞争。根据临港工业带的布局，港口定位和发展也有所不同。东京港拥有世界先进的外贸集装箱码头，主要负担着东京产业活动和居民生活所必需的物资流通的重任，包括小麦、水产品、蔬菜、纸类等与城市生活密切相关的必需品。横滨和川崎主要进口原油、铁矿石等工业原料和粮食，出口工业制成品。而千叶则以进口石油和天然气为主，以进口铁矿石、煤炭和木材为辅，出口货物以汽车为主，其次为钢铁和船舶等。

2. 大阪湾港口群

大阪湾港口群包括大阪、神户、和歌山等重要港口。其中，神户扇形港湾水域面积近57平方千米，港内水深10米以上。沿岸33千米几乎全为码头和突堤码头，大大提高了海岸线的利用率，加上两个新造的人工岛，全部泊位超过 250 个，在人工岛上以集装箱泊位为主。在码头群背后分布着 6 000 多家工厂，有日本重要的川崎重工、三菱重工、神户制钢、川崎制铁、三菱电机等大企业。神户港紧贴在这些企业的货源腹地上，是全国最大商港，有 40 余条航线通往世界各地。

### （二）中日贸易运输方式

（1）海洋运输。①中国沿海港口—东海—日本太平洋沿岸港口；②中国沿海港口—朝鲜海峡—日本海沿岸港口。

（2）铁海联运。中国内地—陇海铁路—连云港—东海—日本太平洋沿岸港口。

（3）航空运输。中国（北京、上海、广州等）—日本（东京、横滨、神户、大阪等）。

## 五、中日经贸关系

1972 年 9 月 29 日，中日两国政府发表《联合声明》，实现邦交正常化。中日实现邦交正常化以来，两国关系在各个领域取得了长足发展。政治上，两国于 1998 年确定建立致力于和平与发展的友好合作伙伴关系。经济上，两国已互为重要贸易伙伴。两国民间交往日益密切，1973 年，中国天津市和日本神户市结为中日第一对友好城市。两国经济合作相互依存、不断加深。2003 年中日双边贸易额达 1 335. 8 亿美元，日本连续 11 年（1993 年到 2003 年）成为中国最大的贸易伙伴，中国则是日本第二大贸易对象国和第二大出口市场。2004 年，中日贸易额继续保持增长，总额达 1 678 亿美元，但日本在我国对外贸易排名中被欧盟和美国赶超，跌至第三位。

2007 年，中国是日本最大的贸易伙伴，日本则是中国第三大贸易伙伴，双边贸易额保持了两位数的增长速度。据中国商务部公布的数据，2007 年中日双边贸易总额为 2 360 亿美元，同比增长 13. 8%，日本是中国最大的进口来源国和第四大出口市场。双边贸易互补性较强，商品结构不断优化，机电产品已成为进出口主要商品。从出口来看，中国对日本出口机电设备的比重不断提高，成为 2007 年对日本出口的第一大类商品；从进口来看，中国从日本进口的商品始终以高附加值的工业制成品为主，机电设备、金属、化工产品在进口总额中的比重不断上升。对中国而言，与日本的经贸合作有利于优化贸易结构、引进先进技术和设备、促进产业结构升级、扩大就业。对日本而言，中日经贸合作带动了日本对外出口和国内生产规模的扩大，中国经济的快速增长给日本的钢铁、建筑、机械、海运、造船、数码家电等行业带来了巨大商机。许多日本电器、机械设备等制造业企业纷纷将生产基地转移到中国。在研究开发、金融服务、物流销售等非制造业领域的投资也得到了飞速发展，成为日本对中国投资的新增长点。

2008 年双边贸易额达到 2 800 亿美元。截至 2008 年 9 月，日本对华投资累计项目数超过 4 万个，实际投入金额达到 646 亿美元，成为中国引进外资的第二大来源地。

2010 年中国 GDP 超过日本，2012 年以后，在中国经济持续稳定增长、日本经济长期持续低迷的格局下，两国经济差距进一步拉大。2021 年中国 GDP 是日本的约 3. 4 倍。中国经济发展给全世界带来很大机遇，中国是世界经济发展的引擎。目前，日本对华经济依存度仍不断提高，中国仍是日本的第一大贸易伙伴国，日本则是中国第四大贸易伙伴（次于东盟、欧盟、美国）。

2020 年，日本对华实际投资到位金额 33. 7 亿美元，日本对中国投资 1 190. 7 亿美元，主要投资领域是制造业、金融保险、零售等领域。

中国对日本投资规模相对较小，但近年呈上升趋势。2020 年中国对日本直接投资流量 4.87 亿美元。至 2020 年末，中国对日本直接投资存量 41.97 亿美元。中企对日投资分布在贸易、金融、零售、物流、餐饮、航空等领域。

2020 年中日贸易总额 3 175.3 亿美元，其中中国出口额 1 426.6 亿美元，进口额 1 748.7亿美元。

2021 年，中日两国贸易总额达到 3 914 亿美元，创历史新高。目前在华日企有 1 万多家，仍以制造业为主。随着中国经济的发展和劳动力成本的提高，加工贸易急剧减少。如今在华日企大都不再依靠廉价劳动力，而是依靠优秀的劳动力和完整的产业链，比如汽车产业。

日本企业特别关注中国服务业、销售业或流通业的发展，随着中国人生活品质的提高，日企在这些领域看到中国市场的魅力。日本动漫、游戏、文创、彩妆以及功能食品等产品在中国受到欢迎。日本企业不断升级产品和服务，提高竞争力。

## 六、日本人的习俗礼仪

### 1. 一般习俗礼仪

日本人一男一女上街时，女子走在右边；如果挽手行走，是女子挽着男子。三个人上街，中间的位置让给受尊敬的人。日本有送礼的癖好，在送礼时往往采取这样的做法：送些对主人毫无用途的礼品，因为收礼的人可转送给别人，那个人还可以再转送给第三者。日本人对装饰着狐狸图案的东西甚为反感，他们认为狐狸是贪婪的象征。到日本人家做客，携带的菊花只能有 15 片花瓣，因为只有皇室帽徽上才有 16 片花瓣的菊花。日本人忌讳荷花，也忌讳“四”，因为日语中“四”和“死”同音，所以日本医院里没有四号病房和病床。日本从 4 月 1 日到 7 日设为绿化周，包括街道绿化日、宅旁绿化日、学校绿化日、荒山绿化日、交通绿化日、绿化树木保护日等。日本人抽烟是自己抽，很少主动敬你一支，因为日本人认为香烟是对身体有害的。日本人一旦有感冒咳嗽，外出时就戴上白色口罩。日本人用大拇指表示“老爷子”，用小拇指表示“情人”。日本人认为龙虾长须，弯腰像个老人，因此喜欢在元旦这天用龙虾作为装饰品，象征延年益寿，长命百岁。

### 2. 与商务有关的文化习俗

在日本人之间，鞠躬仍是见面和分手时的必行之礼，但在与外国人接触时，日本人已逐渐习惯用握手代替鞠躬了。不过，你仍可能会受到 90 度的弯腰之礼。遇到这种情况该怎么办？一般来说，点一下头或稍微弯一弯腰并同时将手伸向对方就可以了。日本贸易界人士对外国人能否规范地鞠躬似乎并不在意。日本人说恭维话的方式也与西方人不一样。西方人会对你个人在贸易上的成就或公司的成就直接表示赞赏，而日本人却常常兜着圈子说。比如，日本人想称赞你的修养好，他不会直截了当地表示出来，而是对你办公室的装饰发表些议论，即所谓“借题发挥”。即便在商务活动中，欧美人也常常邀请谈判对手到家里做客或参加鸡尾酒会。但在日本，这样的社交活动是不常见的。日本人喜欢邀请客人到餐馆吃饭，然后再到酒吧喝酒。日本商人把招待客户作为影响客户的一个手段。日语中出现了“nominication”这一日英复合词。“nomi-”是日文中喝酒的意思，而“-nication”则来源于英文的“communication”（交际）。由此可见，日本人是很重视吃喝这类交际活动的。

3. 日本人请客时的礼仪

日本人一般不在家里请客。如果应邀到日本人家中做客，在门厅要脱帽子、手套和鞋。走进房门后男子坐的姿势比较随便，但最好是跪坐，上身要直；妇女要正跪坐或侧跪坐，忌讳盘腿坐。告别时，离开房间后再穿外衣。到日本人家中做客通常要为女主人带一束鲜花，同时也要带一盒点心或糖果，最好用浅色纸包装，外用彩色绸带系扎。日本人接待至亲好友时，使用传统敬酒方式，主人在桌子中央摆放一只装满清水的碗，并将每个人的杯子在水中涮一下，然后用纱布在杯口上按一按，吸干水珠，这时主人斟满酒，双手递给客人，看着客人一饮而尽。饮完酒后，客人也将杯子在清水中涮一下，用纱布吸干水珠，同样斟满一杯酒回敬给主人。这种敬酒方式表示宾主之间亲密无间的友谊。日本人的斟酒也很讲究，酒杯不能拿在手里，要放在桌子上，右手执壶，左手抵着壶底，千万不要碰到酒杯。主人斟的头一杯酒一定要接受，否则是失礼的行为。第二杯酒可以拒绝，日本人一般不强迫客人饮酒。

4. 茶道已成为日本美的象征

茶道是日本文化的结晶，又是日本人生活的规范，是日本人心灵的寄托。今天，有五百年历史的日本茶道迎来了空前繁荣。茶室、茶庭遍及日本各地；茶事、茶会已成为各种文化活动中的主要项目之一，千姿百态的茶道已成为日本美的象征。

## 第三节　欧洲联盟[①]

### 一、欧洲联盟概况

欧洲联盟（简称欧盟，European Union，EU）是由欧洲共同体（European communities）发展而来的，是一个集政治实体和经济实体于一体、在世界上具有重要影响的区域一体化组织。1991 年 12 月，欧洲共同体马斯特里赫特首脑会议通过《欧洲联盟条约》，通称《马斯特里赫特条约》（以下简称《马约》）。1993 年 11 月 1 日，《马约》正式生效，欧盟正式诞生。总部设在比利时首都布鲁塞尔。

欧盟最初仅有比利时、德国、法国、意大利、卢森堡和荷兰 6 个成员国。其后，丹麦、爱尔兰、英国、希腊、西班牙、葡萄牙、奥地利、芬兰、瑞典先后加入，使欧洲联盟成员国扩大为 15 个。波兰、匈牙利、斯洛伐克、立陶宛、拉脱维亚、爱沙尼亚、捷克、斯洛文尼亚、塞浦路斯和马耳他于 2004 年 5 月 1 日正式成为欧盟成员国，欧盟成员国又扩大为 25 个。2006 年，罗马尼亚、保加利亚正式加入欧盟，使欧盟成员国扩大为 27 个。

2013 年 7 月，克罗地亚正式成为欧盟第 28 个成员国，此时欧盟拥有 437 万平方千米面积和 5. 1 亿人口。欧盟是世界上经济最发达的地区之一，也是多边贸易体系的倡导者和主要领导力量。按欧盟统计局公布的数据，包括英国在内的欧盟 28 国 2019 年 GDP 为 18. 41 万亿美元。

2016 年 6 月，卡梅伦政府就是否“脱欧”的问题举行全民公投，52% 的民众支持“脱欧”。2018 年 11 月，欧盟正式通过与英国达成的“脱欧”协议。2020 年 12 月，英国

① 欧盟成员国中的德国、法国、意大利，限于篇幅和体例，此节不予详细展开，另辟章节单独介绍。

和欧盟达成“脱欧”贸易协议，协议对欧英商品和服务贸易，英国海域的捕捞权分配以及双方在交通、能源、司法等领域的合作做出安排。英国脱欧之后，欧盟 27 国在财政、货币政策、贸易政策、难民问题等多个领域仍然存在较大分歧。

## 二、中国与欧盟的贸易关系

欧盟成员国多数是我国的传统贸易对象，与我国有着悠久的贸易历史。

### （一）中欧经贸合作快速发展

近 20 年来，欧盟作为中国最大的贸易伙伴之一，双方之间的经贸合作快速发展，呈现出贸易规模越来越大、进出口结构进一步优化、投资和技术合作水平不断提高等新特点。中欧贸易中，机电产品占进出口总额的 64.1%，高新技术产品占 29.5%，贸易结构进一步优化。大批来自欧盟的跨国公司不仅在中国大量投资，还在中国设立了研发中心。多年来中国自欧盟引进的技术数量、金额均占较大比重。2007 年，欧盟是中国第一大贸易伙伴，双边贸易总额为 3 561.5 亿美元。欧盟已经成为中国最大的贸易伙伴和最大的技术引进来源地之一；中国也成为欧盟的第二大贸易伙伴和第四大出口市场。

自 2020 年以来，中国和欧盟互为重要的、主要的贸易伙伴，中国和欧盟的贸易额从 2020 年的 6 493 亿美元增长到 2022 年的 8 473 亿美元。欧盟是中国的第二大贸易伙伴（仅次于东盟），中国也是欧盟的第二大贸易伙伴。中欧已经形成强大的经济共生关系。

### （二）欧盟对我国技术设备出口领先于日美

中国对欧盟出口以农副、土特、轻纺产品和工艺品为主；从欧盟进口的商品主要是机械、工业设备、精密仪器、运输机械等，而且进口机械设备时都涉及了技术转让问题。中国与欧盟贸易结构的一个突出特点是，欧盟对中国技术设备的出口在我国引进技术和成套设备的合同金额中占 60% 以上的比重。欧盟是中国引进先进技术、设备的最大供应方。

### （三）中欧经贸合作潜力巨大

中欧经贸合作是一种优势互补、互利共赢的合作。这种优势主要表现在：欧盟的高新技术、高端制造业、现代服务业有极强的竞争力；中国在中低端制造业、劳动密集型产业方面有一定的竞争优势。这种互补和合作有助于欧盟全力发展高端产业，继续增强国际竞争力。

## 三、中欧投资协定

2020 年 12 月 30 日，中欧领导人共同宣布如期完成中欧投资协定谈判。中欧投资协定对标国际高水平经贸规则，着眼于制度型开放，是一项平衡、高水平、互利共赢的协定。协议的达成符合中欧双方共同的意愿及利益，具有重要意义。

第一，投资协定有利于双边贸易互惠和经济增长。2019 年中欧贸易总额达 7 051.1 亿美元，中欧互为第一大贸易伙伴、进口来源地和出口市场。同年，欧盟对华投资 73.1 亿美元，中国对欧盟投资 75.8 亿美元。但是中欧双边投资还存在诸多限制，如双方都要接受投资领域的限制和股权审查，欧盟对华实施严格的签证、许可制度，有互惠要求，而中国在市场准入、国企竞争等方面对欧盟投资形成障碍。达成全面、平衡、高水平的投资协定能够有效破除双边投资障碍，为企业投资提供稳定、开放的法律环境和营商环境，释放投资潜力。

第二，投资协定有利于逆转反全球化浪潮，维护自由开放的多边经济秩序，重树全球化的信心。美国作为现有国际体系的主导者，在特朗普执政期间，对外政策的反全球化特征明显，“美国优先”成为唯一基准，退出伊核协议、退出巴黎气候协定，动辄以贸易战为威胁，反对自由贸易，保护主义盛行。这种单边主义的行为与欧盟的自由贸易及多边主义价值理念相违背。中欧投资协定的签署有助于促进欧盟和中国之间实现资本的自由流动，重振开放、自由、透明、包容的贸易和投资体系。

第三，投资协定是欧盟从自身利益出发，积极寻求“战略自主”的重要体现。特朗普执政期间，对华遏制不断升级，在5G技术、国际贸易和全球治理问题上要求欧盟“选边站”。但是，欧盟坚持维护自身利益和基本原则，不屈从于外部压力。

2021年3月，欧盟不顾中方多次解释澄清，跟随美国以新疆人权问题为由对中国4位官员和1个实体实施制裁。随后，中方决定对欧方严重损害中方主权和利益、恶意传播谎言和虚假信息的10名人员和4个实体实施制裁。2021年5月，欧洲议会通过决议，以与经济不相关的政治问题为由冻结中欧投资协定。

2023年3月，欧盟委员会发布中欧投资协定市场准入附件。中欧双边投资协定允许准入的领域扩大到电器、私人医疗、生物研发、金融服务、环境服务、航空运输等服务业以及包括新能源汽车制造在内的制造业。

# 第四节　德国

## 一、德国概况

国名：德意志联邦共和国（The Federal Republic of Germany）。

居民：截至2022年6月，德国人口8 322万。德国是欧盟人口最多的国家，每平方千米人口密度为226人，是欧洲人口最稠密的国家之一。主体民族是德意志人，有少数丹麦人和索布人。通用德语。居民中信奉天主教的约占30%，信奉基督新教的约占29%。

首都：柏林（Berlin），人口363.4万（截至2018年9月30日）。

重要节日：①新年：1月1日；②纳粹受害者纪念日：1月27日；③复活节：每年春分月圆之后第一个星期日（3月21日至4月25日之间）；④五一国际劳动节：5月1日；⑤德国统一日（国庆节）：10月3日；⑥圣诞节：12月25日。

行政区划：全国划分为16个州。

## 二、德国自然概况

德国位于欧洲中部，东邻波兰、捷克，南毗奥地利、瑞士，西接荷兰、比利时、卢森堡、法国，北接丹麦，濒临北海和波罗的海。西北部海洋性气候较明显，往东、南部逐渐向大陆性气候过渡。面积35.7万平方千米。海岸线长1 333千米。

德国是自然资源较为贫乏的国家，除硬煤、褐煤和盐的储量丰富之外，在原料供应和能源方面很大程度上依赖进口，2/3的初级能源需进口。天然气储量约3 820亿立方米，仅能满足国内需求量的1/4。硬煤探明储量约2 300亿吨，褐煤约800亿吨。其他矿藏的探明储量为：钾盐约130亿吨，铁矿石约16亿吨，石油约5 000万吨，天然气约5 000亿立方米。东南部有少量铀矿。森林覆盖面积为11.10万平方千米，约占全国面积的1/3。水域占2%。

## 三、德国经济概况

德国是高度发达的工业国。经济总量位居欧洲首位，从2003年开始，连续六年保持世界第一出口大国地位。2005年外贸总额为14 117亿欧元，其中出口额为7 861亿欧元，同比增长7.5%，进口额为6 256亿欧元，同比增长8.7%，盈余为1 605亿欧元。2019年德国国内生产总值达3.96万亿美元，人均国内生产总值为47 462美元。2022年，德国GDP按平均汇率折算为4.03万亿美元。

1. 农牧业

德国农业发达，机械化程度很高。2008年农林渔业产值为195.6亿欧元，占国内生产总值的0.8%。农业就业人口85.5万，占国内总就业人数的2.12%。2013年共有农业用地16.70万平方千米，约占德国国土面积的一半，其中农田面积11.88万平方千米。2013年农林渔业就业人口63.7万，占国内总就业人数的1.5%。德国是欧洲最大的有机食品市场。有机农业是一种以可持续发展为原则的节约资源和环境友好型的农业。有机生产背后的主要理念是农业与自然的和谐。有机农业有助于保护生态系统和生物多样性，保护土壤，保持水的清洁和最大限度地减少气候变化。

2. 工业

德国工业结构及特点：①侧重重工业。汽车和机械制造、化工、电气等部门是支柱产业，其他制造行业如食品、纺织与服装、钢铁加工、采矿、精密仪器、光学以及航空航天业也很发达。②外向型。主要工业部门的产品一半以上销往国外。③工业主要由中小企业组成。约2/3的工业企业雇员不到100名。众多中小企业专业化程度强，技术水平高。

鲁尔区是德国的传统煤钢工业区。慕尼黑（宝马汽车总部所在地）、汉堡（空中客车公司的三个客机组装中心之一）、斯图加特（奔驰和保时捷总部所在地）、沃尔夫斯堡（大众汽车总部所在地）、柏林、莱比锡、德累斯顿则是德国东部的工业重镇。新兴工业集中在慕尼黑一带。

2018年工业企业（不含建筑业）总产值8 742亿欧元，占国内生产总值的25.8%。2018年工业就业人数（不含建筑业）833.5万，占国内总就业人数（4 620万）的18%。

德国是全球八大工业国之一。德国的主要工业部门有电子、航天、汽车、精密机械、装备制造、军工等。德国产品以品质精良著称，技术领先。德国的工业品在世界享有盛誉，德国是西欧最大汽车生产国。

3. 服务业

德国服务业包括商业、交通运输、电信、银行、保险、房屋出租、旅游、教育、文化、医疗卫生等部门。2021年，服务业就业人数为3 366万，占总就业人数的74.9%。

4. 对外贸易

德国是世界贸易大国，同世界上200多个国家和地区保持着贸易关系，全国近1/3的就业人员在出口行业工作。1986—1990年，德国的出口额曾为世界第一，直到1991年被美国赶超，后又于2003—2007年连续5年保持世界第一出口大国的地位。2007年德国外贸总额为2.38万亿美元，仅次于美国的3.18万亿美元，领先于中国的2.17万亿美元，位居世界第二。世界第二大外贸强国、第一大出口国和最大贸易顺差国的排名都凸显了德国作为欧盟头号经济强国的地位。

欧盟市场尤其是欧元区是德国主要的进出口市场。德国出口业素以质量高、服务周到、交货准时而享誉世界。其主要出口产品有汽车、机械产品、化学品、通信技术、供配电设备和医学及化学设备等；主要进口产品有化学品、汽车、石油、天然气、机械、通信技术和钢铁产品等；主要贸易对象是西方工业国，其中进出口产品一半以上来自或销往欧盟其他国家。

据德国联邦统计局公布的数据显示，2019年，德国进出口总额24 317亿欧元（1欧元折合1.1美元，约合26 748.7亿美元）。2019年，德国贸易顺差2 236亿欧元（约合2 459.6亿美元）。从贸易额来看，2019年德国全球前三大贸易伙伴分别为中国（2 057亿欧元）、荷兰（1 904亿欧元）和美国（1 901亿欧元）。

5. 金融业

德国具有发达的银行业和完善的金融体制，金融业长期实行混业经营体系。德国的混业经营体系是以全能银行为主、以专业银行和特殊信贷机构为辅的体系。德国的商业银行是典型的全能银行性质的混业经营体制，集银行、证券、保险、信托、基金等多种金融业务于一体，能够从事吸收存款、发放贷款、托收承付、证券交易等金融业务。除了全能银行，德国还有一系列专业银行，专业银行只提供专项服务。德国还有一些准银行机构的财务公司和非银行机构主办的提供融资服务的公司。德意志银行、德国商业银行和德累斯顿银行都是大型股份制全能银行，其特点是人才完备、业务规模大、硬件设施完善、分支机构遍布广泛。储蓄银行是政府控股的银行，分支机构遍布城乡。储蓄银行的市场定位是为中小企业客户服务。在德国国内，超过90%的手工业企业和小型工商企业的贷款是由储蓄银行和合作银行两大银行集团提供的，德国合作银行也是全能银行。

德国主要银行有：①德意志联邦银行（Deutsche Bundesbank）：1948年成立，是德国的中央银行，决定国家货币政策、负责货币发行并管理外汇黄金储备。②德意志银行（Deutsche Bank）：全称德意志银行股份公司，1870年成立于德国柏林，总部设在法兰克福。德意志银行是一家全能银行。③德累斯顿银行（Dresden Bank）：1872年成立。2001年7月，德国安联保险集团增持其股份到96%。它是联邦德国金融资本的重要中心。④德国商业银行（Commerzbank）：1870年成立，总部设在法兰克福。

德国的证券交易分别在法兰克福、柏林、不来梅、斯图加特、杜塞尔多夫、汉堡、汉诺威和慕尼黑8个交易所进行。其中，法兰克福交易市场是世界主要证券交易中心之一。

6. 著名企业

德国著名企业有：①戴姆勒—克莱斯勒股份公司（Daimler-Chrysler AG），1998年由戴姆勒—奔驰公司与美国克莱斯勒汽车公司合并而成，主要生产各种车辆、飞机发动机和内燃机等。②西门子股份公司（Siemens），1847年成立，是全球电子电气工程领域的领先企业。产品与服务：工业自动化、楼宇科技、驱动技术、能源、医疗、交通、金融服务、个人及家用产品、服务。③大众汽车股份公司（Volkswagen），主要生产销售各式汽车、发动机和有关配件。④巴斯夫集团（BASF），又称巴登苯胺苏打公司，主要经营石油、化工产品和药品等。⑤安联保险集团（Allianz Group），主要提供保险、风险管理咨询及投资理财服务。⑥宝马（BMW）汽车公司。⑦拜耳公司，拜耳公司是德国制药和化学品公司，在1863年创建。拜耳公司因在全球首次推出阿司匹林而闻名于世。高分子、医药保健、化工以及农业是公司的四大支柱产业。⑧德意志银行，德意志银行是一家全能银行，它与集团所属的德国国内和国际的公司及控股公司一起，提供一系列的现代金融服务，包括吸收存款、借款、公司金融、银团贷款、证券交易、外汇买卖和衍生金融工具。

## 四、德国的交通运输

德国的交通运输业十分发达。公路、水路、铁路和航空运输全面发展。德国发达的经济是建构在完善的现代化综合运输体系平台之上的，同时雄厚的工业基础也创造了巨大的物流需求，使得德国在“二战”后能迅速成为欧洲物流最发达的国家之一。

德国公路交通十分发达。2020年，德国公路总里程约83万千米，其中城际公路网全长23万千米。联邦高速公路超过1.3万千米，占公路总里程的2%。

德国铁路网是欧洲交通道路的核心之一，以3.86万千米的长度位居欧盟国家之首，连接着所有大城市和几乎所有的小城市。2020年铁路客运量17.8亿人次，货运量3.2亿吨。

德国民航运输业发达，法兰克福机场是世界主要航空港之一。据德国联邦统计局数据，2020年，德国航空货运（包括航空邮递）吞吐量总计450万吨，同比下降4.1%；全年运送乘客5 780万人次，同比下降74.5%。

德国联邦水路网络包括7 300千米内河及2.3万平方千米的海域。主要水路网络总长约4 800千米，主要河流有莱茵河（包括内卡河、美因河、摩泽尔河和萨尔河等支流）、多瑙河、威悉河、易北河等水运干线和抵达奥得河及多瑙河的连接性运河体系。除此之外，德国还有100多个现代化的海港和河港，74个大城市及其附属地区中，56个城市有水路连接。

2020年，德国内河航运货物吞吐量为1.88亿吨，同比减少8.3%；海港吞吐量为2.76亿吨，同比减少6.4%。汉堡港是德国最大的港口，2020年汉堡港货运量为1.09亿吨，其次是不来梅港4 660万吨、威廉港2 280万吨、罗斯托克港2 010万吨。

中国为汉堡港最大贸易往来目的地，2020年，汉堡港与中国的海上和铁路集装箱往来总量约240万标准箱，远远超过欧洲其他目的地。

中德贸易运输方式：

（1）海洋运输。①中国沿海港口—马六甲海峡—印度洋—红海—苏伊士运河—地中海—直布罗陀海峡—大西洋—德国汉堡等港口；②中国沿海港口—马六甲海峡—印度洋—好望角—大西洋—德国汉堡等港口。

（2）铁路运输。中国（满洲里/二连浩特/阿拉山口）—亚欧大陆桥或新亚欧大陆桥—德国。

（3）铁海联运。中国（满洲里或二连浩特）—亚欧大陆桥—圣彼得堡—波罗的海—德国吕贝克等港口。

（4）航空运输。远东（中国）—中东—西欧（德国）航线。该航线可选择途经新加坡、曼谷、新德里、卡拉奇、德黑兰、雅典。

## 五、中德经贸关系

密切的经济关系是中德双边关系的一个核心支柱。德国是中国在欧洲最重要的贸易伙伴，中国也是德国在亚洲最重要的经济伙伴。

1. 双边贸易

德国是中国在欧洲最大的贸易伙伴、最大的技术引进国和第二大投资来源地，中国是德国在欧盟外的第二大贸易伙伴。2008 年，中德贸易额超过 1 000 亿美元。德国对中国出口的主要商品为机械设备、电子和电气产品、汽车及其零件、飞机、光学仪器、塑料制品、钢铁、铜及其制品和有机化学品等。从 2005 年开始，汽车及汽车零件的出口大幅下降，德国汽车制造业向中国的转移对贸易的替代作用影响明显。德国从中国进口的主要商品是电子和电气产品、机器设备、服装（包括针织和非针织）、玩具、家具、光学仪器、鞋靴、箱包和钢铁制品等，前两类商品的进口额占德国从中国进口总量的 48. 7%。德国从中国进口的主要商品数额普遍增长较快，其中服装进口增幅达到 60%，鞋靴进口额增长更是高达 95. 8%，而皮鞋进口增长最快，这也成为 2006 年欧盟对进口中国鞋类产品征收临时反倾销税的理由之一。

德国联邦统计局统计显示，2016 年德国和中国贸易总额约为 1 700 亿欧元，创双边贸易历史纪录。中国首次超过美国和法国，成为德国最大贸易伙伴。

根据德国联邦统计局的数据，2021 年德国进口总额为 12 022 亿欧元，同比增长 17. 1%，其中自中国进口 1 417 亿欧元，同比增长 20. 8%。中国自 2015 年以来一直是德国最大的进口来源国。2021 年，德国出口总额为 13 755 亿欧元，同比增长 14%，其中对中国出口 1 036 亿欧元，同比增长 8. 1%。中国是德国第二大出口目的国，仅次于美国。

2022 年中德双边贸易额达 2 980 亿欧元，同比增长 21%，中国连续第七年成为德国最重要的贸易伙伴，其后是美国（约 2 480 亿欧元）和荷兰（2 340 亿欧元）。2022 年，德国自中国进口 1 910 亿欧元，同比增加三分之一，主要是电子、电气、纺织、机械和化学产品；对华出口增长了 3. 1%，约 1 070 亿欧元。

2. 双向投资

截至 2008 年 9 月底，中国累计批准德方企业在华投资项目 6 000 多个，德方实际投入 150 亿美元。中德投资合作领域主要集中在能源、交通、城市基础设施、通信、环保、林业等领域。德国在华投资领域主要为汽车、化工、发电设备、交通、钢铁、通信等，大部分为生产性项目，技术含量高。

德国是欧盟对华直接投资最多的国家，截至 2021 年 2 月底，累计批准德国企业在华投资项目 11 370 个，德方实际投入 365. 5 亿美元；经中国商务部核准的中国累计在德国全行业投资存量为 162. 1 亿美元。

当前，中德产业链供应链深度融合，已形成你中有我、我中有你的局面。2022 年 1—8 月中德贸易额达 1 550 亿美元，继续保持增长。中德之间紧密的经济联系是全球化发展和市场规律作用的结果，这种经济的优势互补有利于两国企业和人民，双方都从务实合作中获益良多。

3. 技术引进

德国是欧洲对华技术转让最多的国家，截至 2019 年 9 月底，中国从德国引进技术

25 166项，合同金额862.7亿美元（6 141亿元人民币）。中德经济保持着互补性强、合作共赢和合作空间大的特点。

自2020年以来，在严峻复杂的国内外经济环境下，中德贸易额能够逆势上扬、再创新高，实属不易。取得这样的成绩主要得益于三大因素：

一是两国领导人的战略引领。无论是在“默克尔时代”，还是在德国新任总理朔尔茨就职后，中德领导人之间均保持密切沟通，建立了良好的工作和个人关系。在两国领导人的战略引领下，中德经贸合作克服疫情冲击，展现出巨大潜力，全方位、多层次、宽领域合作格局更加巩固。

二是中国经济蓬勃发展，展现出强大韧性。新冠疫情发生以来，中国有效防控疫情，率先复工复产，在世界主要经济体中率先实现正增长。中国经济对世界经济增长的贡献率约为25%，在世界产业链和供应链中的地位与作用大幅提升。除此以外，中国在稳定外贸、外资方面出台的相关措施也对中国经济迅速恢复起到了关键作用。

三是中德经贸合作互补性强，合作领域广。中德双方都致力于推动经济全球化和贸易自由化，反对单边主义、保护主义，致力于推动经贸各领域务实合作。

## 六、德国人的习俗礼仪

（1）德国通行西方礼仪。忌讳数字“13”，视“13日”“星期五”为不祥的日子。不喜欢红色、红黑相间色及褐色，尤忌墨绿色（为纳粹军服色）。北方人喜用黑色、灰色，南方人则偏爱鲜明色彩。法律禁用纳粹或其军团的符号图案。德国人讨厌菊花、蔷薇图案（视为不吉利）和蝙蝠图案（象征吸血鬼）。他们还忌讳核桃，不愿见到核桃（视为不祥）。

（2）忌送德国人核桃、菊花、玫瑰。送花时，支数和花朵数不能是“13”或双数；鲜花不用纸包扎。忌送太过个人化的物品（服装、化妆品等）。礼品包装纸不用白色、黑色和棕色，也不用彩带系扎。

（3）与德国人交谈，不要打听个人私事，回避德国统一后的国内政治问题。他们不爱听恭维话。忌讳4人交叉式谈话。忌讳在公共场合窃窃私语。

（4）去华尚实、真诚可靠是德国人传统的性格特征。德国人待人接物严肃拘谨，即使是对亲朋好友，见面时一般也只行握手礼，只有夫妻和情侣见面时才相互拥抱、亲吻。

（5）德国人纪律严明，守时，讲求工作效率；重诺言，认真履行契约（合同、日程、计划等），任何活动安排的变动都必须事先通知对方，与之进行协商。

（6）德国人非常爱清洁，注重仪表。德国人上班必须穿工作服，而下班后工作服是绝不能穿着上街的。观看文艺演出或参加各种正式活动，男子必须穿礼服，女士穿长裙。

（7）德国人的姓名，名在姓前。德国人不喜欢别人直呼其名，而要称其头衔。请德国人进餐时必须事先做好安排。在宴会上，一般男子要坐在妇女和职位高的人左侧，女士离开或返回餐桌时，男子要站起来以示礼貌。

# 第五节　英国

## 一、英国概况

国名：大不列颠及北爱尔兰联合王国（The United Kingdom of Great Britain and Northern Ireland）。

居民：截至2022年，英国总人口6 846.5万。官方语言为英语，威尔士北部还使用威尔士语，苏格兰西北高地及北爱尔兰部分地区仍使用盖尔语。居民多信奉基督新教，主要分英格兰教会（亦称英国国教圣公会，其成员约占英国成人的60%）和苏格兰教会（亦称长老会，有成年教徒59万人）。另有天主教会及伊斯兰教、印度教、锡克教、犹太教和佛教等较大的宗教社团。

首都：伦敦（London），人口942.5万（2022年）。

国庆日：6月第二个星期四。

行政区划：分为英格兰、威尔士、苏格兰和北爱尔兰4部分。英格兰划分为9个地区；苏格兰下设32个区，包括3个特别管辖区；威尔士下设22个区；北爱尔兰下设11个地方市郡。

## 二、英国自然概况

英国是位于欧洲西部的岛国。由大不列颠岛（包括英格兰、苏格兰、威尔士）、爱尔兰岛东北部和一些小岛组成。隔北海、多佛尔海峡、英吉利海峡与欧洲大陆相望。面积24.36万平方千米。海岸线总长为11 450千米。属海洋性温带阔叶林气候。

英国是能源资源较丰富的国家，也是世界生产石油和天然气的主要国家。主要能源有煤、石油、天然气、核能和水力等，铁矿储量丰富。能源产业在英国经济中占有重要地位。森林覆盖面积约占本土面积的12%。英国主要工业原料依赖进口。英国政府重视开发可再生绿色能源。

## 三、英国经济概况

16、17世纪，英国依靠日益富强的国力和强大的海军，先后击败了西班牙、荷兰和法国，成为所向无敌的海上霸主。此后，它又将殖民主义的触角伸向世界的各个角落，逐步建立起人类有史以来最庞大的“日不落”殖民帝国。19世纪上半期，英国经济在世界范围内占压倒性优势；1850年以后，优势地位仍得以维持；19世纪70年代以后，英国经济相对衰退，美、德等国充分利用新科技使本国经济得以迅速发展，英国经济先后被美国、德国等国超过。

英国是一个高度发达的资本主义国家，也是欧洲四大经济体之一，其国民拥有极高的生活水平和良好的社会保障体系。目前，英国仍然是世界经济强国之一，经济总量位居欧洲第二位，世界第六位。2019年英国国内生产总值达2.83万亿美元，人均国内生产总值41 895美元。

1. 农业

英国农业主要包括畜牧、粮食、园艺、渔业，农业在英国国内生产总值中所占比重不到1%，从业人数约45万，不到总就业人数的2%。农用土地占国土面积的77%，其中多数为草场和牧场，仅1/4用于耕种。

2. 工业

英国主要工业有：采矿、冶金、化工、机械、电子、汽车、航空、食品、饮料、烟草、轻纺、造纸、印刷、出版、建筑等。生物制药、航空和国防是英国工业研发的重点，也是英国最具创新力和竞争力的行业。同许多发达国家一样，随着服务业的不断发展，英国制造业自20世纪80年代开始萎缩，80年代和90年代初两次经济衰退加剧了这一态势。英国制造业中纺织业最不景气，但电子和光学设备、人造纤维和化工产品，特别是制药行业仍保持雄厚实力。

3. 服务业

服务业是英国经济的支柱产业，主要包括金融保险、零售、旅游和商业服务等。截至2014年8月，英国服务业产值约占国内生产总值的3/4。2012年英国服务贸易总额3 058.5亿英镑，约合4 863亿美元。

截至2014年8月英国旅游业收入居世界第五位，仅次于美国、西班牙、法国和意大利，是英国最重要的经济部门之一，从业人员约270万人，占总就业人数的9.1%。2019年，各国赴英游客总数约4 086万人次。伦敦是外国游客必到之处，主要旅游地区有：伦敦、爱丁堡、卡迪夫、布莱顿、格林尼治、斯特拉福、牛津和剑桥等。主要观光景点有：歌剧院、博物馆、美术馆、古建筑物、主题公园和商店等。

4. 金融业

英国金融业发达。成立于1997年的金融服务管理局取代原苏格兰银行并接管金融监管职能。英国是最大的金融服务净出口国。伦敦是世界著名金融中心，拥有现代化金融服务体系，从事跨国银行借贷、国际债券发行、基金投资等业务，同时也是世界最大外汇交易市场、最大黄金现货交易市场、最大衍生品交易市场、全球第三大保险市场、重要船贷市场和非贵重金属交易中心，并拥有数量最多的外国银行分支机构或办事处。伦敦金融城从业者近40万人，共有550多家跨国银行、170多家国际证券公司在伦敦设立了分支机构或办事处。主要商业银行有：英格兰银行（Bank of England）、汇丰控股公司（HSBC Holdings）、皇家苏格兰银行（Royal Bank of Scotland）、苏格兰哈里法克斯银行（HBOS Bank）、巴克莱银行（Barclays Bank）、劳埃德TSB集团（Lloyds TSB Group）、阿比国民银行（Abbey National Bank）等。

5. 国际投资

英国一直是国际资本的重要输出大国，这一特点随着英国1979年取消外汇管制和发现北海油田而更加突出。

英国政府鼓励吸引外资。外资在英国投资项目主要为计算机软件、信息技术、互联网、电子商务、电子和通信、医药和生物技术、管理行业、汽车、食品和饮料等。投资形式为收购、兼并现有企业，扩大生产规模，建立科研基地或跨国公司等。美国是对英国最大投资国，中国对英国的投资也逐步增长。英国贸易投资总署是英国政府设立专门为从事贸易的英国公司和在英国投资的外国公司提供全方位服务的机构。

6. 对外贸易

英国与世界80多个国家和地区有贸易关系，主要贸易对象是欧盟、美国和日本。主要进口产品有：食品、燃料、原材料、服装、鞋业、电子机械设备、汽车等。主要出口产品有：石油及相关产品、化工产品（包括医药制品）、烟草、饮料、机械设备等。欧盟是英国最大的贸易伙伴。2021年，英国货物进出口总额7 779亿英镑，其中出口3 124亿英镑，进口4 655亿英镑。

7. 著名企业及经济团体

著名企业及经济团体：①英国石油（BP）：经营炼油业务。②汇丰控股公司：经营金融业务。③特易购（Tesco）：经营食品及药品业务。④保诚集团（Prudential）：经营保险投资业务。⑤沃达丰（Vodafone）：经营电信业务。⑥联合利华（Unilever）：英国与荷兰联合公司，经营食品及洗剂用品。⑦巴克莱银行：经营金融业务。⑧英国劳埃德银行集团（Lloyds Banking Group）：经营金融业务。⑨葛兰素史克（GSK）：经营制药业务。⑩力拓集团（Rio Tinto Group）：英国和澳大利亚联合公司，经营矿产业务。⑪皇家苏格兰银行集团（Royal Bank of Scotland Group）：经营金融业务。⑫英国电信公司（BT）：经营电信业务。⑬阿斯利康（Astra Zeneca）：主要经营制药业务。⑭渣打集团（Standard Chartered Group）：主要经营金融业务。⑮罗尔斯罗伊斯公司（Rolls-Royce Holdings）：主要经营汽车设计、生产和销售业务。⑯英中贸易协会（China-Britain Business Council）：前身是1953年由一批冲破西方对华贸易封锁的英国中小企业成立的“48家集团”，后英国政府又成立了半官方的“英中贸易协会”。两组织于1991年合并为“英中贸易48集团”，1998年更名为“英中贸易协会”。该会受英政府的资助和指导，现有核心会员近300家，绝大部分是长期从事对华经贸合作的企业、银行和贸易公司。该会的主要任务是促进中英双边贸易和经济技术合作。

## 四、英国的交通运输

英国的交通基础设施较为齐全。陆路运输、铁路运输、水路运输、航空运输均较发达。英国是世界上公路交通密度最大的国家之一。英国的铁路曾居世界领先地位，其第一条铁路是在1825年开通的。乘客服务网由快速城际列车、城市区间列车及遍布大都市的往返交通系统组成。另外，海底隧道将英国与欧洲大陆的铁路交通系统连接到了一起。

（1）水路运输：英国内河航运主要用于游览及改善自然环境，部分用于货运。泰晤士河是最繁忙的内陆水运河，其次为福斯河。海运承担了95%的对外贸易运输量。英国港口众多，主要的港口有伦敦、利物浦、南安普敦、普利茅斯、格拉斯哥、曼彻斯特、阿伯丁、多佛尔、赫尔等。

（2）航空运输：英国所有的航空公司和大多数机场均为私营企业。英国航空公司（British Airways）是世界最大的航空公司之一。伦敦希思罗机场是世界上最大且最繁忙的机场之一。

伦敦是英国首都，是政治、经济、文化和交通中心，也是英国第一大港，位于英国东南部，跨泰晤士河两岸。伦敦港绵延于“伦敦桥”至入海口，全长80千米。18世纪时它曾占全国对外贸易货运量的3/4，现在仍占约1/4，多年来年吞吐量基本保持在5 000万吨以上。长期以来，伦敦一直是世界上最大的航运市场，世界上主要的航运、造船和租船公司都在伦敦设有代表机构。

伦敦是英格兰东南地区经济最为发达的城市，甚至是整个不列颠群岛的物资集散地，而且扼大西洋航道的要冲，是连接西欧与北美洲的桥梁。在陆路方面，国内主要交通干线均以此为起点，有铁路和公路贯通全国各大城市。伦敦是全国经济中心，有全国最大的机械工业。伦敦港是“伯明翰—巴黎—鲁尔工业区”这一经济发达地带中最大的港口。伦敦已成为功能齐全的综合性城市，其贸易、金融、保险等业务在世界上均占有重要地位，并有“金融城”“贸易之都”之称。

利物浦处于英格兰西北部的默西河口，濒临爱尔兰海，是世界上历史最悠久的港口之一，也是英国国内仅次于伦敦的第二大深水海港。由于港口深入内陆的海湾里，水深浪静，西经北海海峡，南下圣乔治海峡，都可通往大西洋，是世界著名的天然良港。

随着地理大发现和欧洲国家大举向外殖民，利物浦进入了发展的“黄金时代”，它不仅是大批前往“新大陆”、非洲和远东殖民者的主要进出口岸，还是著名的“三角形贸易航线”的中心以及资本原始积累的重要基地。

利物浦的码头大都属专业性码头，设施先进。码头的专业化使之可以采用高效专用机械和运输工具，合理布置仓库货场和交通线，大大提高了装卸效率、码头利用率和船舶周转率。港岸中部的“加拿大”码头，设有专门处理糖浆、动物油、植物油和化学液剂等大宗流质货物的装卸和储放设备；默西河西岸的特拉梅尔油码头，可以停泊和装卸重量达20万吨的油轮；皇家西福司码头用以装卸谷物，其现代化程度极高，是世界上第一家采用计算机管理的码头。利物浦还是英国重要的工业城市，它是英国重要的船舶修造中心，修造厂和大型船坞主要分布在港区内侧。

南安普敦是英国英格兰南岸的城市与大海港。濒临英吉利海峡，在泰斯特与伊钦两河口湾之间，地处英国南岸中心，港阔水深，有怀特岛为屏障，为英国重要的远洋贸易港，也是英国主要的客运港。它有铁路和公路直通伦敦，起到了作为伦敦外港的作用，是全国较大的造船和修船中心之一，拥有巨大的干船坞。建有炼油厂，还有飞机制造、电机、电缆、汽车、塑料和合成橡胶等工业。

格拉斯哥是英国第三大城市，苏格兰最大的工商业城市和港口。位于苏格兰中部低地，跨克莱德河，西距河口约 32 千米。它是英国的造船业中心，沿克莱德河两岸，建有数十个造船厂。主要的工业部门有造船、机器制造、电气设备、精密仪器等。格拉斯哥是英国最重要的交通枢纽之一，是苏格兰主要文化中心，有格拉斯哥大学、斯特拉斯克莱德大学、苏格兰商学院、皇家苏格兰音乐学院、苏格兰西部农学院等多所高等院校。

中英贸易运输方式：

（1）海洋运输：①中国沿海港口—马六甲海峡—印度洋—红海—苏伊士运河（可通过 15 万吨满载的油轮和 37 万吨的空船）—地中海—直布罗陀海峡—大西洋—英国沿海港口；②中国沿海港口—马六甲海峡—印度洋—好望角—大西洋—英国沿海港口（可通过25 万吨级以上海轮）。

（2）铁海联运：中国（铁路）—比利时安特卫普、荷兰鹿特丹或德国汉堡—（海运）英国沿海港口。

（3）航空运输：远东（中国）—中东—西欧（英国）航线。该航线可选择途经新加坡、曼谷、新德里、卡拉奇、德黑兰、雅典等城市。

## 五、中英经贸关系

1971 年，中英双方对互换大使的联合公报达成协议，确定了 1972 年 3 月 13 日双方签字生效、正式建交。

1984 年 12 月 19 日，中英两国政府在北京签署关于香港问题的《中英联合声明》。1997 年 7 月 1 日，中国政府对香港恢复行使主权。

香港回归后，中英不断深化贸易合作，1998 年中英建立全面合作伙伴关系。2004 年 5 月，中英建立全面战略伙伴关系，并共同发表联合声明，就双边、多边和全球问题开展合作提出更多的建议和意见，中英贸易有了更显著的密切往来。2015 年，中英双方签署农业合作协定。英方预见中国是未来世界经济的主要驱动力，中英两国有机会创造“黄金十年”。英方支持中方“一带一路”倡议与促进基础设施建设的倡议，积极布局伦敦成为离岸人民币交易中心。中英双方先后达成了 48 项合作协议。中英双方确定共同构建全球全面战略伙伴关系，开启中英关系“黄金时代”。2015 年中英双边货物贸易额达到了 910.3 亿美元的高峰。

2018 年，中国为英国第六大出口市场和第四大进口来源地；英国对中国出口 283.3 亿美元，占英国出口总额的 5.7%；英国自中国进口 537.6 亿美元，占英国进口总额的 8.2%。英方贸易逆差为 254.3 亿美元。

2022 年，中英双向直接投资存量近 500 亿美元。中英恢复直航，开通海上直达货运快线。双方在新能源、应对气变、保护生态、公共卫生等领域的合作持续推进。其中，3 万余家在英中资企业为中英经贸合作的蓬勃发展作出了突出贡献。

中英两国市场、经济的高度互补性是中英经贸关系不断拓展的基础。中英双方在经贸、医疗卫生、绿色发展、数字经济、金融、教育、清洁能源等领域合作前景广阔。

## 六、英国人的习俗礼仪

1. 禁忌与礼仪

在英国，数字“13”被认为是不吉利的，饭店一般不设 13 号房间。星期五也被当作不吉利的日子，如果既是星期五碰巧又是 13 号，那就更为忌讳了。如果多个人相会或道别时，不应越过另外两个人握着的手而去和第四个人握手。因为交叉握手正好形成一个十字架，据说这样做会招致灾难。烟友聚在一起，切忌一火点三支烟。据说一火点三支烟，会给三个人中的一个人招来不幸。

英国通行西方礼仪。英国人厌恶墨绿色（纳粹军服色），忌讳黑色（丧服颜色），也不喜欢红色。忌用山羊图案（视为讨厌的动物）、大象图案（象征愚蠢）、孔雀图案（视为淫鸟、祸鸟）、黑猫图案（视为不祥之兆）、菊花图案（丧花）、百合花图案（象征死亡）、蝙蝠图案（象征吸血鬼）。送花时，忌送百合花、菊花和红玫瑰（象征爱情）；支数和花朵数不能是“13”或双数；鲜花不用纸包扎。

英国人崇尚彬彬有礼、举止得当的绅士、淑女风度，尤重女士优先原则。他们感情不外露，视夸夸其谈、指手画脚、烦躁发火等行为为缺乏教养的表现。英国人遵守纪律，在公共场合有排队习惯。等候载人电梯时都在右边排队。他们重契约，安排日程要求准确，旅游活动中应尽量避免日程的突然变动。公务赴约要准时，可迟到几分钟，但不能提前。社交活动最好迟到片刻。

英国人见面相互握手、道安，在进行介绍时，一般先少后老、先低后高、先次后主、先宾后主。男子间切忌拥抱。英国人比较内向、寡言，与人交往初期比较矜持。交谈时，双方距离不要太近。忌讳打听个人私事，要回避北爱尔兰问题、君主制、王室等政治色彩较浓的话题。英国人不喜欢被统称为“English”（英格兰人），应将他们称为“British”（不列颠人）。

2. 服饰与饮食

作为一个重视传统的民族，英国人在穿戴方面保留着很多“规矩”，十分注重穿戴得体。所谓得体，有两个方面的含义，一是要符合自己的身份，二是要适合所在的场合。

总的来说，英国人上班、参加正式活动时，一般都穿得很正规。除年轻人外，一般平时都穿西服，比较注重外表，如果参加宴会或观看戏剧、音乐会，则穿得更为漂亮讲究，有时还穿晚礼服。苏格兰人有他们特殊的民族传统服装。男子爱穿花格子裙，在裙子前面还有一小块椭圆形的垂巾和很宽的腰带，这种叫基尔特的民族服装是苏格兰人独立、自由的象征。英格兰人平时穿着则因年龄、地位和个人喜好不同而不同，有的比较正规、保守，有的则追求色彩和舒适。目前，英国人总的穿戴特征是力求简单、舒适和方便，以及突出自己的个性。在某些特定的场合，英国人还保留了不少传统服装。法院正式开庭时，法官仍然头戴假发，身穿黑袍。教堂做礼拜时，牧师要穿上长袍。王宫卫士、伦敦塔楼的卫士和近卫骑兵都有特殊的装束。

典型的英国饭菜讲究简朴实惠，因而款式品种不多。英国人一般不愿把很多钱花在饮食上，而更加注重度假、旅游和娱乐。一般英国人的午餐是名副其实的快餐，晚餐则是每日主餐，但早餐十分丰盛。英国人很重视喝，他们习惯进餐前先喝酒，喜喝啤酒、葡萄酒、威士忌等。英国人特别喜欢喝茶，并有喝早茶、午茶的习惯，尤其爱喝浓红茶，特别崇尚汤浓味醇的牛奶红茶和柠檬红茶，且喝茶非常讲究环境、情调，还出现了反映西方文化的茶娘、茶座、茶会以及喝茶舞会等。目前，英国人喝茶，多数在上午10时至下午5时进行。倘有客人进门，通常也只有在这个时间段内，才有用茶敬客之举。他们特别注重午后喝茶，在英国的饮食场所、公共娱乐场所等，都有供应午后茶的地方。在英国的火车上，还备有茶篮，内放茶、面包、饼干、红糖、牛奶、柠檬等，供旅客喝午后茶用。午后茶，实质上是一餐简化了的茶点，一般只供应一杯茶和一碟糕点，只有招待贵宾时，内容才会丰富。喝午后茶，已是当今英国人的重要生活内容。

## 第六节 法国

### 一、法国概况

国名：法兰西共和国（The Republic of France）。

居民：截至2022年，法国总人口为6 800万。通用法语。居民中64%信奉天主教，3%信奉伊斯兰教，3%信奉基督新教，1%信奉犹太教，29%自称无宗教信仰。

首都：巴黎（Paris），市区人口1 200万（2022年）。

国庆日：7 月 14 日。以 1789 年法国资产阶级大革命攻克巴士底狱之日为国庆日。

行政区划：分为大区、省和市镇。法国本土划为 13 个大区 96 个省、5 个海外单省大区、5 个海外行政区和 1 个具有特殊地位的海外属地。全国共有 36 700 个市镇。

## 二、法国自然概况

法国位于欧洲西部，与比利时、卢森堡、德国、瑞士、意大利、西班牙、安道尔、摩纳哥接壤，西北隔拉芒什海峡与英国相望。平原约占国土总面积的 2/3。主要山脉有阿尔卑斯山脉、比利牛斯山脉、汝拉山脉等。濒临北海、英吉利海峡、大西洋和地中海四大海域。边境线总长度为 5 695 千米，其中海岸线为 2 700 千米，陆地线为 2 800 千米，内河线为 195 千米。西部属海洋性温带阔叶林气候，南部属亚热带地中海气候，中部和东部属大陆性气候。面积约 55. 16 万平方千米。人口密度为每平方千米 115 人，是欧洲经济高度发达国家中人口密度较低的国家。

## 三、法国经济概况

法国是一个高度发达的资本主义国家。法国经济发达，国内生产总值居世界前列。经济总量位居欧洲第三位，世界第七位。2021 年，法国国内生产总值为 2. 94 万亿美元，人均国内生产总值为 43 518 美元。

### 1. 农业

法国是欧盟最大的粮食生产国，世界第二大农产品出口国、欧盟最大农业生产国和农副产品出口国、欧盟第二大葡萄酒生产国、欧盟第二大牛奶生产国、世界最大甜菜生产国以及欧盟最大油料生产国。据法国国家统计局资料：2020 年，农业人口约 60 万，占总从业人口的 2. 1%。本土农业用地 26. 81 万平方千米。2021 年法国农业产值 812 亿欧元（不含产品补贴），政府农业补贴总额 90 亿欧元。

法国农业的传统地区结构为：中北部地区是谷物、油料、蔬菜、甜菜的主产区，西部和山区为饲料作物主产区，地中海沿岸和西南部地区为多年生作物（葡萄、水果）的主产区。法国已基本实现农业机械化，农业生产率很高。农业食品加工业是法国对外贸易的支柱产业之一。

### 2. 工业

2020 年法国工业产值约占国内生产总值的 13. 2%。主要工业部门有汽车制造、造船、机械、纺织、化学、电子、日常消费品、食品加工和建筑业等，钢铁、汽车和建筑业为三大工业支柱。核能、石油化工、海洋开发、航空和宇航等新兴工业部门近年来发展较快。核电设备能力、石油和石油加工技术仅次于美国，居世界第二位；航空和宇航工业仅次于美国和俄罗斯，居世界第三位。钢铁、纺织业居世界第六位。

法国是世界上第二大核能生产国，核电装机容量仅次于美国，现有 56 个运营核反应堆。主要能源企业有：道达尔石油公司（Total）、法国电力公司（EDF）、法国燃气苏伊士公司（Engie）、欧安诺公司（Orano）、阿尔斯通公司（Alstom）。根据法国经财部公布数据，2019 年，法国能源产品出口总值达 189 亿欧元。

法国航空航天工业世界领先。欧洲宇航防务集团（EADS）所属空中客车公司（Airbus）与美国波音公司并列为世界两大客机制造商。欧洲直升机集团（Eurocopter）是世界第一大直升机制造商。达索公司（Dassault）是世界主要军用飞机制造商之一。阿丽亚娜空间公司（Arianespace）在世界卫星发射市场占据重要位置。根据法国航空航天工业协会数据，2018 年该行业总营业额达 654 亿欧元。出口额 440 亿欧元，基本保持稳定，占总营业额的 85%。民用飞机销售占总额（504 亿欧元）的 77%，军用飞机交付总额为 150 亿欧元。根据法国经财部公布数据，2019 年航空器材出口 630 亿欧元。

法国是世界第四大汽车出口国。主要公司有：标致雪铁龙（PSA）、雷诺（Renault），分别是世界第八和第十大汽车生产商。据法国 AAA 汽车市场统计数据，2019 年，法国共销售私家汽车 221.4 万辆。标致、雷诺、雪铁龙销量居前三位。2019 年，法国国产汽车总销量达 130.8 万辆，电动汽车销量达 4.3 万辆，混合动力汽车销量达 12.5 万辆。

化工工业主要企业有：液化空气集团（Air Liquide）、罗地亚集团（Rhodia）和赫秦森集团（Hutchinson）。亚洲和美国市场的强劲需求是法国化工产业保持稳定增长的重要支撑。法国是全球最大的化妆品生产国之一，主要生产高端化妆品，拥有爱马仕（Hermès）、香奈儿（Chanel）、迪奥、兰蔻、欧莱雅等多个世界顶级化妆品品牌，根据法国经财部公布数据，2019 年法国化工及化妆品出口总值达 597 亿欧元。

法国是欧洲第一大药品生产国、世界第三大药品出口国。主要企业有：赛诺菲—安万特集团（Sanofi-Aventis）、皮尔法伯公司（Pierre Fabre）、施维亚药厂（Servier）。2019 年，法国医药产品出口总值达 333 亿欧元。

法国时装及高档商品加工发达，聚集了世界上高级时装制作、珠宝、首饰、高级皮革制品、香水、化妆品、水晶玻璃制品等企业。主要集团公司有：酩悦·轩尼诗—路易·威登集团（LVMH）、香奈儿、爱马仕等。

3. 金融业

据法国央行数据，截至 2020 年，法国共有注册金融机构 798 家。巴黎国民银行、兴业银行、农业信贷银行、里昂信贷等八大银行资产占全国银行总资产的一半以上。

法国主要商业银行有：巴黎银行（BNP Paribas）、兴业银行（Société Générale）、农业信贷银行（Crédit Agricole）。

中国与法国在金融领域的合作不断深化。中国银行巴黎分行资产已超过 30 亿欧元。中国银行巴黎分行（Bank of China Paris Branch）成立于 1986 年，下辖十三区支行，主要为当地及赴非洲投资的中资企业提供账户管理、国际结算、贸易融资等服务。

4. 商业

法国商业十分发达，创收最多的是食品销售，在种类繁多的商店中，超级市场和连锁店最具活力，几乎占全部商业活动的一半。巴黎是世界性的消费中心，大量的高档时装、香水、化妆品以及波尔多红酒吸引着世界各地的消费者前来购物消费。

5. 旅游业

法国是世界第一大旅游接待国。2019 年，全年接待外籍游客约 9 000 万人次。2019 年国际旅游收入 579 亿欧元，仅次于美国和西班牙，居世界第三。旅游业产值占国内生产总值的 8%，直接、间接创造就业岗位 200 万个。截至 2021 年 1 月，全国有 17 405 家酒店、8 239 家野外宿营地、3 669 家各类小旅店、青年之家等。

根据世界旅游组织（UNWTO）数据，2022 年有 7 940 万外籍游客到访法国。法国拥有众多享有盛名的旅游胜地，例如普罗旺斯、埃菲尔铁塔、卢浮宫、巴黎圣母院、凯旋门、凡尔赛宫以及圣米歇尔等。其中卢浮宫是一个艺术宝库，大约收藏了35 000件艺术品，许多西方文明最著名的作品都在这里展示。而法国的圣米歇尔山被联合国教科文组织列入世界遗产名录，这座修道院教堂一直是基督教信徒朝圣的重要地点。

世界经济论坛发布的2019年旅游业竞争力报告显示，虽然法国在旅游地竞争力排名中位列第二，但是在旅游安全性方面成绩较差。在“保障与安全”① 部分，世界经济论坛调查的140个国家和地区中，法国仅名列第51位。

安全性不足并没有阻止游客涌入法国。在整体旅游竞争力排名中，法国名列第二。这主要是因为法国拥有丰富的文化资源、完善的内陆与港口配套设施、优越的自然资源、充足的户外娱乐活动以及良好的卫生系统，可以满足休闲旅行和商务出行的需求。

6. 服务业

服务业在法国国民经济和社会生活中占有举足轻重的地位，自20世纪70年代以来发展较快，连锁式经营相当发达，已扩展至零售、运输、房地产、旅馆、娱乐等多种行业。据法国国家统计局数据，2020年服务业用工227万人，占总就业人口的79.6%。法国大型零售超市众多，拥有家乐福（Carrefour）、欧尚（Auchan）等世界著名品牌。

7. 国际投资

据法国中央银行网站数据，截至2020年底，法国对外直接投资存量为1.26万亿欧元。2020年法国对外投资403亿欧元。法国对外投资主要集中在欧盟成员国，对美国和石油输出国组织成员国、非洲、拉美的投资也较高，并以工业、能源、服务部门为主。大多数投资采用企业兼并或购买公司股份的形式。

外国对法国投资主要领域有机械、汽车、化工产品、钢铁、农产品、食品、服装等。2020年，外国对法国直接投资存量7 850亿欧元。外国对法国投资存量国别分布情况为：欧洲国家对法国投资存量6 709.38亿欧元。北美国家对法国投资存量为692.54亿欧元，其中美国对法国投资存量588.3亿欧元。2020年，法国吸引外国投资43亿美元，美国、瑞士、德国、英国等国是法国的主要外资来源国。

8. 对外贸易

法国与世界各大地区和100多个国家有贸易往来，是世界第六大出口国。据法国经财部数据：2021年货物出口贸易额5 009亿欧元，货物进口贸易额5 856亿欧元，贸易逆差847亿欧元。服务出口贸易额2 571亿欧元，进口额2 209亿欧元，顺差362亿欧元。近年来，法国政府把促进出口作为带动经济增长的重要手段，在保持和扩大原有国际市场的同时，积极开发拉美、亚太等地区的市场。

法国进口商品主要有能源和工业原料、设备等，出口商品主要有纺织品、药品、农食产品、化工产品和化妆品、航空航天产品、汽车、能源等。54.3%的法国货物出口在欧盟内部。2021年法国主要货物出口伙伴为德国（686亿欧元）、意大利（391亿欧元）、比利时（372亿欧元）、西班牙（364亿欧元）。主要进口货物伙伴为：德国（814亿欧元）、中国（638亿欧元）、意大利（463亿欧元）、比利时（456亿欧元）。

① “保障与安全”指数主要衡量了游客或企业在一国所面临的安全风险，包含暴力、恐袭、人身伤害等。

## 四、法国的交通运输

法国南部连接地中海，西部连接大西洋，有许多天然港湾，有利于海洋运输业发展。同时，法国位于欧洲西部，货物中转需求旺盛，有利于铁路运输业的发展。

1. 铁路运输

2020 年，法国国家铁路网全长 28 000 千米，其中高速铁路网络全长 2 700 千米。2020 年铁路货运量 311 亿吨，占法国国内运输量的 9.7%；客运量 592 亿人次，占旅客集运总量的 54%。

法国跨国高速铁路于 1990 年正式开通，1994 年欧洲之星直达伦敦；1996 年泰利斯高速铁路连接巴黎和布鲁塞尔。除英国和比利时外，法国高速铁路已经连接德国、意大利、西班牙、瑞士、卢森堡等国。

2. 公路运输

法国公路网总长度超过 110.3 万千米，其中高速公路 67 万千米。2020 年，公路运输约占境内货物地面运输总量的 88.4%。法国公路网与意大利、西班牙、比利时、德国、卢森堡、瑞士等周边国家相连。2020 年，公路运输货物总量 2 865 亿吨。

3. 水路运输

法国内河航道总长 14 932 千米，其中可通行 1 500 吨级以上船舶的航道约 1 900 千米。巴黎是主要内河港口。2020 年，水路运输货物量 65 亿吨。主要海港有马赛港、勒阿弗尔港和敦刻尔克港。

4. 航空运输

2020 年，法国空运商业旅客数量 7 004.56 万人次，较上一年下降 67.3%，执行商业航班 89.85 万架次，较上一年下降 54.3%。主要航空公司为法国航空，主要机场有巴黎夏尔·戴高乐机场、奥利机场和尼斯蔚蓝海岸机场等。2020 年，巴黎夏尔·戴高乐机场空运旅客数量 2 226 万人次，较上一年下降 70.8%。

## 五、中法经贸关系

1. 中法双边贸易

长期以来，法国是中国在欧盟内最重要的经贸合作伙伴之一。根据法国统计局数据，2022 年中法货物贸易首次突破 1 000 亿欧元大关，两国货物贸易总额从 2021 年的 888.08 亿欧元上升至 2022 年的 1 019.02 亿欧元，增幅达 14.74%。

在欧盟 27 国中，法国是中国的第二大进口国及第四大出口国，分别占 2022 年中国对欧盟进口和出口总额的 12.46% 和 8.13%。

2. 中法双边投资

中法双边投资基础扎实。从中法双边投资来看，截至 2021 年底，中国对法国直接投资存量为 48.64 亿美元，占中国对欧盟直接投资存量的 5.07%，是中企在欧盟的第五大投资目的国。另据法国商务投资署发布的《2021 外商对法投资报告》，截至 2021 年，中国已连续三年成为对法投资和创造就业的第一大亚洲国家。2021 年中国企业在法国进行了 53 项投资，主要涵盖交通运输、电气设备和汽车制造三大领域的生产经营活动。法国则是中国在欧盟的第三大投资来源国。根据中方统计数据，截至 2021 年底，法国在华企业（累计设立）已超过 6 000 家，投资存量达 180.25 亿美元，主要集中在航空、汽车、电力、化工等领域。

能源转型、绿色发展是中法经贸务实合作的新增长点。中法经济的互补性以及当前欧洲能源转型的迫切性，使得两国在未来既可以继续深化在航空航天、核电、农产品、酒类等传统领域的经贸合作，还可以积极挖掘可再生能源、电动汽车等新兴领域的合作潜力，以推进中法在碳排放、生物多样性保护、生态转型等重大国际问题上的沟通协作，为完善全球治理展现大国责任担当。

## 六、法国人的习俗礼仪

法国人的特点可以概括为这样几句话：很直爽，性格大多较开朗；谈吐幽默又风趣，特别善于交际；“女士优先”成风气，良好传统大发扬；忌讳询问个人私事，秘密从不对他人讲；注重礼节和礼仪，乐于助人；讲风尚。

他们在生活细节上有如下特点：法国人最爱美，这是举世公认的；“女士优先”在法国极为盛行；时间观念很强；不愿听到蹩脚的法语；法国人在同客人谈话时，总喜欢相互站得近一些，他们认为这样显得更为亲切；他们偏爱公鸡，认为它既有观赏价值和经济价值，又有司晨报晓的特殊本领，把它看作“光明”的象征，并视其为国鸟；他们非常喜爱鸢尾花，认为它是自己民族的骄傲，是权力的象征、国家的标志，并敬其为国花。法国是个盛产鲜花的国家，人们爱花成癖。他们认为秋海棠代表“热的友谊”，兰花代表“虔诚”，丁香代表“纯洁”，大丽花代表“感谢”，玫瑰代表“爱情”，等等。他们偏爱蓝色，并将蓝色看成“宁静”和“忠诚”的色彩；对粉红色也较为喜欢，认为粉红色是一种积极向上的色彩，给人以喜悦之感。他们谈话时习惯用手势来表达自己的意思，但他们的手势表示的意思和中国的有所不同。如中国人用拇指和食指分开表示“八”，他们则表示“二”；中国人用手指指向自己的鼻子，表示“我”，但他们的手指指着自己的胸膛才表示“我”；他们认为拇指朝下表示“坏”和“差”的意思。

1. 礼节礼仪

法国人在社交场合与客人见面时，一般以握手为礼，少女向妇女也常施屈膝礼。男女之间、女子之间见面时，还常以亲面颊或贴面颊来代替相互间的握手。在法国一定的社会阶层中“吻手礼”也颇为流行。不过施吻手礼时，嘴不应该接触到女士的手；也不能吻戴手套的手；不能在公共场合吻手；更不得吻少女的手。

2. 一般礼仪

轻轻握手是通常的问候方式，但客人对社会地位较高的人不应主动伸手。事先约会是惯例。准时赴约是礼貌的标志。被邀请到某人家里做客是难得的，即使已相识很久。若有这类邀请的话，给女主人送上鲜花（不要送玫瑰花或菊花）或巧克力之类的小礼品将受到欢迎。法国人注重烹调艺术，中午和晚上这两餐是日常生活中的重要组成部分，不容忽视。能激起人们思维和美感的礼物特别受欢迎。不要送印有公司名称等显眼标志的礼品。要回避政治、金钱以及个人问题之类的话题。法国人大多信奉天主教，其次是基督新教、东正教和伊斯兰教。他们忌讳黄色，对墨绿色也极为反感。他们视孔雀为祸鸟，认为仙鹤是蠢汉和淫妇的象征；还视菊花为丧花，认为核桃、杜鹃花、纸花也是不吉利的。他们很忌讳“13”这个数字，认为“13”“星期五”都是不吉利的，甚至是大祸临头的一种预兆。他们还将把老年妇女称呼为“老太太”视为一种污辱的举动。他们忌讳男人向女人赠送香水，认为有过分亲热或“不轨企图”之嫌。他们忌讳别人打听他们的政治倾向、工资待遇以及个人的私事。对法国人来说，初次见面就送礼，会被人认为是不善交际的，甚至还会认为你行为鲁莽。

3. 饮食习惯

法国是世界三大烹饪王国之一。他们对吃很是讲究，而且舍得花钱。法国人和酒有不解之缘，对菜肴和酒的搭配也很讲究。他们认为：饭前一般要喝度数不高的甜酒，将其称为“开胃酒”；吃饭时要喝不带甜味的葡萄酒或玫瑰酒；吃肉时一般喝红葡萄酒；吃海鲜时喝白葡萄酒或玫瑰酒；饭后要喝一点儿带甜味的“消化酒”；每逢宴请还要喝香槟酒，以增加席间欢乐的气氛。他们一向把用餐看成件大事。有些人还认为无论如何不能站着吃饭，更不能用手抓取食物，这些都很不雅观，有失自己的风度。因此，他们对自助餐和鸡尾酒很不以为然。法国人对烹调技术极为重视。他们讲究菜肴的色、香、味、形，操作上很重视掌握火候。法国人不爱吃无鳞鱼，也不爱吃辣味重的菜肴。在法国菜中，还有一个突出的特点，就是尤为偏重于菜品的鲜嫩程度。因此他们一般都喜欢吃略带生口、极为鲜嫩的美味佳肴。奶酪是法国人餐桌上的主要食品之一。法国人一般都乐于喝生水（自来水），不习惯喝开水。法国人非常喜欢中国菜肴。法国著名的饮食评论家、饮食杂志主编亨利·高特盛赞中国菜肴有四大特色：保持真味、样式丰富、火候恰到好处、极有营养，是世界第一流的烹调技术。

## 第七节　意大利

### 一、意大利概况

国名：意大利共和国（The Republic of Italy）。

居民：截至2022年，意大利总人口为5 898万。主体民族是意大利人。少数民族有法兰西人、拉丁人、弗留利人、日耳曼人和斯拉夫人等。通用意大利语，个别边境地区用法语和德语。大部分居民信奉天主教。

首都：罗马（Rome），人口300万（2022年）。

重要节日：①元旦：1月1日；②主显节：1月6日；③复活节：春分后第一次月圆之后的第一个星期日；④解放日：4月25日；⑤国庆日：6月2日；⑥圣母升天节：8月15日；⑦万圣节：11月1日；⑧胜利日：11月4日；⑨圣诞节：12月25日。

行政区划：全国划分为20个行政区，101个省，8 001个市镇。

### 二、意大利自然概况

意大利位于欧洲南部，包括亚平宁半岛及西西里、撒丁等岛屿。北以阿尔卑斯山为屏障，与法国、瑞士、奥地利、斯洛文尼亚接壤，东、南、西三面分别临地中海的属海——亚得里亚海、爱奥尼亚海和第勒尼安海。海岸线长约7 200千米。大部分地区属亚热带地中海气候。矿产资源贫乏，仅有水力、地热、天然气、大理石、汞、硫黄等，还有少量铅、铝、锌和铝矾土等。本国石油和天然气产量分别只能满足 4.5% 和 22% 的市场需求，3/4 的能源供给和主要工业原料依赖国外进口。

## 三、意大利经济概况

意大利经济发达，国内生产总值居世界前列。经济总量位居欧洲第四位，世界第八位。2019 年意大利国内生产总值达 2.03 万亿美元，人均国内生产总值为 33 458 美元。

意大利是发达工业国，欧洲第三大、世界第八大经济体。中小企业发达，被誉为“中小企业王国”，其中小企业数量占企业总数的 98% 以上。地区经济发展不平衡，北方工商业发达，南方以农业为主，经济较为落后。

2020 年意大利经济遭受新冠疫情严重冲击，在欧盟复苏基金中获得 2 090 亿欧元支持。根据意大利国家统计局数据，2021 年意大利国内生产总值为 1.78 万亿欧元，人均国内生产总值为 3 万欧元，失业率为 9%。

1. 农业

2011 年，意大利基本农业总产值超过 300 亿欧元（不包括食品加工、物流销售等相关产业），位居欧洲第三，仅次德法两国，占国内生产总值约 2%。而大农业产值包括第二产业的食品加工、农业机械以及第三产业中的农业技术研究、运输销售以及农业观光业在内，则能达到 1 200 亿欧元，为意大利第三大优势集群产业。由于多山和缺乏肥沃土壤，农业可耕地面积仅占全国总面积的 10%（2010 年），意大利农业出口产品主要由葡萄酒、橄榄油、硬小麦加工的面和面粉以及蔬菜肉类加工制成品四大部分组成。2008 年意大利首次超过法国成为世界最大葡萄酒生产国，2011 年意大利葡萄酒出口接近 50 亿欧元，其中对中国出口为 5 000 万欧元，涨幅最高达到 108%。意大利橄榄油出口位居世界第一，年产量为 60 万吨，出口额达 10 亿欧元，中国进口市场占有率高。此外，重要农产品腌制火腿、意大利面、番茄酱年产值均超过 20 亿欧元。

2. 工业

意大利实体经济发达，主要工业有：石油化工、汽车制造、家用电器、电子仪器、冶金、机械、设备、纺织、服装、制革、家具、食品、饮料、烟草、造纸、出版、印刷、建筑等。中小企业专业化程度高，适应能力强，传统上以出口为导向，在制革、制鞋、服装、纺织、家具、厨卫、瓷砖、丝绸、首饰、酿酒、机械、大理石开采及机械工业等领域具有较强的国际竞争力。

意大利在航空领域有其独到的技术与产品，例如直升机传动系统及旋翼装置、ATR 支线客机等。LEONARDO 公司是意大利航空航天、国防、能源、运输和自动化领域的核心企业。

意大利在高速铁路和城市轨道交通设计、施工、铁路安全关键技术的集成和车辆制造技术方面处于国际领先水平。MERMEC 机械制造公司在铁路机车制造、铁路安全控制系统和国际空间站机器人摄像系统方面处于国际领先地位。

意大利的机械设备产业位居全球前列，2019 年产值 490 亿欧元，出口额 287 亿欧元，德国、中国及美国是意大利机械设备产品的重要客户。机器人产业是意大利机械制造业的精髓，其中用于车辆制造的机器人系统，如焊接机器人、车辆组装机器人、车身喷涂工艺机器人，在世界处于领先水平。

意大利生物技术企业约200家，其中160多家为小型企业。意大利在制药领域具有独特的技术、产品和庞大的研发体系，尤其是抗肿瘤、抗精神病等药物的制造技术与产品在国际处于领先地位。

汽车行业是意大利制造业的重要组成部分，以菲亚特集团为代表，在整车设计、制造和发动机设计与制造方面有其独到之处，多点喷射柴油发动机（Multijet）是全球范围内最先进的柴油发动机产品。意大利汽车零配件生产历史悠久，特别是轮胎、精密机械、器具机械、齿轮、连接件和模具的生产，在世界名列前茅。

纺织服装是意大利制造业的重要组成部分，高端面料、服装服饰和高端时尚在全球处于领先地位。近年来意大利着重发展成衣等终端产品，尤其是强调品质和创意的高端奢侈品。意大利时尚工业家联合会共有6.6万家会员企业，几乎涵盖意大利所有纺织、成衣和配饰企业，员工超过58万人，营业额约955亿欧元，其中66.3%来自出口。意大利纺织服装出口约占总出口的12%。

食品工业在意大利制造业中占有重要地位。其中，葡萄酒出口约占意大利食品工业出口量的20%。其他特色食品还包括：意大利面、橄榄油、奶酪等乳制品、甜食糕点和肉食制品。

3. 财政与金融业

巨额财政赤字和公共债务一直是意大利经济的两大难题。1992年开始，意大利加大私有化力度，先后对意大利国民劳动银行（BNL）、意大利信贷银行和意大利联合商业银行以及埃尼国家保险公司（INA）、国家电力公司、高速公路公司等大型国有企业采取出售股份的方式实施私有化。同时削减公共开支，并进行社会福利体制改革，不断改善财政状况。2011年，受国际金融危机和希腊主权债务危机影响，意大利主权债务形势一度十分严峻，经济持续疲软。意大利分别于2008年、2012—2014年、2019—2020年历经三次经济衰退。2021年财政赤字率7.2%，公债总额约2.67万亿欧元，占国内生产总值的150.4%。

4. 旅游业

根据世界旅游组织（UNWTO）数据，2022年有4 980万外国游客到访意大利。根据CEIC Data（世界趋势数据库的全球经济数据）公布的数据，1995—2020年，意大利的旅游业收入年平均值为394.2亿美元。意大利的旅游业一直是其经济的重要支柱。意大利旅游资源丰富多样，拥有众多世界著名的旅游胜地。主要旅游城市是罗马、威尼斯和佛罗伦萨等。从罗马帝国的历史遗迹到文艺复兴时期的美术馆，美丽的海滩、雄伟的山脉等自然景观都散发着独特的魅力。此外，意大利还是文艺复兴的发源地，孕育了许多杰出的艺术家和思想家。如今，意大利的文化产业已经成为该国的重要产业之一，每年吸引着大量的游客和文化爱好者前来参观和交流。

2023年，意大利政府与意大利银行协会等机构合作筹集了13.8亿欧元专项资金，为酒店和会展公司等提供赠款及优惠贷款，以提振产业发展。意大利政府还发布了新版旅游业发展五年计划，将“创新”“专业化”“可持续”等作为未来的战略支柱，并计划建立数字旅游中心，利用人工智能、大数据等工具分析游客喜好并进行定向推广，打造数字化旅游。

5. 对外贸易

对外贸易是意大利经济的主要支柱，外贸产值占国内生产总值40%以上。其个人消费品、机械设备以及服务在国际市场占据非常重要的地位。2021 年，意大利出口总额 5 160 亿欧元，同比增长 18.2%，进口总额 4 721 亿欧元，同比增长 26.4%。

意大利前五大货物贸易伙伴分别为德国、法国、美国、中国和西班牙，合计占意大利对外贸易总额的 41.6%；前五大出口市场分别为德国、法国、美国、瑞士和英国，合计占意大利出口总额的 43.9%；前五大进口来源地为德国、中国、法国、荷兰和西班牙，合计占意大利进口总额的 44.7%。

意大利主要出口商品为电子电气设备、汽车及其零部件、医药产品、机械设备、钢铁、服装、塑料及其制品、贵金属珠宝、家具、光学仪器和医疗设备等；主要进口商品为电子电气设备、汽车及其零部件、机械设备、矿物燃料、医药产品、钢铁、塑料及其制品、贵金属珠宝、有机化学品、光学仪器和医疗设备等。

6. 著名企业

（1）埃尼石油公司（ENI），意大利国有控股的石油天然气供应企业，前身是 1926 年成立的阿吉普公司，全称为国家碳化氢公司，是上下游一体的跨国石油公司。主要经营石油天然气的勘探开采和生产销售。

（2）意大利国家电力公司（ENEL），成立于 1962 年，是意大利大型国有公共事业企业，集发电、输电、配电为一体，是世界知名综合电力和天然气运营商，全球再生能源利用方面的前导企业。

（3）意大利忠利保险公司（ASSICURAZIONI GENERALI），始创于 1831 年，是世界较大的保险和资产管理服务商，欧洲大型保险跨国集团，集财产和休闲保险、企业保险、人寿保险为一体。

（4）意大利邮政集团（POSTE ITALIANE），始创于 1862 年，是意大利国有邮政服务公司，也是意大利较大的服务基础设施企业，向意大利全国范围提供邮政服务、集成通信、物流及金融服务和产品，集团在规模、知名度、覆盖范围和客户忠诚度方面占有较高的地位。

（5）阿玛尼（Armani），意大利奢侈品牌，由时尚设计大师乔治·阿玛尼创立于意大利米兰，以使用新型面料及优良制作而闻名。阿玛尼公司除经营服装外，还设计领带、眼镜、丝巾、皮革用品、香水乃至家居用品等，以年轻人为目标群体。

（6）普拉达（Prada Rocher），始于 1913 年，是源自意大利的奢侈品牌，精品皮具典范，以实践创意理念著称的家族品牌。专注于提供男女成衣、皮具、鞋履、眼镜及香水及量身定制服务。普拉达凭借创新手法，从非传统社会分析中汲取灵感创造足以超越时尚趋势的多种风格。

（7）费列罗（Ferrero），始于 1946 年，全球知名巧克力糖果品牌，2007 年费列罗中国公司成立。开创多层式用料，榛果威化巧克力是其经典产品。

（8）法拉利（Ferrari），创建于 1947 年，是举世闻名的赛车和运动跑车的生产厂家，原是菲亚特克莱斯勒旗下品牌，2015 年从菲亚特集团剥离独立上市，主要从事赛车及高性能跑车的生产和销售，以其操控性和性能而闻名。

（9）兰博基尼（Lamborghini），成立于 1963 年，是全球知名的超级跑车制造商及欧洲奢华标志，数次易主后被德国大众汽车集团收购，划归旗下奥迪集团管理。

## 四、意大利的交通运输

意大利交通基础设施较齐全。国内运输主要依靠公路，铁路、水路和航空运输也较发达。意大利公路网总长83.7万千米，高速公路网总长6 532千米，铁路网总长16 529千米。有热那亚、那不勒斯、威尼斯、的里雅斯特、塔兰托、里窝那、锡拉库扎等19个主要港口。机场共98个。

1. 铁路运输

意大利铁路网星罗棋布，共有火车站3 500多个。意大利也是世界发展高铁项目最早的国家之一。1992年已建成罗马与佛罗伦萨之间的高铁，2004年意大利高铁总长度达1 525千米。意大利与法国投入85亿欧元修建欧洲最大的跨国高铁，连接法国的里昂和意大利都灵。

2. 公路运输

意大利国内运输主要依靠公路，这也是意大利交通系统中最令人满意的运输类别。其公路系统是欧洲最发达最高效的公路系统之一。意大利每平方千米公路密度位居欧洲前列，高速公路全长达6 600千米。

3. 航空运输

意大利空运系统发达。意大利航空运输条件优越，至欧洲和地中海主要城市的飞行时间均不超过3小时，国内航线密集，从北部到南部飞行所需时间不超过1小时。意大利大小机场总数为98个，其中主要机场有罗马的菲乌米奇诺机场，米兰的利纳特机场、马尔彭萨机场，都灵机场等。

## 五、中意经贸关系

中意两国于1970年正式建交，双方在政治、经贸等各方面合作关系发展顺利。两国经济高度互补，产业契合度高，双方合作互惠互利，有着巨大的潜力空间。双方在高端制造、清洁能源、数字经济、航空航天、医疗康养等领域不断扩大合作。

意大利是中国在欧盟的第四大贸易伙伴，中国是意大利在亚洲的第一大贸易伙伴。2021年，双边贸易额为739.5亿美元，同比增长34%。中国对意大利出口436.3亿美元，同比下降32.5%，进口303.2亿美元，同比增长36.3%。

中国对意大利主要出口商品有：服装及衣着附件、纺织纱线、织物及制品、鞋类、旅游用品及箱包、山羊绒、玩具、自动数据处理设备及其部件、塑料制品、医药品等。

中国对意大利主要进口商品有：纺织机械、动物皮革、电视显像管、金属加工机床、橡胶或塑料加工机械、医药品、烟草加工机械、型模及金属铸造用型箱、电视、收音机及无线电通信设备的零附件、计量检测分析自控仪器及器具等。

## 六、意大利人的习俗礼仪

意大利人在与宾客相见时，习惯热情地向客人问好，面带笑容地以“您”字来称呼客人；一般都喜欢客人用头衔称呼他们。他们时间观念不强，约会总习惯迟到，认为这样是礼节风度。他们在官方场合衣着整齐、举止端庄，平时也极爱打扮。在服饰上都喜欢标新立异。他们有说话心直口快、情绪易激动的特点，谈问题时从不拐弯抹角或耍心计，习惯开诚布公。

意大利人习惯用手语表达个人的意愿，常用的手势有：用大拇指和食指圈成O形，其余三指竖起，意表“好”“行”或“一切顺利”；竖起食指来回摆动，意表“不”“不是”“不行”；一边伸出手掌，再加上撇撇嘴，意表“不清楚”和“无可奉告”；用食指顶住脸颊来回转动，意表“好吃”；五指并拢，手心向下，在胃部来回转动，意表“饥饿”；五指并拢，用食指侧面碰击额头，意表骂别人“笨蛋”“傻瓜”。

意大利人喜爱绿、蓝、黄三色，视绿色为春天的色彩；认为蓝色会给人带来吉祥；黄色常用于美神及婚礼服装上。他们偏爱雏菊，认为雏菊象征着意大利人民的君子风度和天真烂漫。他们对狗和猫两种动物异常喜爱。有的人把狗视为自己的家庭成员，认为狗是人类最忠实的朋友；而对猫感情极深的原因是，猫曾为当地消除鼠疫立下了功劳。

## 第八节　俄罗斯

### 一、俄罗斯概况

国名：俄罗斯联邦，亦称俄罗斯（The Russian Federation，the Russia）。

居民：1.46亿人（2022年）。民族130多个，其中俄罗斯族79.8%。俄语是俄罗斯联邦全境内的官方语言。主要宗教为东正教，其次为伊斯兰教。50%~53%的俄罗斯民众信奉东正教，10%信奉伊斯兰教，信奉天主教和犹太教的各为1%，0.8%信奉佛教。

首都：莫斯科（Moscow），人口约1 264万（2022年）。

国庆日：6月12日。

行政区划：俄罗斯联邦现由83个联邦主体组成，包括21个共和国、9个边疆区、46个州、2个联邦直辖市、1个自治州、6个民族自治区。

### 二、俄罗斯自然概况

俄罗斯横跨欧亚大陆，东西最长9 000千米，南北最宽4 000千米。海岸线长37 653千米。面积1 709.82万平方千米（占苏联领土面积的76.3%），是世界上国土面积最大的国家。大部分地区处于北温带，以大陆性气候为主。其欧洲领土的大部分是东欧平原。北邻北冰洋，东濒太平洋，西北临波罗的海、芬兰湾。

陆地邻国西北面有挪威、芬兰，西面有爱沙尼亚、拉脱维亚、立陶宛、波兰、白俄罗斯，西南面是乌克兰，南面有格鲁吉亚、阿塞拜疆、哈萨克斯坦，东南面有中国、蒙古和朝鲜，俄罗斯外飞地的加里宁格勒州与立陶宛和波兰接壤。俄罗斯与日本、加拿大、格陵兰、冰岛、瑞典隔海相望。

以平原和高原为主的地形。地势南高北低，西低东高。西部几乎全属东欧平原，向东为乌拉尔山脉、西西伯利亚平原、中西伯利亚高原、北西伯利亚低地和东西伯利亚山地、太平洋沿岸山地等。西南耸立着大高加索山脉，最高峰厄尔布鲁士山海拔5 642米。西伯利亚地区纬度较高，气候寒冷，冬季漫长，但夏季日照时间长，气温和湿度适宜，利于针叶林生长。太平洋沿岸属温带季风气候，植被类型为极地荒漠、苔原、森林苔原、森林、森林草原和草原。

俄罗斯自然资源十分丰富，种类多，储量大，自给程度高。森林覆盖面积867万平方千米，占国土面积的51%，居世界第一位，木材蓄积量820亿立方米。主要矿产资源有煤、铁、泥炭、石油、天然气、铜、锰、铅、锌等。天然气已探明蕴藏量为48万亿立方米，占世界探明储量的21%，居世界第一位；石油探明储量252亿吨，占世界探明储量的5%；煤蕴藏量1 570亿吨，居世界第二位；铁矿石蕴藏量650亿吨，居世界第一位，约占40%；铝蕴藏量4亿吨，居世界第二位；铀蕴藏量占世界探明储量的14%；黄金储量1.42万吨，居世界第四位至第五位；磷灰石占世界探明储量65%；镍蕴藏量1 740万吨，占世界探明储量30%；锡占世界探明储量30%；铜8 350万吨。非金属矿藏也极为丰富，石棉、石墨、云母、菱镁矿、刚玉、冰洲石、宝石、金刚石的储量及产量都较大，钾盐储量居世界首位。近年来，俄罗斯油气和矿产资源的探明储量每年都有新的增加，进一步巩固了其世界第一资源大国的地位。

俄罗斯水力资源丰富。主要河流有伏尔加河、第聂伯河、顿河、阿穆尔河（黑龙江）、乌拉尔河、鄂毕河、叶尼塞河、勒拿河。主要湖泊有贝加尔湖和奥涅加湖。

## 三、俄罗斯经济概况

俄罗斯工业、科技基础雄厚，苏联时期曾是世界第二经济强国，1978年被日本超越。苏联解体后俄罗斯经济持续下滑，2000年普京执政后，俄罗斯经济快速回升，连续8年保持增长（年均增幅约6.7%），外贸出口大幅增长，投资环境有所改善，居民收入明显提高。主要工业部门有机械、冶金、石油、天然气、煤炭及化工等；轻纺、食品、木材加工业比较落后；航空航天、核工业具有世界先进水平。自2006年7月起，俄罗斯实行卢布完全可自由兑换的政策。

2005年底，俄罗斯国民生产总值由1999年的1 570亿美元恢复增长到约7 500亿美元，黄金外汇储备由1998年底的不足100亿美元增长到1 822亿美元。至2006年底更是已突破2 800亿美元储蓄大关。

在全球金融危机和国际油价暴跌的双重夹击下，2002—2012年俄罗斯经济大幅放缓，经济萎缩涵盖了大部分工业生产领域。

2019年俄罗斯国内生产总值达1.61万亿美元，人均国内生产总值11 040美元。[①]

西方国家对俄制裁增加了俄罗斯对第一产业的依赖。在所有行业中，俄罗斯石油生产和炼油等传统出口导向型行业同比小幅增长，农业产量继续增长，医药和建筑板块表现良好。外向型行业和占比重较大的行业，包括化工、冶金、汽车、轻工和家具生产，下滑严重。

---

① 2019年全球十大经济大国排名为：美国（21.34万亿美元）、中国（14.22万亿美元）、日本（5.18万亿美元）、德国（3.96万亿美元）、印度（2.97万亿美元）、英国（2.83万亿美元）、法国（2.76万亿美元）、意大利（2.03万亿美元）、巴西（1.96万亿美元）、加拿大（1.74万亿美元）。在全球十大经济大国中，人均国内生产总值较高的国家有：美国、德国、加拿大、法国、英国、日本、意大利。2019年中国人均GDP突破1万美元。

2022 年，俄罗斯经济发展部发布的数据显示，2022 年第二季度俄罗斯国内生产总值（GDP）同比下降 4.0%。受西方制裁影响，俄罗斯经济持续回落，通胀率高，俄罗斯经济面临困难。

1. 农业

俄罗斯拥有广阔的耕地、平坦的地形、肥沃的土壤和充足的水源，国土跨寒带、亚寒带和温带三个气候带，农业条件十分优越。粮食作物主要有小麦、大麦、玉米、水稻等，经济作物以亚麻、向日葵和甜菜为主。粮食、小麦、葵花子、马铃薯的产量均居世界前五位。养殖业中，鸡蛋、牛奶、羊毛产量也位于世界前列。

主要农业区：①东西伯利亚和远东南部地区。该区是甜菜与亚麻的主要产区，粮食种植以春小麦、黑麦和燕麦为主。畜牧业以乳肉兼用的养牛业为主。②南西伯利亚地区。该区包括伏尔加河流域区的东北部、乌拉尔区的南部、西西伯利亚的南部。土壤为肥力较高的黑钙土和栗钙土。是俄罗斯主要的商品粮基地之一，也是主要的畜牧基地之一。③黑海沿岸亚热带地区。位于外高加索西部黑海沿岸地区。湿润温暖的气候条件，使其成为茶树、柑橘类（柠檬、橘、甜橙）和油桐树等亚热带作物的主产区。④西北部地区。该区大部分属于非黑土地带，是俄罗斯谷物、奶牛、亚麻、马铃薯的重要产区。⑤西部地区。该区土壤以肥力较高的黑钙土为主，是主要黑土区。本地区是俄罗斯主要的甜菜、谷物及乳肉兼用的畜牧业生产基地。

2022 年，俄罗斯联邦农业部宣布，俄罗斯的粮食收成打破了历史纪录。全年的粮食收成达 1.5 亿吨，小麦达 1 亿吨，两者均创下历史最高纪录。

2. 石油天然气工业

石油天然气工业长期以来在俄罗斯经济中发挥核心作用，乌拉尔牌石油价格是俄罗斯制定国家财政预算的重要依据。2019 年，俄罗斯石油（包括凝析油）开采量为 5.61 亿吨，原油加工量 2.9 亿吨，出口石油 2.66 亿吨。天然气开采量为 7 375.9 亿立方米，出口量为 2 450 亿立方米。

3. 冶金行业

俄罗斯矿产资源丰富，铁、铝、铜、镍等金属矿产的储量和产量都居于世界前列，矿石开采和冶金行业在俄罗斯经济中发挥重要作用，冶金行业是俄罗斯重要的工业部门之一，其产值约占俄罗斯国内生产总值的 5%，占工业生产的 18%。冶金产品是俄罗斯主要出口商品之一。从出口创汇额来看，俄罗斯冶金行业占俄罗斯所有行业创汇额的 14%，仅次于燃料动力综合体，列第二位。

4. 国防工业

俄罗斯国防工业继承了苏联庞大国防的大部分，从设计、研发、试验到生产体系都较为完整，部门较为齐全，是世界上少有的能生产海、陆、空、天武器和装备的国家。在俄罗斯国内装备更新速度有限的情况下，俄罗斯国防工业大力发展对外合作与出口。根据世界武器贸易分析中心数据，俄罗斯常规武器销售额仅次于美国，位居世界第二位。2019 年俄罗斯武器出口超过 141.44 亿美元，占全球武器贸易总量的 15.4%。在俄罗斯出口武器名单中，占据首位的是军用飞机，随后依次为海军舰艇、陆军装备和防空武器。

5. 财政与金融业

自 2014 年 3 月乌克兰危机升级以来，美国等西方国家对俄罗斯发起多轮经济制裁。

2021 年俄乌冲突爆发后，美国等西方国家对俄罗斯施加多轮严厉经济制裁措施，企图在贸易、金融、科技等各个领域孤立俄罗斯。俄罗斯国内经济形势恶化，经济遭遇很大的外部困难，金融领域遭受西方制裁等强烈冲击。

6. 对外贸易

据俄罗斯海关署统计，2019 年，俄罗斯外贸总额为 6 720 亿美元，其中，出口 4 246 亿美元，进口 2 474 亿美元。

2019 年俄罗斯前十大贸易伙伴国依次为：中国（1 109 亿美元）、德国（532 亿美元）、荷兰（488 亿美元）、白俄罗斯（334 亿美元）、美国（262 亿美元）、土耳其（260 亿美元）、意大利（252 亿美元）、韩国（244 亿美元）、日本（203 亿美元）、哈萨克斯坦（196 亿美元）。中国已连续第十年成为俄罗斯第一大贸易伙伴国。

2019 年，俄罗斯出口商品结构未有明显改善，矿产资源类产品出口 2 677 亿美元，占俄罗斯出口总额的 63. 3%；其他各主要出口商品依次为：金属及其制品 375 亿美元，占 8. 9%；车辆和设备 277 亿美元，占 6. 5%；化工产品 270 亿美元，占 6. 4%；食品及农业原料 248 亿美元，占 5. 9%；木材及其制品 128 亿美元，占 3%。

2019 年，机电产品为俄罗斯主要进口商品，进口额为 1 125 亿美元，占俄罗斯进口总额的 46. 2%；其他主要进口商品依次为：化工产品、食品及农业原料、金属及其制品、纺织品。

## 四、俄罗斯的交通运输

俄罗斯幅员辽阔，地理环境复杂多变，公路交通较落后，铁路、航空和水路运输有一定基础，但多为在苏联时期建造，较为陈旧。

1. 铁路运输

截至 2019 年底，俄罗斯铁路网总运营里程为 8. 66 万千米（仅次于美国、中国，居世界第三位），电气化铁路里程约 4. 4 万千米，占比 51. 2%。俄罗斯共有 11 条国际铁路干线与芬兰、立陶宛、乌克兰、白俄罗斯、阿塞拜疆、蒙古、中国、朝鲜等国家相连，主要是十月铁路、北高加索铁路、莫斯科铁路、伏尔加河流域铁路、跨西伯利亚铁路、贝阿铁路。

2. 水路运输

截至 2019 年底，俄罗斯内河通航里程为 10. 2 万千米。主要海港位于波罗的海、黑海、太平洋、巴伦支海、白海等，包括摩尔曼斯克、圣彼得堡、符拉迪沃斯托克、纳霍德卡、瓦尼诺、东方港、新罗西斯克等。其中，欧洲地区主要是伏尔加河，为俄罗斯与欧洲国家相连的最重要的河运航道，莫斯科有“五海之港”（连通波罗的海、白海、黑海、亚速海及里海五大海域）的称号。远东地区最重要的河运航道是阿穆尔河（黑龙江），全线通航。

3. 航空运输

俄罗斯主要机场有谢列梅杰沃国际机场、伏努科沃 1 号国际机场、多莫杰多沃机场、圣彼得堡国际机场、下诺夫哥罗德机场、新西伯利亚机场、叶卡捷琳堡机场、哈巴罗夫斯克机场等。2019 年，俄罗斯航空客运量 1. 28 亿人次，其中，国际客运量 5 506. 76 万人次，国内客运量 7 306 万人次。货运周转量 73 亿吨。

4. 管道运输

管输系统承担着俄罗斯境内近90%的原油输送任务。截至2019年底，俄罗斯油气管道总里程超过25万千米，其中原油管道超过5.4万千米，占世界原油管道总里程的14%。

俄罗斯境内的原油输送管道在设计特征上呈现东西双向的格局，分别针对欧洲和亚太地区两个最大的需求市场。德鲁日巴（Druzhba）输油管道是俄罗斯最大的原油输送管道，也是全世界最大的原油输送管道之一，最大每天可输送200万桶原油，是主要原油产区向欧洲输送的主动脉。东西伯利亚—太平洋运输管道（简称ESPO pipeline），是位于俄罗斯东部的重要管线，主管道连接泰舍特（Taishet）和斯科沃罗季诺（Skovorodino），随后形成两条分支ESPO－2以及ESPO中国段，分别连接俄罗斯东部科济米诺（Kozmino）港和我国黑龙江省的大庆市。

## 五、中俄经贸关系

从贸易结构来看，2020年中国对俄罗斯进口贸易中，石油、天然气、铁矿石等矿产品占比达到64.5%，规模为369.1亿美元，其次是贱金属及其制品占比11.6%、木材及其制品占比6.5%、动物产品占比3.9%；中国对俄罗斯出口贸易中，机电产品最多，达到209.4亿美元，占比41.4%，其次是纺织品及原材料占比10.7%、贱金属及其制品占比7.3%、家具等杂项制品占比7.1%。整体来看，能源、农产品、医疗器械、轻工产品和机械设备等领域在中俄贸易中占据重要地位，中俄双边贸易结构具有一定的互补性特征。

中国商务部数据显示，2022年，中俄双边贸易额达到创纪录的1 902.71亿美元，同比增长29.3%，中国连续13年成为俄罗斯第一大贸易伙伴国。中俄双边贸易额大幅提升，经贸合作提质升级，能源、投资、互联互通等领域合作取得新成果，合作深度、广度不断拓展。

中俄能源合作规模不断扩大。2021年，中国自俄罗斯进口能源产品3 342.9亿元人民币，俄罗斯成为中国第一大能源进口来源国，是中国石油、天然气、煤炭主要进口来源国。

农业领域，中俄农副产品贸易种类、数量不断增加。2022年，两国农产品贸易额大增43%，俄罗斯的面粉、牛肉、冰激凌等广受中国消费者青睐。

服务贸易领域，运输、旅游、商品售后服务等多类型服贸合作不断深化。2019年，180万中国公民到访俄罗斯，在游客数量和增长趋势上均领先其他国家。同年，230万俄罗斯人来到中国旅游。2022年中国对俄出口机电产品同比增长9%，高新技术产品增长51%，汽车及其零部件增长45%。相关产品售后服务已成为中俄服贸合作的重要部分。

金融领域，中俄货币互换等金融合作不断延伸。2022年底，人民币在俄罗斯进口结算中的份额跃升至23%，在出口结算中的份额飙升至16%。中俄不断提升金融合作与支付领域创新水平，在双边贸易、投资、贷款和其他经贸往来中稳步提升本币结算比重。

两国具有坚实的经济合作基础，两国全方位合作具有广阔前景。中俄在能源、农业、服务贸易、高科技等领域有广阔合作空间。中俄两国加强统筹设计和顶层规划，扩大能源、资源、机电产品贸易，增强双方产业链供应链韧性，拓展信息技术、数字经济、农业、服务贸易等领域合作，推进传统贸易与新兴领域合作互为补充、同步发展，进一步畅通跨境物流运输。推动中俄经贸关系加速提质升级，向2 000亿美元双边贸易额目标不断迈进。

### 六、俄罗斯人的习俗礼仪

俄罗斯人十分注重仪表，天热也不轻易脱下外衣。他们习惯守时，约会切忌迟到。社交礼仪包括：①三记吻。俄罗斯人见面时，习惯于亲吻和拥抱。特别是亲人或好友相逢，要吻腮三下，长辈吻晚辈额头。这一习俗被称为俄罗斯“三记吻”。②面包和盐。俄罗斯人在为客人举办隆重的欢迎仪式时要捧出面包和盐献给客人，以示崇高的敬意和热烈的欢迎。③握手技巧。男女双方握手时，一般要等女方先伸手。男方握女方手时要轻，不要用力摇晃对方的手，也不要问及女士的年龄。④“您”和“你”要分清。在俄罗斯人的交际中，“您”和“你”的用法比较复杂，区分很严。一般来说，在关系亲近的人之间，对自家人、熟人、朋友、平辈和儿童称呼“你”，表示亲热、友好和随便；而对长者和陌生人称呼“您”，表示尊敬和客气。⑤婚礼上大喊“苦啊，苦啊”。在兴高采烈的婚礼宴席上，俄罗斯客人会突然喊起“苦啊，苦啊”，意思是“生活这么苦，来点甜的吧”。这时，新郎、新娘就会站立起来，在众人面前接吻。⑥女士优先。女士上小汽车时，男士要为她开车门；坐车要给妇女让座；进出门要为女士开门。⑦自带拖鞋去做客。俄罗斯人去别人家做客时，常常自带拖鞋。因为到了别人家里后一般都要换鞋才能进去，而主人家可能因一次接待客人太多而难以准备足够的拖鞋。此外，穿自己的拖鞋也更卫生。⑧鲜花是最好的礼物。俄罗斯人酷爱鲜花，无论生日、节日，还是平时做客，都离不开鲜花。赠送鲜花，少则一支，多则几支，但必须是单数，因为俄罗斯人认为，单数吉祥，偶数不吉利。送花还有讲究：“三八”妇女节时，给女友送相思花；送给男人的花必须是高茎、颜色鲜丽的大花；除非有人去世，否则不送双数的鲜花，即 2 支或者 4 支鲜花，平时一般送康乃馨和郁金香。⑨戒指的戴法。俄罗斯人比较重视订婚和结婚戒指。戒指的不同戴法表示不同的婚姻状态。戴在右手无名指上，表示已婚；戴在左手无名指上，表示未婚。

俄罗斯人忌讳数字“13”，不喜欢星期五，尤视“同时是星期五的 13 日”为不祥日子，但视“7”为吉祥数字。他们忌讳黑色（象征死亡），喜爱红色；讨厌兔子、黑猫玩具或图案（视为不祥），但喜爱马的图案（能驱邪）。打碎镜子预兆疾病或灾难；打翻盐瓶预兆家庭不和；打碎盘碟却视为幸福、富贵。送花时，忌送菊花、杜鹃花、石竹花和黄色的花；支数和花朵数不能是“13”或双数。俄罗斯传统认为，每个人都有神灵——左方为凶神，右方为善良的保护神。因此遇见熟人时不可伸左手握手问好，早晨起床不可左脚先着地。见面或告别时，最好不要隔着门槛握手，俄罗斯人认为，这样会把友谊隔断。不要送手绢，因为手绢是用来擦眼泪的，送手绢可能被认为将有不好的事情发生。不要送空钱包，空钱包被认为是一贫如洗。如果送钱包，一定要象征性地在里面放一点钱，意思是祝愿对方永远有钱。

## 第九节　韩国

### 一、韩国概况

国名：大韩民国（Republic of Korea）。

居民：5 200 万人（2022 年），为单一民族，通用韩国语，50% 左右的人口信奉基督新教、佛教等宗教。

首都：首尔（Seoul），人口 950 万。

国庆日：8 月 15 日。

行政区划：全国划分为 1 个特别市（首尔特别市）、1 个特别自治市（世宗特别自治市）、1 个特别自治道（济州特别自治道）、8 个道（京畿道、江原道、忠清北道、忠清南道、全罗北道、全罗南道、庆尚北道、庆尚南道）、6 个广域市。

## 二、韩国自然概况

韩国位于亚洲大陆东北部朝鲜半岛的南半部。东、南、西三面环海。半岛海岸线全长约 1.7 万千米（包括岛屿海岸线）。面积为 9.96 万平方千米。陆地面积占半岛面积的 45%，地形东北高、西南低，山地面积约占 70%。四季分明，属温带季风气候。

矿产资源较少，有开采利用价值的矿物有铁、无烟煤、铅、锌、钨等，但储量不大。由于自然资源匮乏，主要工业原料均依赖进口。

## 三、韩国经济概况

20 世纪 60 年代，韩国经济开始起步。20 世纪 70 年代以来，持续高速增长，人均国民生产总值从 1962 年的 87 美元增至 1996 年的 10 548 美元，创造了“汉江奇迹”。产业以制造业和服务业为主，造船、汽车、电子、钢铁、纺织等产业产量均进入世界前 10 名。大企业集团在韩国经济中占有十分重要的地位，主要大企业集团有三星、现代汽车、SK、LG 等。

2019 年韩国国内生产总值 1.16 万亿美元，人均国内生产总值 32 341 美元。2022 年韩国国内生产总值 1.66 万亿美元，人均国内生产总值 3.2 万美元。

### 1. 农业

韩国农业资源非常稀缺，现有耕地面积约 1.84 万平方千米（18.4% 是农耕地），是世界人均耕地面积最少的国家之一。韩国农产品主要依赖国外进口。韩国农业以小规模家庭经营为主。随着韩国经济的飞速发展，农业占韩国 GDP 的比重不断快速下降。1970 至 2000 年，韩国农业就业人口比例由 50% 降到了 8.5%。

韩国农业生产结构中种植业特别是大米种植业的比例较高，而畜牧业等的比重小。不过粮食作物的面积有减少的趋势，高附加值作物、蔬菜和水果的面积在种植业中的比重在增加，高经济附加值的作物高丽参和芝麻占韩国农业生产的 1.6%。

### 2. 工业

（1）钢铁工业。20 世纪 70 年代，在政府扶植下，韩国钢铁工业发展快，韩国迈入世界钢铁工业大国的行列。进入 21 世纪后，韩国钢铁企业致力于发展新技术，船用钢板、汽车用钢板等高附加值产品增长加快，低附加值产品开始出现负增长。韩国主要的钢铁生产商有浦项钢铁、现代钢铁、东国制钢等，其中浦项钢铁是世界上最大的钢铁企业之一，也是全球最具竞争力的钢铁制造商。

（2）电子工业。20 世纪 80 年代，韩国电子企业开始通过自主创新，推出自己的品牌产品。1995年，韩国电子产品出口额达到436亿美元，占到韩国出口总额的35%。2006年，电子产品成为韩国最大宗出口商品，出口额达到1 157亿元。21世纪以来，韩国电子工业加快了国际化的步伐，陆续在欧美、东亚投资建厂。韩国电子工业主要分布在以首尔为中心的首都圈、龟尾电子工业团地和釜山地区。其内存、液晶显示器及等离子显示屏等平面显示装置和移动电话都在世界市场中具领导地位。世界知名的韩国电子产品制造商有三星、LG、SK等。2018年，三星半导体销售额达到创纪录的759亿美元。近几年来，电子产业技术创新突飞猛进，韩国电子产业发展面临较大的竞争压力。

（3）造船业。20世纪70年代，重工业成为韩国第三个五年经济计划的发展重点。造船业与机械、化工等工业被作为战略行业发展。1981年，韩国造船能力上升到400万吨，产量达到107.2万吨，能力和产量仅次于日本，位居世界第二位，设备自给率水平也迅速提高。1999年，韩国造船订单量达到了1 184万吨，首次超过日本，成为世界第一。韩国在油船、集装箱船、液化天然气船（LNG）、浮式生产储油船、高速和超大型船以及豪华游轮等领域都居世界领先地位。其中现代重工、三星重工、大宇造船海洋株式会社和STX造船海洋是世界前四大造船厂。韩国在建造高附加值船舶方面有显著优势。2010年开始，中国造船业开始成为韩国造船业的竞争对手。

（4）汽车制造业。2005年至2014年，韩国连续10年蝉联世界第五大汽车生产国。2014年，韩国汽车产量为452万辆，占全球汽车总产量的5%。2022年，汽车生产大国家依次是中国、美国、日本、印度、韩国、德国。近年来，韩国汽车产业在科技创新方面落后于欧美和日本汽车产业强国的步伐。

3. 旅游业

韩国旅游业较为发达。近年来，韩政府将旅游业确定为战略产业，积极鼓励和发展旅游业，通过对外宣传“韩流”文化、简化热点旅游地区入境手续、完善国内旅游市场、改善国内旅游硬件设施、提升相关服务水平，吸引国外游客。据韩方统计，2019年访韩外国游客1 700余万人次。

4. 对外贸易

2021年，韩国外贸总额1.26万亿美元，贸易顺差294.9亿美元。其中，出口6 445.4亿美元，较上年增长25.8%；进口6 150.5亿美元，较上年增长31.5%。中国、美国、日本是韩国前三大贸易伙伴国。主要进口产品有原油、半导体、天然气、石油制品、半导体零部件、钢板、煤炭、通信器材、电缆等。主要出口产品有汽车及其零部件、半导体、有线无线通信器材、船舶、石油制品、平板液晶显示器、个人电脑、影视器材等。

## 四、韩国的交通运输

韩国陆、海、空交通运输均较发达。全国已建成铁路网和高速公路网。

1. 铁路运输

韩国铁路总长约4 073.9千米。2004年3月，首尔—釜山高速铁路开通，全长412千米，最高时速300千米。

2. 水路运输

韩国海洋运输发达。主要港口有：釜山、浦项、仁川、群山、木浦、济州、丽水等。

3. 航空运输

韩国开通国内航线 21 条，国际航线 350 条（其中外国航空公司航线 210 条）。截至 2022 年，韩国有 8 个国际机场：仁川国际机场、金浦国际机场、济州国际机场、金海国际机场、清州国际机场、大邱国际机场、襄阳国际机场、务安国际机场。

## 五、中韩经贸关系

中韩自 1992 年建交以来，两国友好合作关系在各个领域都取得快速发展。中韩两国互为战略合作伙伴，在维护多边主义、自由贸易，推进区域经济一体化方面有着诸多共同利益，中韩经贸合作具有天然的条件和深厚的基础。

两国主要城市之间有 60 条定期客运航线，每周近 1 200 个班次。中国天津、青岛、大连、烟台、威海与韩国仁川、釜山、平泽等地有定期客货轮航线。

在中韩贸易初步发展阶段（1992—2001 年），中国对韩国的贸易出口主要集中于农矿类商品和劳动密集型商品，对韩国的进口主要集中于机电类商品和纺织类商品。自 2001 年我国正式加入世界贸易组织以来，中韩双边贸易取得了长足进步，双方贸易在稳步推进传统货物贸易的同时，也逐步扩展到了服务贸易领域，中韩贸易自此进入高速发展阶段（2002—2014 年）。2015 年中韩两国签署自贸协定，协定于 2015 年 12 月 20 日正式生效实施，这一举措成为推动中韩两国经贸关系持续发展的助推器。在 2018 年中韩贸易总额首破 3 000 亿美元大关，达到了 3 134. 28 亿美元。2021 年中韩贸易总额达到了 3 623. 51 亿美元。

近 30 年的贸易往来，在中韩双方政府不断努力下，贸易水平不断提升，贸易产品不断迈向高精尖。中国从韩国主要进口商品为钢铁产品、合成树脂和纺织产品等，主要出口商品从以植物材料（饲料）和原油等为主，逐渐转为以半导体、显示器、电子计算机等为主。随着中国科学技术的不断发展，生产技术水平也不断提高，中韩产业内贸易结构开始从垂直型向水平型转变，中韩两国在汽车、造船、液晶显示器、电池、能源等主要产业产品贸易间更具有竞争性。

中韩贸易结构已经发生了明显的变化（见表 4 - 1），主要原因在于我国制造业实力的提升。中国制造业增加值占世界制造业增加值的比率持续提升，至 2021 年达 30%；韩国制造业增加值占比在近十年间变动较小，维持在 4% 左右；中韩技术差距逐步缩小。从双边贸易商品品类来看，中韩双边进出口贸易集中在机械设备、电子产品与化学制品，半导体、芯片、船舶、手机、汽车及其零部件等是韩国向中国出口的重要品类，而中国企业在这些领域的竞争力已大幅增强。以半导体为例，中国芯片设计产业已取得长足进步，在中低端半导体产品上已具备较强的成本优势。在生产制造原材料领域，据《韩国经济》报道，韩国制造业 90% 以上的新能源电池、半导体、汽车、航空零部件等核心产业材料从中国进口。

表4-1　中国对韩国进出口贸易商品结构的变化

| 时间节点 | 中国对韩国主要进口商品 | 中国对韩国主要出口商品 |
|---|---|---|
| 1992年 | 钢铁制品、合成树脂、钢筋、皮革、人造纤维 | 植物性物质、原油、纤维织物、水泥、煤 |
| 2011年 | 平板显示器、半导体、石油产品、合成树脂、汽车配件 | 半导体、电子计算机、钢铁制品、无线通信机器、平板显示器 |
| 2021年 | 半导体、合成树脂、平板显示器、石油产品、光学仪器 | 半导体、电子计算机、精密化学原料、无线通信机器、钢铁制品 |

## 六、韩国人的习俗礼仪

韩国人喜欢白色。国花是木槿花，松树为国树，喜鹊为国鸟，老虎为国兽。忌讳数字"4"和"13"。韩国人的民族自尊心很强，反对崇洋媚外，倡导使用国货。在赠送礼品时，最好选择是鲜花、酒类和工艺品。最好不是日本货。韩国有男尊女卑的讲究，进入房间时，女人不可以走在男人的前面，女人需帮助男人脱下外套，坐下时，女人要主动坐在男人的后面。不可以在男人面前高声谈论。

韩国人讲究礼貌，待客热情。见面时，一般用咖啡、不含酒精的饮料或大麦茶招待客人，有时候还加上适量的糖和蛋奶。初次见面时，韩国人养成了通报姓氏习惯，并和"先生"等敬称连用。韩国人洽谈业务往往在旅馆的咖啡室或附近类似的地方举行。如果被邀请去韩国人家里做客，按习惯要带一束鲜花或一份小礼物，双手奉上。不要当着赠送者的面把礼物打开。韩国的农历节日也有春节、清明节、端午节、中秋节。

韩国人以米饭为主食，早餐也习惯吃米饭，不吃粥。还喜欢吃辣椒、泡菜，吃烧烤的时候要加辣椒、胡椒、大蒜等辛辣的调味品。韩国人在喝茶或喝酒的时候，主人总是以1、3、5、7的数字单位来敬茶、敬酒，并忌讳用双数摆放杯、盏。

在韩国，可以吸烟、饮酒的年龄是满19岁。在购买烟、酒的时候，要出示可以证明自己年龄的证件（身份证、学生证、护照等）。韩国在办公室、餐厅、商店、地铁等封闭的公共场所或贴有禁止吸烟标志的场所是禁止吸烟的。

# 第十节　澳大利亚

## 一、澳大利亚概况

国名：澳大利亚联邦（The Commonwealth of Australia）。

居民：截至2022年10月，澳大利亚总人口为2 617万。其中74%为英国及爱尔兰后裔；5%为亚裔，其中华裔人口约121万，占总人口的3.9%（2016年）；本土居民约45.5万人，占2.3%。官方语言为英语。居民中约70%信奉基督新教，约5%信奉佛教、伊斯兰教、印度教和犹太教等；非宗教人口约占25%。

首都：堪培拉（Canberra）。

国庆日：1月26日。

行政区划：全国划分为6个州和2个地区。6个州分别是新南威尔士、维多利亚、昆士兰、南澳大利亚、西澳大利亚、塔斯马尼亚；2个地区分别是北方领土地区和首都地区。

## 二、澳大利亚自然概况

澳大利亚位于南太平洋和印度洋之间，由澳大利亚大陆、塔斯马尼亚岛等岛屿和海外领土组成。东濒太平洋的珊瑚海和塔斯曼海，北、西、南三面临印度洋及其边缘海。海岸线长36 735千米。北部属热带，其余大部分属温带。面积769.2万平方千米。

矿产资源丰富，铝矾土、铅、镍、银、铀、锌、钼的探明经济储量居世界首位。它是世界上最大的铝矾土、氧化铝、钻石、铅、钼生产国，并且黄金、铁矿石、煤、锂、锰矿石、镍、银、铀、锌等矿物的产量也居世界前列，同时还是世界上最大的烟煤、铝矾土、氧化铝、铅、钻石、锌及精矿出口国，第二大氧化铝、铁矿石、铀矿出口国，第三大铝和黄金出口国。澳大利亚原油储量为2 270亿升，天然气储量为2.2万亿立方米。森林覆盖率为21%。它的渔业资源丰富，捕鱼区面积比国土面积多16%，是世界上第三大捕鱼区。最主要的水产品有对虾、龙虾、鲍鱼、金枪鱼、扇贝、牡蛎等。

## 三、澳大利亚经济概况

澳大利亚是发达的现代化工业国家、全球第四大农产品出口国，同时也是世界重要的矿产品生产和出口国。农牧业、采矿业为传统产业，制造业和高科技产业发展迅速，服务业已成为国民经济主导产业，澳大利亚发展对外贸易，经济保持较快增长。

农牧业、采矿业为传统产业，制造业和高科技产业发展迅速，服务业已成为国民经济主导产业。20世纪70年代以来，澳大利亚进行了一系列经济改革，大力发展对外贸易，经济保持较快增长。自20世纪80年代，澳大利亚通过一系列有效的经济结构改革，经济实现了发达经济体之中最长的连续增长纪录。1991年至2019年，连续28年经济保持正增长。澳农牧业发达，自然资源丰富，有“骑在羊背上的国家”“坐在矿车上的国家”和“手持麦穗的国家”之称。

2021—2022财年，澳大利亚国内生产总值为2.1万亿澳元，经济增长率为3.9%，人均国内生产总值约7.8万澳元。截至2022年5月，澳大利亚外汇储备为773亿澳元（1澳元约兑0.6820美元）。

### 1. 农牧业

澳大利亚农牧业发达，在国民经济中占有重要地位，是世界上最大的羊毛和牛肉出口国。2020—2021财年，澳农牧业产值3 144.6亿澳元。主要农作物为小麦、大麦、棉花、高粱等，主要畜牧产品为牛肉、牛奶、羊肉、羊毛、家禽等。

澳大利亚四面环海，自然资源丰富，生态环境优良，地广人稀，全境地势低平，草场辽阔，是世界上天然草原面积最大的国家，农牧业用地在国土面积中的占比超过60%，其中牧场面积占世界牧场总面积的12.4%。

（1）肉牛业。肉牛业是澳大利亚农业的第一大主导产业。澳大利亚肉牛主产地为东南部降雨量丰富的昆士兰州、新南威尔士州等地区，两州肉牛存栏量占全国的61.8%。养殖方式以天然草场放牧为主，肉牛育肥阶段补饲以大麦、小麦和燕麦等为主要原料的精饲料。澳大利亚肉牛屠宰加工高度集中，肉牛屠宰实行分级体系，产品附加值高。

澳大利亚肉牛业属于出口导向型产业，牛肉是出口量最大的农产品，70%以上用于出口，是世界第二大牛肉出口国。主要出口国家和地区有美国、日本、韩国、中国、印度尼西亚和欧盟；活牛主要出口国家和地区有印度尼西亚、中东、中国和俄罗斯。

（2）奶牛业。澳大利亚奶牛养殖以天然草原放牧为主，养殖区域集中在东南部温带区域，其中维多利亚州存栏数最高，占全国总存栏量的67%。

澳大利亚乳制品出口量位于新西兰、欧盟和美国之后，居全球第四位，约占全球奶制品贸易量的7%。出口产品为奶酪、脱脂奶粉、全脂奶粉和鲜奶等。其中，奶酪主要出口日本，脱脂奶粉主要出口印度尼西亚、中国和马来西亚，全脂奶粉主要出口中国。

（3）养羊业。养羊业是澳大利亚的传统畜牧产业。澳大利亚绵羊养殖全部为天然草原放牧，主要集中在新南威尔士州、维多利亚州、西澳大利亚州和南澳大利亚州，四州绵羊存栏量占全国93.7%。

2. 工业

澳大利亚以制造业、建筑业和矿业为主。2020—2021财年，制造业产值1 073.8亿澳元，建筑业产值1 307.9亿澳元，矿业产值2 161.1亿澳元。

澳大利亚制造业发展良好，其中造船业是澳大利亚经济中最重要的产业之一；澳大利亚在铝造船业的国际市场份额约占30%，拥有整个亚太地区实力拔群的信息和技术产业。无论是传统制造业还是高新技术产业，澳大利亚工业化水平都是全球领先。

3. 渔业

澳大利亚是南半球海洋大国，渔业资源丰富，拥有1 000万平方千米的专属经济区和全球第三大捕鱼区。有3 000多种海水和淡水鱼以及3 000多种甲壳及软体类水产品，其中已进行商业捕捞的约600种。主要捕捞品种包括：野生鲍鱼、龙虾、对虾、金枪鱼等；主要养殖品种包括：三文鱼、海参、牡蛎等。

4. 服务业

服务业是澳大利亚经济最重要和发展最快的部门，服务业中产值最高的五大行业是金融保险业、医疗和社区服务业、专业科技服务业、公共管理和安全服务业、教育培训服务业。2018—2019财年，服务业产值1.33万亿澳元，占澳大利亚国内生产总值的68%。2020—2021财年，澳大利亚服务贸易出口共625.3亿澳元。

5. 金融业

澳大利亚金融业监管严格，拥有全球第五大金融体系和资本市场。2018—2019财年，金融业产值为1 694.4亿澳元，金融服务业对澳大利亚GDP贡献约为8.7%。澳大利亚是86个接受银行业风险评估国家中风险最低的国家之一。澳大利亚与中国香港、加拿大、德国、瑞士被列为全球最安全的五大银行业国家和地区。

澳大利亚银行业主要商业银行包括：澳新银行（ANZ）、澳大利亚联邦银行（CBA）、澳大利亚国民银行（NAB）、澳大利亚西太平洋银行（WBC）。这四大银行是澳大利亚银行体系四大支柱，垄断性强。四大行资产约占澳大利亚银行业总资产的80%。

澳大利亚保险业发达，受各级政府和行业机构的高度审视和监管。保险市场垄断程度高，各大保险公司往往通过收购兼并的方式进行扩张。

澳大利亚证券市场较成熟，澳大利亚证券交易所（简称澳交所，ASX），是世界第 5 大股权市场，已有约 2 200 家企业在 ASX 上市，流通总市值近 2 万亿澳元。澳大利亚股票市场发达，由澳大利亚股票交易所运作。

澳大利亚外汇交易往来基本不受限制，非居民可自由开立或使用账户。对外支付可用澳元或其他主要货币结算。

6. 旅游业

旅游业是澳大利亚经济的重要部门。2021 年，赴澳外国游客为 24.6 万人次，同比下降 86.5%。旅游资源丰富，著名的旅游城市和景点有悉尼、墨尔本、布里斯班、阿德莱德、珀斯、黄金海岸、达尔文、大堡礁、艾尔斯岩（乌鲁鲁）等。

7. 对外贸易

澳大利亚对国际贸易依赖较大。澳大利亚主要贸易伙伴依次为中国、美国、日本、韩国、英国、新加坡、印度、新西兰、德国、马来西亚、泰国等。2020—2021 财年，澳大利亚出口额为 5 192 亿澳元，进口额为 3 981 亿澳元。

澳大利亚主要出口商品为铁矿石、煤、教育与旅行服务、黄金、原油、天然气、小麦、铝矾土、铜矿、牛肉、铜、羊毛制品等。主要进口商品为原油、摩托车、精炼油、航空器材、药物、通信器材、计算机、公交车、货车、黄金等。

8. 著名企业

（1）伍尔沃斯（Woolworths）公司创立于 1924 年，主要经营超级商场、普通商店、酒类商店等。作为澳大利亚较大的食品零售商，伍尔沃斯在全球开设有 8 000 多家分店。伍尔沃斯公司以经营玩具、糖果、家居用品为主，采取大规模采购的方式降低成本，为顾客提供物美价廉的商品，并且以“明码标价、薄利销售、连锁经营”等理念开创了一个商业新时代。

（2）必和必拓（BHP Billiton）是知名的综合性资源公司，致力于为全球增长提供有力的资源保障，其中包括铁矿石、炼焦煤、铜和铀等资源。此外，还拥有大量的石油、天然气和动力煤等权益资产。必和必拓的全球总部位于澳大利亚的墨尔本，资源勘探和开发业务主要位于澳大利亚和美洲，并通过新加坡、美国休斯敦的营销中心在全球范围内销售产品。过去 40 多年间，必和必拓在中国快速的工业化和城镇化进程中，累计向中国供应了 20 多亿吨铁矿石和大量的炼焦煤、液化天然气、铜精矿、镍等资源产品，为中国的发展提供了有力的资源保障。

（3）力拓集团（Rio Tinto Group）总部在英国，澳大利亚总部在墨尔本。1962 年至 1997 年，兼并了全球数家有影响力的矿业公司，该公司控股的哈默斯利铁矿有限公司是澳大利亚第二大铁矿石生产公司，在西澳皮尔巴拉地区有五座生产矿山，与淡水河谷公司、必和必拓公司并称为全球铁矿石三巨头。

（4）科尔斯（Coles）集团是澳大利亚的零售商，在全国拥有 2 500 多家零售店。Coles Online 为客户提供“随时随地”的购物服务，提供多种送货上门选择，Coles Online 还拥有一个专门的团队为业务客户提供服务。

（5）澳洲联邦银行（Commonwealth Bank of Australia，CBA）是澳大利亚的主要银行，是澳大利亚四大银行之一，总部位于悉尼。凭借多年来良好的经营状况，CBA 分别获得惠誉国际、穆迪投资及标普国际的 AA、Aa3 及 AA－信贷评级，是世界银行之中最稳健的银行之一。CBA 是澳大利亚最主要的房地产信贷银行、最大的信用卡发行银行、最大的基金经理、最大的零售退休金管理公司和最大的人寿保险公司。

（6）西太平洋银行（Westpac Banking Corporation）是一家金融服务公司，澳大利亚四大银行之一，总部位于悉尼。

（7）西农（Wesfarmers）集团是澳大利亚最大的零售企业之一，前身为西澳州农民合作社，总部位于珀斯。西农集团的业务涉及零售、煤矿、保险、家装等广泛领域，拥有雇员 20 万人，是澳大利亚雇员人数最多的私人企业之一。

## 四、澳大利亚的交通运输

澳大利亚国际海、空运输业发达。悉尼是南太平洋主要交通运输枢纽。

1. 铁路运输

澳大利亚全国铁路总长为 3.3 万千米。以电气化铁路为主，南北干线自 2004 年贯通，成为连接澳大利亚南北两端的大动脉。

政府将部分货运和客运铁路经营公司私有化，如悉尼—珀斯、悉尼—墨尔本、阿德莱德—艾利斯泉的客运划归私营。此外，私营铁路还包括西澳铁矿石运输服务。

2. 公路运输

2020 年，澳大利亚全国公路总里程约 87.76 万千米。澳大利亚公路的建设与维修由州政府和地方政府承担，联邦政府对主要州际公路给予实际投资。除悉尼港大桥及悉尼、墨尔本和布里斯班的少数高速公路之外，其他高速公路通常不收取通行费。

3. 水路运输

澳大利亚海岸线长达 3.67 万千米，国际海运发达，近 80% 出口贸易和 70% 以上进口贸易通过海运。澳大利亚内陆水运里程约为 2 000 多千米，各种港口超过 100 个，商船队 109 个，装载量 334 万吨。

澳大利亚国际水运货物运量年均在 10 亿吨以上，2015—2016 财年，装货量达 14.46 亿吨、卸货量达 1.5 亿吨，其中主要为铁矿石、煤、液化天然气、粮食等大宗商品。

2017—2018 财年，5 个主要集装箱码头处理了 810 万标准箱。主要港口有悉尼、墨尔本、珀斯、布里斯班、阿德莱德、霍巴特、达尔文、丹皮尔、伯尼、德文波特、汤斯维尔等。

4. 航空运输

澳大利亚是全球第 8 大航空市场。墨尔本—悉尼、布里斯班—悉尼、布里斯班—墨尔本航线为最重要的三条国内航线。主要国内航空公司有“澳洲航空”（Qantas）和“捷星航空”（Jetstar）。澳大利亚有 12 个国际机场，60 家航空公司经营国际航线。年客流量超过 1 000 万人次的国际机场有悉尼机场、墨尔本机场、布里斯班机场和珀斯机场。悉尼机场是最大国际机场，占澳大利亚国际旅客往来量的 50%。航空业务主要由澳洲航空、维珍澳大利亚（Virgin Australia）两家航空公司主导。

## 五、中澳经贸关系

中澳双方产业结构和资源禀赋高度互补。中澳经贸合作领域涵盖能源、矿产、基础设施、农业、制造业等各行各业。

中澳两国自1972年建交以来，双边经贸关系发展迅速。2015年12月中澳自贸协定正式生效后，两国于2016年初实施了第二次降税，关税削减幅度进一步扩大，中澳双边经贸关系也站上新的台阶。据中国海关统计，2016年中澳进出口总额达1 078.2亿美元，其中中国对澳出口371.6亿美元，自澳进口706.6亿美元，澳大利亚实现贸易顺差达到335亿美元。

据统计，2019年中澳贸易额共约1 580亿美元，澳大利亚对华贸易出口额1 039.0亿美元，占澳大利亚出口总额的38.2%。澳大利亚自中国进口550.7亿美元，占澳大利亚进口总额的25.8%。中国继续保持为澳大利亚的第一大贸易伙伴、第一大出口目的地和第一大进口来源地。

据中方统计，2021年中澳双边贸易总额为2 312亿美元，同比增长35.1%。其中中国对澳出口664亿美元，同比增长24%，澳大利亚对华出口1 648亿美元，同比增长40%。澳大利亚是中国第八大贸易伙伴。中国为澳大利亚第一大贸易伙伴、出口市场和进口来源地。中国对澳大利亚主要出口机电产品、计算机、服装、纺织品、鞋、箱包、玩具等；从澳大利亚主要进口铁矿石、煤、氧化铝、铜矿石、羊毛和大麦等。

中澳地缘政治关系恶化严重冲击两国贸易关系。随着中国对澳大利亚投资的快速增长，澳大利亚对中国投资疑虑升温，澳大利亚外资审查委员会也加强了对中国赴澳投资项目的审查力度，部分收购项目被澳大利亚以威胁“国家安全”的名义予以否决。2018年8月，澳大利亚率先禁止中国企业参与澳大利亚5G网络建设，多次打着国家安全的幌子否决中国企业赴澳投资。新冠疫情暴发初期，澳大利亚针对中国提出，要进行疫情的独立调查，这一举动使两国关系陷入困局。2021年4月21日，澳大利亚宣布取消维多利亚州与中国此前签署的“一带一路”倡议备忘录和框架协议。

2020年，伴随着地缘政治关系恶化，中澳贸易冲突不断升级。2020年5月，中国按照世贸组织规则及国内相关法律调查后，对澳大利亚大麦加收高达73.6%的“倾销”关税和6.9%的“补贴”关税。在关税之外，相关贸易限制措施也不断出台。中国对煤炭、大麦、铜矿石及铜精矿、食糖、木材、红酒和龙虾7类澳大利亚商品展开打击行动，禁令生效日期为同年11月6日。11月27日，中国商务部宣布，澳大利亚部分葡萄酒存在倾销行为，国内葡萄酒行业受到实质性损害，故向其加收107%～212%的保证金。

2022年，中澳关系迎来重回正轨的机遇。双方高层交流对话重启，双方重申两国全面战略伙伴关系定位。中国是一个大市场，而澳大利亚是中国长期稳定的矿产和能源资源供应国，两国已形成密切的相互依存关系。新形势下中澳经济高度互补更加明显。

中澳贸易运输以海运为主。澳大利亚的主要港口有布里斯班港、悉尼港、墨尔本港、阿德雷德港和西海岸的弗里曼特尔港（佩思的外港）。

## 六、澳大利亚人的习俗礼仪

澳大利亚所在的大洋洲是个古老的大陆，在距今3万多年前就有人类居住，在漫长的历史长河中，本土居民形成了自己的语言、文化艺术和风俗习惯，其特殊的穿着、生活习惯和节日庆典仪式等吸引了众多的游客。多数澳大利亚人的祖先是19—20世纪的英国移民，这样的人口结构自然形成了接近英国传统的习俗。如姓名称谓是名在前、姓在后；妇女在结婚前用自己的姓名，婚后用自己的名、丈夫的姓，正式场合用全称，有时还要冠以先生、女士、小姐的称谓。穿着上有“白领阶层”和“蓝领阶层”之分；到餐厅就餐，十分注重穿着和用餐礼仪，吃东西发声大、刀叉碰撞声大、边咀嚼边讲话都被认为是失礼的行为；婚礼在教堂举行；与澳大利亚人交谈时，不要涉及金钱、婚姻、年龄、职业、宗教等私人问题。

澳大利亚现有本土居民25万多人，大多生活在政府划定的本土人保护地内，至今仍保持着自己特有的习俗。如本土人的婚俗可谓五花八门，对偶婚、群婚、外婚制等在各部落中流行。

澳大利亚是一个非常注重文明的国家，人民热情好客、耿直豪爽，但对于一些不礼貌的言行举止，也会施以白眼或加以制止。当地人的习惯和需注意的地方主要有以下几点：①澳大利亚人衣着很随便，不是出席正规场所一般不会穿西装。因此作为旅客也宜以轻便和休闲服装为主。②中国游客喜欢高声谈笑，但在澳大利亚需要注意场合。③买东西、办事情要注意排队。④澳大利亚的本土居民较为保守，一般不喜欢游客替他们拍照，因此切勿贸然偷拍，以免引起误会。

## 第十一节　巴西

### 一、巴西概况

国名：巴西联邦共和国（The Federative Republic of Brazil）。

居民：根据2020年巴西人口普查结果，巴西总人口为2.12亿，较2019年增长0.77%。巴西是世界第五人口大国，人口数量仅次于中国、印度、美国与印度尼西亚。白种人占53.8%，黑白混血种人占39.1%，黑种人占6.2%，黄种人占0.5%，印第安人占0.4%。官方语言为葡萄牙语。73.8%的居民信奉天主教。

首都：巴西利亚（Brasilia），人口279万（2020年）。

国庆日：9月7日。

行政区划：全国共分26个州和1个联邦区，州下设市。

### 二、巴西自然概况

巴西位于南美洲东南部。北邻法属圭亚那、苏里南、委内瑞拉和哥伦比亚，西接秘鲁、玻利维亚，南接巴拉圭、阿根廷和乌拉圭，东濒大西洋。海岸线长约7 400千米。国土的80%位于热带地区，最南端属亚热带气候，北部亚马孙平原属热带雨林气候，中部高原属热带草原气候，分旱、雨两季。面积851.49万平方千米。

已探明铁矿砂储量333亿吨，占世界总储量9.8%，居世界第五位；产量3.55亿吨，居世界第二位；出口量也位居世界前列。巴西29种矿物储量丰富，镍储量600万吨，占世界镍储量的4.0%，主要分布在戈亚斯州和米纳斯吉拉斯州。锰、铝矾土、铅、锡等多种金属储量占世界总储量的10%以上。铌矿储量已探明455.9万吨，按当前消费量够全球使用800年。此外还有较丰富的铬矿、黄金矿和石棉矿。煤矿探明储量101亿吨，但品位很低。2022 年，巴西石油产量 1.57 亿吨，居世界第 9 位①。2023 年，巴西石油探明储量 130 亿桶，居世界第 15 位②。森林覆盖率达 57%。木材储量 658 亿立方米。水力资源丰富，拥有世界 18% 的淡水，人均淡水拥有量 29 000 立方米，水利蕴藏量达 1.43 亿千瓦/年。

## 三、巴西经济概况

巴西经济实力居拉美首位。农牧业发达，是多种农产品主要生产国和出口国。工业基础雄厚，门类齐全，石化、矿业、钢铁、汽车工业等较发达，民用支线飞机制造业和生物燃料产业在世界上居于领先水平。服务业产值占国内生产总值近六成，金融业较发达。

20 世纪 60 年代末到 70 年代中期，经济年均增长率高达 10%，被誉为“巴西奇迹”。20 世纪 80 年代，受高通胀和债务困扰，经济陷入长期滞胀。20 世纪 90 年代，巴西政府推行外向型经济模式，经济重拾增势。受 1998 年亚洲金融危机波及，1999 年发生严重金融动荡，经济增速再次放缓。2003 年劳工党人卢拉执政以后，采取稳健务实经济政策，巴西经济逐步走上稳定发展道路。2011 年，巴西超过英国成为全球第六大经济体，位居美国、中国、日本、德国和法国之后。同年，巴西的外汇储备超过 3 500 亿美元。

2019 年国内生产总值 1.96 万亿美元，人均国内生产总值 9 288 美元；国内生产总值位居世界第 9 位（IMF 2019 年统计）。2022 年国内生产总值 1.92 万亿美元，位居世界第 11 位。

### 1. 农牧业

巴西可耕地面积逾 18 000 万公顷，已开发耕地 76.7 万平方千米，牧场 172.3 平方千米，咖啡、蔗糖、柑橘、大豆产量居世界首位，也是世界上牛肉和鸡肉主要出口国。

巴西农业部数据显示，受大豆、玉米及肉类市场行情利好带动，2020 年巴西农牧业生产总值创历史新高，达 8 713 亿雷亚尔，同比增长 17%。其中，农业、畜牧业生产总值为 5 805 亿雷亚尔和 2 908 亿雷亚尔，同比分别增长 22.2% 和 7.9%。

2020 年巴西国内物价水平、粮食肉类出口向好以及农业丰收等直接相关，再加上中国市场对巴西农产品需求旺盛、雷亚尔对美元贬值等因素，巴西大宗商品在国际市场上更具竞争力。2020 年表现最为突出的农产品为大豆（2 437 亿雷亚尔）、玉米（995 亿雷亚尔）、牛肉（1 263 亿雷亚尔），同比分别增长 42.8%、26.2% 和 15.6%。

2021 年巴西农牧业再创历史新高，同比增长 10.1%。主要产品为大豆、玉米、咖啡和棉花；畜牧业方面，主要产品为牛肉、鸡肉和牛奶。

依托农业优势，巴西从 20 世纪 70 年代开始研发绿色能源，从甘蔗、大豆、油棕榈等作物中提炼燃料，成为世界绿色能源发展的典范。巴西是世界生物燃料生产和出口大国。

---

① 2022 年世界各国石油产量排名为：美国（7.11 亿吨）、俄罗斯（5.36 亿吨）、沙特阿拉伯（5.15 亿吨）、加拿大（2.67 亿吨）、伊拉克（2.00 亿吨）、中国（1.99 亿吨）、伊朗（1.68 亿吨）、阿拉伯联合酋长国（1.64 亿吨）、巴西（1.57 亿吨）、科威特（1.31 亿吨）。

② 2023 年世界各国石油探明储量排名为：委内瑞拉（3 040 亿桶）、沙特阿拉伯（2 980 亿桶）、加拿大（1 700 亿桶）、伊朗（1 560 亿桶）、伊拉克（1 450 亿桶）、俄罗斯（1 070 亿桶）、科威特（1 020 亿桶）、阿拉伯联合酋长国（978 亿桶）、利比亚（483 亿桶）、美国（471 亿桶）、尼日利亚（370 亿桶）、哈萨克斯坦（300 亿桶）、中国（256 亿桶）、卡塔尔（252 亿桶）、巴西（130 亿桶）。

巴西消费的燃料中有46%是乙醇等可再生能源，生物燃料产业在世界上居于领先水平。

2. 工业

巴西工业体系较完备，实力居拉美首位。2019年工业产值1.30万亿雷亚尔，占国内生产总值17.8%。2021年工业产值增长3.9%。主要工业部门有：钢铁、汽车、造船、石油、水泥、化工、冶金、电力、建筑、纺织、制鞋、造纸、食品等。民用支线飞机制造业和生物燃料产业在世界居于领先水平。20世纪90年代中期以来，药品、食品、塑料、电器、通信设备及交通器材等行业发展较快，制鞋、服装、皮革、纺织和机械工业等萎缩。

（1）石油天然气业。

巴西从20世纪50年代开始进行石油天然气勘探开发。根据巴西国家石油、天然气和生物燃料局（ANP）数据，2020年，巴西石油产量创下历史最高纪录，日产量达到每天294万桶，较上年增长5.5%；天然气日产量1.27亿立方米，较上年增长4.1%。全年石油总量10.73亿桶，天然气总产量465亿立方米。岩下油气占全国总产量的68.6%。

（2）航空航天。

1969年巴西航空工业起步。目前，巴西航空工业公司为世界第三大民用飞机制造企业和巴西主要出口创汇企业之一，在生产120座以下支线飞机方面居世界领先地位。主要产品为ERJ-145系列和E170/190系列支线喷气客机、“超级大嘴鸟”螺旋桨战斗机等。

巴西航天业规模为拉美最大，导弹与航天产品包括战术导弹、运载火箭、资源遥感卫星和卫星地面设备等。巴西拥有资源遥感卫星的技术，能够研制生产气象雷达、卫星通信天线及相关的地球站。

（3）采矿业。

据巴西矿业协会（Ibram）最新数据，2021年上半年，巴西矿业企业收入为1 490亿雷亚尔（1美元约兑换5.2雷亚尔），同比增长98%。铁矿石是巴西矿业领域主要产品。2021年1月铁矿石价格每吨155美元，6月底平均价格达到每吨183美元。铜均价上涨65%，镍上涨41%。2021年上半年，铁矿石开采收入达到1 075亿雷亚尔，同比增长135%。黄金是矿产行业的第二大产品，销售额为137亿雷亚尔，增长了46%。铜销售收入81亿雷亚尔，同比增长52%。

3. 服务业

巴西服务业占该国GDP比重70%以上，对巴西经济发展举足轻重。巴西服务业主要集中在餐饮、旅游、住宿、休闲健身等领域，雇用全国70%以上劳动力。受新冠疫情影响，2020年巴西服务业产值下降7.8%，其中家庭服务降幅达到35.4%，专业和行政服务下降11.4%，运输和邮政服务下降7.7%，信息和通信服务下降1.6%。巴西在移动互联网服务质量上有优势，为了满足跨境电子商务需求，当地移动电子商务快速普及。2020年，巴西五家最大虚拟商城销售额总计1 239亿雷亚尔，同比增长81%。主要网络销售平台包括：Mercado Livre、Magazine Luiza、Americanas、Via和家乐福。

信息技术、商业咨询、物流和货物储存等服务行业，是助推经济复苏的重要引擎。2021年第一季度，服务业在巴西国内生产总值中的占比达72.8%。

4. 金融业

2014年的一项统计数据显示，巴西全国共拥有2 000多家金融机构，但78%的存款集中在伊塔乌银行、布拉德斯科银行、桑坦德银行、巴西银行和巴西联邦储蓄银行5家银行。

巴西银行成立于1808年，是巴西最大的国家银行，在21个国家设有代表处。根据加拿大财经媒体《企业爵士》“2019年全球可持续发展企业100强”排名，巴西银行（Banco do Brasil）在金融领域企业中居于首位。

巴西联邦储蓄银行是拉丁美洲第二大政府持有的金融机构，仅次于巴西银行，同时也是巴西第四大资产银行，拥有超过8 500万个账户，其储蓄或投资额超过2 390亿雷亚尔。

巴西国家经济社会发展银行（BNDES，又称“巴西开发银行”）成立于1952年，是巴西国有政策性银行，主要职责是为巴西大型基础设施和工程提供资金帮助。

巴西网络覆盖率较高，拥有超过1亿的网络用户，移动端的普及也十分迅速。因此，巴西逐渐成为互联网金融发展最快的国家之一。Nubank是巴西首家免服务费的数字银行。2014年Nubank推出了不设门槛的免年费信用卡，深受用户欢迎。之后，它又推出了支票账户和储蓄账户，此后还将业务扩展到提供个人贷款、投资服务和人寿保险。

随着2016年巴西彻底放开对数字银行的管控，活跃在巴西市场上有10多家数字银行。红杉资本等全球管理机构纷纷参与对其的投资。德国数字银行N26获得巴西中央银行颁发的直接信贷平台SCD牌照。

5. 旅游业

巴西的外国游客数量在2018年创下纪录，当时有662万人次到访巴西。全国主要旅游城市和景点为：里约热内卢、圣保罗、萨尔瓦多、巴西利亚、马瑙斯、黑金城、伊瓜苏大瀑布、巴拉那石林和大沼泽地等。

6. 对外贸易

2020年巴西货物贸易总额为3 687.47亿美元，同比下降8.44%。其中，出口2 098.17亿美元，同比下降6.91%；进口1 589.30亿美元，同比下降10.38%。前五大出口目的地为中国、美国、阿根廷、荷兰、加拿大，前五大进口来源国为中国、美国、德国、阿根廷、韩国。

巴西出口的主要商品有大豆、铁矿石、石油、牛肉、蔗糖、玉米、木浆等。2020年，巴西前三大出口产品（大豆、铁矿石、石油）占出口总额的比重超过35%。主要进口商品包括石油、汽车零配件、电子产品、浮船坞、医药产品等。

2020年巴西服务贸易总额为769亿美元，同比下降26%，高于G20及世界平均水平。其中，服务出口285亿美元，同比下降17%；进口484亿美元，同比下降30.2%。保险、金融和电信服务、计算机和信息服务作为现代服务贸易占比接近70%，主要贸易伙伴为美国、欧盟成员国及周边国家。

7. 国际投资

根据联合国世界投资报告公布的数据，2020年巴西的外国直接投资降至330亿美元。受疫情影响最严重的行业是交通运输和金融服务业，外资流入分别下降了85%和70%以上，油气开采和汽车业的投资初步估计均下降了65%。

巴西中央银行数据显示，2020年巴西吸收外国直接投资流量共计328.69亿美元，同比下降32.9%，前五大外资来源地为美国、荷兰、法国、西班牙、日本。2020年中国对巴西直接投资1.43亿美元。

8. 著名企业

淡水河谷公司（Vale of Brazil）成立于1942年，是美洲大陆最大的采矿业公司，也是世界第一大铁矿石生产和出口商，被誉为巴西“皇冠上的宝石”和“亚马孙地区的引擎”。巴西淡水河谷公司除经营铁矿砂外，还经营锰矿、铝矿、金矿等矿产品及纸浆、港口、铁路和能源。

巴西国家石油公司（Petrobras）成立于1953年，也被简称为巴西石油公司，是一个以石油为主体、上下游一体化跨国经营的国家石油公司。公司旗下业务分为六个部分：勘探和开采业务；精炼、运输和营销业务；天然气和能源业务；生物燃料业务；经销业务；国际业务。

万高（WEG）成立于1961年，总部位于巴西圣卡塔琳娜州南雅拉瓜（Jaraguúdo Sul），在全球范围内从事电气工程、电力和自动化技术领域的业务，是全球最大的电子电气设备制造商之一，每年生产超过1 600万台电机。在基础设施、钢铁、纸浆和造纸、石油和天然气、采矿、风电等多个领域，提供电动机、齿轮箱、齿轮马达、发电机、变压器、驱动器和涂料等产品，业务遍及135个国家和地区。

布拉德斯科银行（Banco Bradesco）是一家政府控股的商业储蓄银行，该银行提供企业贷款、个人信贷、抵押贷款、租赁融资、基金、证券经纪和网上银行服务。巴西布拉德斯科银行在巴西、阿根廷、美国、开曼群岛和英国经营业务，并提供信用卡、保险和养老基金业务。布拉德斯科银行是第一家响应政府发展计划，率先向微型企业和生产者提供微型信贷的银行。

## 四、巴西的交通运输

1. 铁路运输

巴西铁路运力居拉美首位。铁路网总长度约为30 374千米，电气化铁路1 121千米。主要分布在巴西南部、东南部和东北部。以运输铁矿石、农产品等货物为主。近年来，随着大豆和铁矿石大宗商品的出口，巴西计划在北部和东北部兴建铁路，其中最著名的是中国巴西联合投资的两洋铁路，通过巴西和秘鲁连接大西洋和太平洋，其主要目的也是用于大宗商品的物流运输。

2. 公路运输

巴西国内的商品流通以陆路运输为主。巴西公路总长172万千米，承担全国逾三分之二的货物运输量，其中有21.9万千米柏油路，高速公路约1.4万千米，绝大部分集中在圣保罗州。

3. 水路运输

巴西河流纵横，为水路运输创造了良好的条件。航线包括4.8万千米的内河航线和7 000千米的海岸航线。水路运输约占巴西货运的17%（包括海运和内河运输）。巴西全国共有海运港口99个，内河港口76个。桑托斯港为巴西最大港口，也是南美地区最大的港口，年吞吐量3 023万吨，占全国三分之一。位于亚马孙河中游的马瑙斯港为最大内河港口，可停泊万吨级货轮。

4. 航空运输

巴西航空客货运发达，有国际机场44个。圣保罗、里约热内卢、巴西利亚、累西腓、马瑙斯是巴西主要航空中心。圣保罗国际机场为巴西客货运量最大的机场。中国国际航空公司已开通北京经西班牙马德里至圣保罗的直飞航线。

## 五、中巴经贸关系

1974 年中国与巴西建立外交关系。1993 年两国建立战略伙伴关系。2012 年两国关系提升为全面战略伙伴关系。中巴建交以来，双边经贸关系取得长足发展。巴西是我国第八大贸易伙伴国，我国是巴西第一大贸易伙伴国。据中国海关统计，2021 年中巴双边贸易额为 1 640. 63 亿美元，其中中方出口额 536. 14 亿美元，进口额 1 104. 49 亿美元，同比分别增长 36. 2%、53. 4% 和 29. 2%。2022 年中巴双边贸易额达 1 714. 9 亿美元，同比增长 4. 5%。中国已连续 14 年保持巴西第一大贸易伙伴国的地位，中巴双边贸易额连续 5 年突破千亿美元。中国主要出口机械设备、计算机与通信技术设备、仪器仪表、纺织品、钢材、运输工具等，主要进口铁矿砂及其精矿、大豆、原油、纸浆、豆油、飞机等。

中国对巴投资主要涉及能源、矿产、农业、基础设施、制造业等行业。巴西在华投资主要涉及压缩机生产、煤炭、房地产、汽车零部件生产、纺织服装等项目。中国企业在巴西承建火电厂、特高压输电线路、天然气管道、港口疏浚等大型基础设施项目。

2013 年 3 月，中巴两国央行签署 1 900 亿元人民币/600 亿巴西雷亚尔双边本币互换协议。2017 年 5 月，中巴扩大产能合作基金正式启动。该基金规模 200 亿美元，由中巴双方共同出资、共同管理。

2023 年 4 月，巴西总统卢拉对中国进行国事访问。双方签署贸易投资、数字经济、科技创新、信息通信、减贫、检疫、航天等领域多项双边合作文件，双方还发表了《关于深化全面战略伙伴关系的联合声明》。双方赞成继续扩大贸易往来，积极促进贸易多样化，推动贸易便利化，促进服务贸易及农产品贸易，提高产业链和供应链的韧性。中巴双方达成协议，同意以本币进行贸易结算，有助于保障结算货币的稳定、降低汇率波动造成的风险，推动贸易的便利化，降低交易的成本。

中巴贸易运输以海运为主。海运航线有：①中国沿海港口—太平洋（可挂靠火奴鲁鲁港）—巴拿马运河（2016 年 6 月运河扩建完工，可通航最大集装箱船的运力为 1. 3 万标准箱）—加勒比海—大西洋—巴西沿海港口；②中国沿海港口—太平洋（可挂靠苏瓦港、帕皮提港）—麦哲伦海峡—大西洋—巴西沿海港口。

## 六、巴西人的习俗礼仪

在巴西，无论男女老幼，人人都酷爱足球运动。他们在接受别人送礼时，总习惯当着送礼者的面打开礼品，然后致以谢意。如果他们到什么地方买了礼品，首先要把原来包装的纸剪掉一点，因为他们认为包装纸是管运气的，不要把别人的好运气带走。巴西印第安人区流行着一种奇特的礼节，客人来访第一件事就是请他们洗澡，客人洗的时间越长，就越表示对主人的尊敬。他们欢迎来自现代社会客人的仪式很奇特。首先由一个巫师向客人脸上吹气，他们认为这样可以驱散现代人带来的疾病；接着是部落的男人泪流满面地发表演说，他们认为眼泪是对和平使者的欢迎。

巴西人很重视亲笔签名。交谈中尤为喜欢别人夸耀他们的孩子。他们极珍爱兰花，将兰花尊为国花。他们偏爱蝴蝶，认为蝴蝶有美丽的形象，是一种吉祥之物。

巴西纳坚斯第地区的女子惯以戴帽子表达情感。她们把帽子戴得偏右，表示已婚；偏左表示未婚；帽子顶在前额，则表示遇到了不幸之事而心情沮丧。巴西西北的车尼斯族，有“女性至上”之俗。在那里，男子必须对妻子绝对服从，不得有违抗之意。

巴西人在社交场合与客人相见时，最常用的礼节是微笑和施握手礼。在相见时，往往以握拳礼相互表示问安和致敬（行此礼时要先握紧拳头，然后向上空伸出拇指）。巴西人在与亲朋好友、熟人或情人之间相见时，习惯施拥抱礼或亲吻礼。妇女之间最常用吻礼（在施礼时要脸贴脸，并用嘴发出接吻的声音，以此来抒发她们的亲热之情，但她们不可用嘴真正接触对方的脸颊）。

葡萄牙语是巴西的通用语言。巴西男人喜爱逗人的笑话，也爱放声大笑，但忌谈带有种族意识的笑话，也不要谈论巴西以及政治、宗教和其他有争议的话题。巴西人大多数信奉天主教，另外也有少部分人信奉基督教新教、犹太教以及其他宗教。他们忌讳数字“13”，普遍认为“13”为不祥之数，是会给人带来厄运或灾难的数字。他们忌讳紫色，认为紫色是悲伤的色调；忌讳绛紫红花，因为这种颜色的花主要用于葬礼上；他们还把人的死亡喻为“黄叶落下”，因此，棕黄色被视为凶丧之色，很为人们所忌讳。英美所采用的表示“OK”的手势，在巴西人看来是非常下流的。送礼忌讳送手帕，他们认为送手帕会引起吵嘴和不愉快。

巴西人饮食上忌吃奇形怪状的水产品和用两栖动物的肉制作的菜品，也不爱吃用牛油制作的点心。巴西人用餐习惯以欧式西餐为主，也乐于品尝中国菜肴。黑豆是巴西人每天必不可少的主食，用以做黑豆饭。巴西的国菜“脍豆”，就是用猪蹄、杂碎和黑豆做原料，放在砂锅内一起炖制的。“烤肉”是巴西人最喜欢吃的风味菜之一，既是一品国菜，也是一种大众菜。因此，许多巴西人家里都备有烤炉，以备宴请宾客或自家享用。大多数人都喜欢辣味菜肴。巴西有“咖啡王国”之称，他们爱喝咖啡。

## 第十二节　中国与其他国家的贸易

### 一、加拿大

#### （一）加拿大概况

国名：加拿大（Canada）。

居民：截至2022年7月，加拿大总人口为3 892万。主要为英、法等国的欧洲后裔，本土居民（印第安人、米提人和因纽特人）约占3%，其余为亚裔、拉美裔、非裔等。现有华人约130万。英语和法语同为官方语言。居民中信奉天主教的占45%，信奉基督新教的占36%。

首都：渥太华（Ottawa），地处安大略省。首都地区（包括安大略省的渥太华市、魁北克省的赫尔市及其周围城镇）人口132.4万。

国庆日：7月1日（加拿大日）。

#### （二）加拿大自然概况

加拿大位于北美洲北部。东临大西洋，西濒太平洋，西北部邻美国阿拉斯加州，南接美国本土，北靠北冰洋达北极圈。海岸线约长 24 万千米。东部气温稍低，南部气候适中，西部气候温和湿润，北部为寒带苔原气候。

加拿大领土面积中有 89 万平方千米为淡水覆盖，可持续性淡水资源占世界的 7%。加拿大主要河流有：圣劳伦斯河、马更些河、育空河、哥伦比亚河、纳尔逊河和渥太华河等，其中马更些河是加拿大第一长河，全长 4 241 千米，为北冰洋水系。圣劳伦斯河为五大湖和大西洋之间的航运通道，全长 1 287 千米，为加拿大径流量最大的河流。

加拿大地域辽阔，森林和矿产资源丰富。矿产有 60 余种，加拿大钾矿、钨、铀、铂、金、铁矿石、锌、镍储量居世界前列。加拿大原油探明储量 1 677 亿桶，居世界第三位，仅次于委内瑞拉和沙特阿拉伯，其中 97% 以油砂形式存在，主要分布于阿尔伯塔省。加拿大石油、天然气出口量均居世界前列，绝大部分对美国出口。加拿大森林资源丰富，森林面积约 3.5 亿公顷，居全球第三位，仅次于俄罗斯和巴西，占世界森林覆盖面积的 9%。木材总蓄积量约为 446.5 亿立方米。

**（三）加拿大经济概况**

2019 年，加拿大国内生产总值 1.74 万亿美元，经济总量位居世界第十位。人均国内生产总值 46 487 美元。2019 年加拿大的贸易对象主要包括美国、中国、英国和日本。加拿大进出口贸易高度依赖于美国市场。

加拿大是西方七大工业化国家之一，制造业、高科技产业、服务业发达，资源工业、初级制造业和农业是国民经济的主要支柱。

农业食品业是加拿大经济重要的组成部分，占其国内生产总值的 8%。加拿大拥有耕地面积 4 600 万公顷，主要分布在西部，占国土总面积的 5%，产物主要有：小麦、燕麦、大豆、油菜籽、大麦、红肉类（牛、猪和羊）、水果、蔬菜、酒类、烟草、饮料等，约占出口美国大宗商品总量的 60%。

1. 农业

2020 年，加拿大农业产值 393 亿加元，占 GDP 的比重为 2%。据世界银行数据，加拿大可耕地占国土总面积的 4.8%，农业用地占国土面积的 6.9%，人均耕地面积 1.21 公顷。农牧业机械化程度高，从业人数近 27 万，占全国劳动人口的 1.5%。主要农产品有小麦、大麦、油菜籽和菜籽油、亚麻籽、燕麦等，主要畜产品包括牛肉、猪肉、牛奶和乳制品。

加拿大是世界第五大农产品出口国，每年出口约 560 亿加元，出口农产品主要有牛和牛肉、大豆、猪肉、小麦、油菜籽。

加拿大森林面积约 3.5 亿公顷，人均森林面积约 9 公顷，居世界首位。加拿大是世界主要软木、新闻纸和木浆出口大国。2020 年，林业产值为 35.6 亿加元。

加拿大外接太平洋、大西洋、北冰洋，内拥五大湖，海岸线长达 24.4 万千米。大西洋渔业约占渔业总量的 76%，产品有龙虾、螃蟹、虾和扇贝等；太平洋渔业占 20%，产品有鲑鱼、蛤、底层鱼类和鲱鱼子等。淡水渔业占 4%，产品有梭鱼、黄鲈、鲑鱼、白斑狗鱼、湖鳟鱼等。加拿大 85% 的水产品用于出口，2020 年渔业产值 11 亿加元。

2. 工业

制造业和高科技产业发达，制造业、建筑、矿业构成国民产业经济的三大支柱。加拿大在航空航天、有色冶金、信息通信、动力装备、电力水利、纸浆造纸、微电子软件、新能源新材料等产业方面居世界领先水平。

加拿大清洁技术行业包括生物燃料与冶炼、发电（水能、风能、潮汐能、太阳能发电）、智能电网、工业节能、可持续交通运输、环保、生态农业等领域，是政府支持的重要制造业领域之一。

加拿大是世界五大生物技术产业市场之一，在生物技术科学探索和应用的诸多门类中，如医疗卫生、农业、环境技术、工业和生产解决方案等，处于世界领先水平。

3. 服务业

加拿大服务业发展较快，2006 年产值为 8 131.96 亿加元，约占当年国内生产总值的 68.4%，从业人员 1 249.8 万，占当年全国总劳动力的 71%。

4. 金融业

加拿大金融从业人员约 75 万人。业务领域包括银行、信托、保险、证券交易、融资租赁等。2020 年，金融保险业产值 1 434 亿加元，占 GDP 比重为 7.2%。国际信用评级机构穆迪评价，加拿大银行业在服务实力和安全性方面，世界排名第一。

主要商业银行有：①加拿大皇家银行（Royal Bank of Canada），成立于 1869 年，现为加拿大市值最高、资产最多的银行，也是北美领先的多元化金融服务公司之一。②加拿大帝国商业银行（Canadian Imperial Bank of Commerce），由加拿大商业银行与加拿大帝国银行于 1961 年合并而成，总部位于多伦多。③蒙特利尔银行（Bank of Montreal），成立于 1817 年，是加拿大最早的商业银行。④丰业银行（Scotia Bank），北美著名的金融机构之一。截至 2020 年 1 月底，该行在 55 个国家拥有 10 万名员工，总资产 1.2 万亿加元。⑤道明银行（the Toronto-Dominion Bank），与旗下附属公司统称道明银行财务集团（TD Bank Financial Group）。2020 年 1 月，该行拥有员工 8.5 万人，客户超过 2 600 万人，总资产约 1.5 万亿加元。⑥加拿大国民银行（National Bank of Canada），始建于 1859 年。目前是加拿大主要宪章特许银行之一，也是魁北克省领先的银行。

多伦多证券交易所（TSX）成立于 1852 年，上市公司种类繁多，主要来自加拿大和美国。交易所总部设于多伦多。2021 年 6 月，多伦多证券交易所市值达 3 万亿加元，有超过 2 200 家企业注册上市。

加拿大金融保险服务种类丰富且非常安全。主要保险公司有：①宏利金融股份有限公司（Manulife Financial Corporation），公司总部位于多伦多，主要业务是提供各类金融产品和服务，包括个人人寿保险、团体人寿及医疗保险、团体退休金计划、再保险服务及投资管理服务。②鲍尔金融（Power Financial Corporation）是加拿大跨国多元化管理和控股公司。③永明金融集团股份有限公司（Sun Life Financial Inc.），总部位于多伦多，在世界各地为客户提供广泛的储蓄、退休、养老金、人寿和健康等保险产品和服务。

5. 旅游业

加拿大旅游业十分发达。加拿大主要旅游城市有温哥华、渥太华、多伦多、蒙特利尔、魁北克等。

6. 对外贸易

加拿大经济外贸依存度高。2020 年对外货物贸易额为 10 641.81 亿加元，贸易逆差 193.31 亿加元。主要出口汽车及其零配件、其他工业制品、林产品、金属、能源产品等；主要进口机械设备、汽车及其零配件、工业材料、食品等。主要贸易对象是美国、中国、墨西哥、英国、日本、欧盟国家。

2020 年，加拿大前十大贸易伙伴是美国、中国、墨西哥、英国、日本、德国、韩国、意大利、法国、越南。加拿大对美国市场高度依赖，加美双边贸易额占加拿大对外贸易总额的 60. 8% 。

7. 著名企业及经济团体

著名企业及经济团体：①北电网络公司（Nortel Networks）主要从事城域网和企业网络、无线网络和光纤长途网络及设备服务。②庞巴迪公司（Bombardier）总部设在魁北克市，主要业务为设计、开发、制造及销售与交通运输有关的器材、设备、产品。③鲍尔公司（Power）主要由德马雷家族控股的公司，从事广播电视、出版、金融、采矿、房地产等业务。④加拿大铝业公司（Alcan Packaging）是生产金属铝的企业。⑤ATI（ATI Technologies）是制造显示芯片的著名企业。⑥加中贸易理事会（Canada-China Business Council）成立于 1978 年，其宗旨是推动和促进加拿大与中国之间的贸易和投资。总部设在多伦多。

### （四）加拿大的交通运输

加拿大交通运输发达，水、陆、空运输均十分便利。

1. 铁路运输

加拿大铁路网运营近 43 000 千米的铁路，与美国铁路各主要集散中心相连。

2. 公路运输

加拿大拥有发达的公路网络，安大略、魁北克、萨斯喀彻温和阿尔伯塔四个省公路里程数占全国的 75% 。加拿大高速公路 3. 8 万千米，构成加拿大国家高速公路系统，通过快捷的边境线与美国公路网紧密连接。

3. 水路运输

加拿大有 555 个港口。航道与三大洋（太平洋、大西洋和北冰洋）、五大湖区及圣劳伦斯河连接。主要港口为温哥华港、蒙特利尔港和哈利法克斯港。

4. 航空运输

加拿大主要机场是多伦多皮尔逊国际机场、温哥华国际机场、卡尔加里国际机场和蒙特利尔特鲁多机场。加拿大与世界主要城市间均有直达航班。加拿大航空公司为加拿大最大的航空公司。2019 年，加拿大航空公司拥有 188 架飞机的机队。

### （五）中加经贸关系

1970 年 10 月 13 日加拿大与中国建交。据中国海关总署统计，2007 年中加贸易额为 303. 8 亿美元，同比增长 31. 1% 。2018 年 12 月，加拿大警方应美国要求在温哥华国际机场逮捕孟晚舟，美方随后提出引渡要求，指控其“隐瞒华为和伊朗的业务往来”“对汇丰银行欺诈”，以规避美国对伊朗的制裁。孟晚舟案严重影响中加经贸关系。2019 年，中加两国的贸易额达 650. 7 亿美元。

### （六）加拿大人的习俗礼仪

加拿大人的生活习性综合了英、法、美三国人的特点。他们既有英国人的含蓄，又有法国人的明朗，还有美国人无拘无束的性格。他们热情好客、待人诚恳。他们喜欢现代艺术，酷爱体育运动，尤其是冬季冰雪运动。加拿大是世界上驰名的“枫叶之国”。枫叶点缀了加拿大的国土，加拿大人民对枫叶有着极其深厚的感情。他们视枫叶为国宝和祖国的骄傲；还把枫叶比喻为友谊的象征。他们偏爱白雪，视白雪为吉祥的象征，常用筑雪墙、堆雪人等方式来助兴，认为这样可以防止邪魔的入侵。加拿大人特别喜欢客人赞扬他们美好的国家和勤劳智慧的人民。

加拿大因纽特人性格乐观、慷慨大方、友善和气、喜欢说笑。他们异常好客，被称为是世界上“永不发怒的人”。

加拿大人大多数信奉基督新教和天主教，少数人信奉犹太教和东正教。他们忌讳“13”“星期五”，认为“13”是厄运的数字，“星期五”是灾难的象征。他们忌讳白色的百合花，认为它会带来死亡的气氛，人们习惯用它来悼念死人。他们不喜欢外来人把他们的国家与美国进行比较。加拿大妇女有美容化妆的习惯，因此她们不欢迎服务员送擦脸香巾。在饮食方面，忌吃虾酱、鱼露、腐乳和臭豆腐等有怪味、腥味的食物；忌食动物内脏和脚爪；也不爱吃辣味菜肴。

加拿大由于历史和人种构成等因素，饮食习惯与英、法、美相仿。其独特之处是他们养成了特别爱吃烤制食品的习惯。这主要是由于地理环境和寒冷天气的影响。在餐具的使用上，他们一般都习惯用刀叉。他们极喜欢吃家乡风味的烤牛排，尤以半生不熟的嫩牛排为佳。他们习惯饭后喝咖啡和吃水果。

## 二、印度

### （一）印度概况

国名：印度共和国（The Republic of India）。

居民：根据联合国发布的《2022 年世界人口展望》报告，截至 2022 年 7 月，印度人口为 14.17 亿，居世界第 2 位①，民族众多，印度斯坦族占印度总人口的 46.3%。官方语言为英语和印地语。约有 80.5% 的居民信奉印度教，其他宗教有伊斯兰教、基督教、锡克教、佛教和耆那教等。印地语为国语，英语为官方语言和商业用语。

首都：新德里（New Delhi），人口 2 850 万（2019 年）。

重要节日：①共和国日（Republic Day），1 月 26 日。1950 年 1 月 26 日，印度议会通过了印度共和国宪法，印度成为共和国。②独立日（Independence Day），8 月 15 日。1947 年 8 月 15 日，印度人民摆脱英国殖民统治，取得独立。③洒红节（Holi），每年公历 3 月、4 月间，印度教四大节日之一。该节日正处于印度春季，收获季节的作物即将开镰收割，由于是冬去春来之际，因此也被称为春节。④灯节（Divali），在公历 10 月、11 月间，是印度教徒最大的节日。

### （二）印度自然概况

南亚次大陆最大国家。东北部同中国、尼泊尔、不丹接壤，将孟加拉国夹在东北部国土之间，东部与缅甸为邻，东南部与斯里兰卡隔海相望，西北部与巴基斯坦交界。东临孟加拉湾，西濒阿拉伯海，海岸线长 5 560 千米。大体属热带季风气候，一年分为凉季（10 月至翌年 3 月）、暑季（4 月至 6 月）和雨季（7 月至 9 月）三季。国土总面积约 298 万平方千米，居世界第七位。

---

① 截至 2023 年 5 月，中国总人口为 14.26 亿，印度总人口为 14.16 亿。人口总数居第三位至第十位的国家分别是：美国、印度尼西亚、巴基斯坦、尼日利亚、巴西、孟加拉国、俄罗斯、墨西哥。

印度矿产资源丰富，有矿藏近 100 种。主要矿产资源有：煤、铁矿石、铝土、铬铁矿、锰矿石、锌、铜、铅、石灰石、磷酸盐、黄金、石油、天然气。森林覆盖率为 20.64%。

### （三）印度经济概况

2022 年印度国内生产总值增长 6.7%，经济总量达到 3.39 万亿美元，超过英国（3.2 万亿美元）成为世界第五大经济体。根据国际货币基金组织数据，2021—2022 财年印度国内生产总值 3.2 万亿美元，人均国内生产总值 2 280 美元。

印度在 1991 年通过经济改革，开放国内市场，吸引国际资本，推行市场经济经济体制，吸引了美国和英国等发达国家的大量投资，刺激和带动了印度经济的快速增长。石油出口额占印度出口总额的 10% 以上，依靠对外贸易，印度经济获得了长足的发展，逐渐融入世界经济潮流中。印度积极引导制造业回归，通过实体经济发展助推经济的快速增长。印度的软件行业位居世界前列，金融服务业是印度经济的一大支柱性产业。印度的制药产业很发达，是世界上最大的非专利药出口国。

2000 年印度经济总量不到 5 000 亿美元，2007 年突破 1 万亿美元，达到了 1.22 万亿美元，2014 年成功突破 2 万亿美元，2018 年印度国内生产总值达到了 2.72 万亿美元。经济增长速度快。印度经济正处在人口红利期①，拥有大量的年轻劳动力，也拥有广阔的市场，印度的人口红利还将继续发挥作用，助推印度经济的高速增长。

当前，印度人均国内生产总值较低，基础设施、脱贫任务艰巨。

印度经济以种植业、现代农业、手工业、现代工业及其支撑产业为主。1991 年印度开始实行经济自由化改革，逐步转型为自由市场，印度的经济获得了较快增长。服务业发展迅速，印度已成为全球软件、金融等服务业重要出口国。近三十年以来，成为世界上经济发展最快的国家之一。

1. 农业

印度是一个农业大国，农村人口占总人口的 72%。印度是世界上最大的粮食生产国之一，拥有世界 10% 的可耕地，面积约 1.6 亿公顷。印度已成为农产品净出口国。

2. 工业

印度工业已形成完整体系。主要工业部门包括纺织、食品加工、化工、制药、钢铁、水泥、采矿、石油和机械等。印度的纺织、食品、精密仪器、汽车、软件制造、航空工业发展迅速。2021—2022 年印度工业生产指数同比增长 11.3%，其中电力、采矿业、制造业同比增长幅度较大。

3. 旅游业

旅游业是印度政府重点发展产业。主要旅游点有阿格拉、新德里、斋浦尔、昌迪加尔、那烂陀、迈索尔、果阿、泰姬陵、海德拉巴、特里凡特琅等。

4. 对外贸易

主要出口商品为农产品、矿产品、纺织品、珠宝、机械、化工产品、皮革、手工艺品等。

---

① “人口红利”是一个经济学术语，是指一个国家的劳动年龄人口占总人口比重较大，抚养率比较低，为经济发展创造了有利的人口条件，整个国家的经济呈高储蓄、高投资和高增长的局面。

主要进口商品为石油、电子产品、机械、化工产品。

主要贸易伙伴为美国、中国、德国、阿拉伯联合酋长国、沙特阿拉伯、新加坡、英国、瑞士、法国、伊朗、日本等。

5. 著名企业

印度著名企业有：①信实工业，印度大型私人工业集团，集经营石化、纺织、金融服务、基础建设、电信、能源、零售业为一体的综合型企业。②印孚瑟斯公司（Infosys），是咨询、技术、外包解决方案领域的知名企业，提供战略咨询、运营方案、大数据云计算等服务。③阿达尼（Adani），印度国内较大的基础设施企业。④印度石油公司（Indian Oil Corparation），前身是印度炼油有限公司，为印度国有企业提供石油产品并销售国营炼油产品。⑤印度石油天然气公司（ONGC），为油气勘探开发和加工企业。⑥拉加什出口有限公司（Rajesh Exports，REL），印度大型黄金产品出口商，拥有一站式黄金价值链产业，专注于制造、设计、营销珠宝首饰的综合型企业。

**（四）印度的交通运输**

1. 铁路运输

印度铁路轨道总长 12.54 万千米，居世界前列。印度城市轨道交通发展迅速。新德里、孟买、加尔各答、班加罗尔、金奈、海德拉巴、科钦等一线城市均有地铁、城铁，其中德里—阿格拉线的时速 160 千米的“半高速”列车已于 2016 年 4 月正式通车。由新德里开往瓦拉纳西的印度高铁在 2019 年 2 月投入运营。

2. 公路运输

根据印度交通运输部统计，印度公路总长约 621.6 万千米，公路承运量占全国客运总量的 90% 和货运总量的近 64.5%。其中，高速公路和国道总长 13.6 万千米。印度与邻国巴基斯坦、尼泊尔、不丹、孟加拉国、缅甸之间均有公路互通。

3. 水路运输

印度拥有 7 517 千米海岸线，有 12 个主要港口和 187 个非主要港口。水运是印度外贸运输的主要方式，全印度 95% 的外贸通过水运完成。近年来，印度港口吞吐量稳步增长，年增长率约为 10% ~12%。2019 年，主要港口全年货运量达 7.05 亿吨。

印度还拥有 6 条主要国家内河航道，通航里程 1.45 万千米。其中恒河中、下游运输条件较好。

4. 航空运输

印度航空运输发展速度快。截至 2021 年底，印度拥有约 460 个运营机场，其中新德里、孟买、加尔各答、金奈等主要城市建有 29 个国际机场。印度国有航空公司（Air India）开通境内 120 个目的地及 39 个国家（地区）的航线。2019 年，印度靛蓝航空开通了德里—成都和加尔各答—广州的航线。

**（五）中印经贸关系**

1950 年中印建交。20 世纪 50 年代，中印两国领导人共同倡导和平共处五项原则，双方交往密切。1959 年西藏叛乱后，达赖喇嘛在印度设立所谓的流亡政府，中印关系恶化。1962 年 10—11 月，中印边境发生大规模武装冲突。1976 年双方恢复互派大使后，两国关系逐步改善。1998 年，印度以“中国威胁”为借口进行核试验，使中印关系严重受挫。

2002 年，中国同印度的关系得到改善和发展。全球金融危机爆发后，中印在金砖四国机制下开始了经济政治合作。2011 年，中印双边贸易额达到 793 亿美元，中国成为印度的第二大贸易合作伙伴。2019 年，双方贸易总额达到 6 395.2 亿元人民币，突破历史新高。

两国贸易结构的互补性强。印度对中国主要出口矿产品、化工产品、纺织品及原料。印度对中国主要进口商品为机电产品、化工产品和贱金属及其制品。

#### （六）印度人的习俗礼仪

印度人用摇头表示赞同，点头表示不同意。印度人极喜爱鲜花，尤其喜欢将花环戴在贵宾、新婚夫妇、寿星的脖子上。花环大小根据客人的身份来决定，对一般客人花环到胸，对贵宾花环要过膝。印度人递东西、拿东西或敬茶都用右手，忌用左手，也不用双手。吃饭也是用右手抓取。首饰是印度人日常生活中一种不可缺少的装饰品。印度妇女喜欢在额头正中点上吉祥痣，象征喜庆和吉祥，印度人称之为“特丽佳”。原先只有已婚妇女才有此特权，但现已发展成一种化妆美容的普遍做法，并增加了黄、紫、绿、黑（消灾避祸）等颜色。

印度妇女多穿遮胸露腰的纱丽，里面穿一件紧身短衫，富于女性美。受过欧式教育的男士大多穿西服，一般百姓爱穿轻便、宽松的白色印式衬衣（“古达尔”），或穿一件拖地的围裤。

进入寺庙大殿都要脱鞋，但允许穿袜子。虔诚的印度教徒清晨洗完澡后做祷告，然后才开始工作。教徒们常在河水（特别是在被奉为“圣河”的恒河）中沐浴。他们相信，入河沐浴可以洗刷过错。牛被印度教教徒视为“圣兽”，他们对牛敬之如神。印度教不准吃牛肉，国内虽有养牛业，但只能提供牛奶、黄油及作燃料的牛粪。进入印度教的寺庙，若身上佩戴牛皮制品，会被视为犯了禁戒。

虔诚的伊斯兰教徒不吃猪肉、不喝酒。正统的锡克教徒不剪发，头上缠着头巾。他们不吸烟，也不吃牛肉。印度是一个讲礼节的民族，又是一个东西方文化融合的国度。印度教徒见面和告别时多施双手合十礼，并互相问好颂安。印度人认为吹口哨是冒犯人的举动，是没有教养的表现。印度人有等级制度，很重视身份。在印度的孟买（Mumbai），60%的人是素食主义者。

印度人在进入寺庙或厨房之前，要先脱鞋。他们认为，若穿鞋进去，既不礼貌，也不圣洁。不论男女老幼，统统把鞋放在门口，赤脚进去（也可穿袜子）。印度人爱喝茶，大多是红茶。很多妇女不同客人聊天，也不同客人一起吃饭。印度人喜爱 3、7、9 这几个数字。他们认为红色表示生命、活力、朝气和热烈；蓝色表示真诚；阳光似的黄色表示光辉壮丽；绿色表示和平、希望；紫色表示心境宁静。印度人在生活和服装色彩方面喜欢红、黄、蓝、绿、橙色及其他鲜艳的颜色。黑、白色和灰色，则被视为消极的不受欢迎的颜色。他们不喜欢玫瑰花。

印度商人善于经营，喜欢凭样交易。印度商人商务谈判时往往细细研究，费时较久。在谈判时，切忌在印度人面前谈论印度的赤贫、庞大的军费及外援。

### 三、东盟

#### （一）东盟概况

东南亚国家联盟（Association of Southeast Asian Nations），简称东盟（ASEAN）。1967 年 8 月 8 日，马来西亚、菲律宾、泰国、新加坡、印度尼西亚 5 国发表了《东南亚国家联盟成立宣言》（即《曼谷宣言》），正式建立东盟。20 世纪 80 年代至 90 年代又有文莱、越南、缅甸、老挝和柬埔寨相继加入，目前共有 10 个成员国。

东盟近 40 年的历程可分为三个阶段。从 1967 年成立至 20 世纪 80 年代中期是第一阶段。克服地区冲突的潜在因素，促进相互了解和信任是其早期的主要任务。1976 年 2 月东盟第一届首脑会议召开，签署了《东南亚友好合作条约》和《东南亚国家联盟协调一致宣言》。

在 20 世纪 80 年代中期到 90 年代中期的第二阶段中，东盟国家普遍调整了经济政策，在更加积极参与世界经济的同时，进一步加强了区域经济合作。东盟国家积极吸引外资，实现了由进口替代向对外开发的战略转移，逐步实现由初级产品出口转向工业制成品出口的目标，推动了一体化进程。

进入 90 年代，欧洲一体化的进展、北美自由贸易区的建立，从示范作用和挤压作用两方面加快了东盟的一体化进程。1992 年 1 月的首脑会议确定建立东盟自由贸易区，1994 年提出建立东南亚 10 国共同体的构想，2004 年 11 月第十次东盟首脑会议签署了《万象行动纲领》和《东盟关于一体化优先领域的框架协议》，从经济发展和社会安全两方面推进东盟一体化进程。

东盟在实现内部经济一体化的同时，也在强化与周边地区的经济合作。特别是加强与中国、日本、韩国的关系，这在东盟对外经济交往中具有举足轻重的作用。1997 年底的第二次东盟首脑非正式会议期间首次举行了东盟与中日韩领导人会议（10+3），之后此会议每年举行一次，并相继建立了部长级（包括贸易、经济、财政部部长）和工作层面的会议机制。

“10+3”合作机制以经济为中心，并拓展到广泛领域。2000 年 5 月，“10+3”国家缔结了旨在维护金融稳定的《清迈倡议》，创设了金融动荡之际阻止投机的基金。此外，各国共同关注的还有反恐、环保、能源、物流以及建立解决经贸摩擦的有效机制等问题。

**（二）东盟自然概况**

东盟各国所处的纬度位置（10°S～25°N）位于低纬度地区，赤道横穿印度尼西亚，绝大部分国家位于热带。中南半岛的主要河流有红河、湄公河、湄南河、萨尔温江、伊洛瓦底江（见表 4-2）。中南半岛的地形地势特征是北高南低，山河相间，纵列分布。许多大城市分布在河流沿岸。河流沿岸为冲积平原，土壤肥沃、灌溉便利、农业发达，能够满足城市发展的区位条件。

东南亚的气候状况如表 4-3 所示。

**表 4-2 中南半岛的主要河流**

| 河流 | 上游名称 | 流经国家 | 沿河城市 |
|---|---|---|---|
| 红河 | 元江 | 中国、越南 | 河内（越南） |
| 湄公河 | 澜沧江 | 中国、缅甸、老挝、泰国、柬埔寨、越南 | 金边（柬埔寨）、万象（老挝） |
| 湄南河 | 湄南河 | 泰国 | 曼谷（泰国） |
| 萨尔温江 | 怒江 | 中国、缅甸 | — |
| 伊洛瓦底江 | 独龙江 | 中国、印度、缅甸 | 仰光（缅甸） |

**表 4－3　东南亚的气候**

| 气候类型 | 气候图 | 气候特征 | 分布地区 | 气候对农业生产的影响 | 主要农产品 |
|---|---|---|---|---|---|
| 热带雨林气候 | 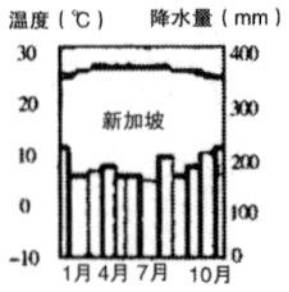 | 全年高温多雨 | 马来群岛大部分地区和马来半岛南部 | 农作物随时可以播种，四季都有收获 | 水稻、橡胶、油棕、椰子、蕉麻 |
| 热带季风气候 | 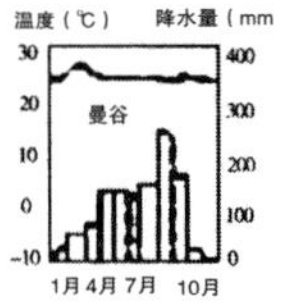 | 全年高温，有雨旱两季 | 中南半岛和菲律宾北部 | 雨季播种，旱季收获 | |

**（三）东盟经济概况**

东南亚各国都有悠久的历史，且都是新兴的国家。除新加坡外，均属发展中国家。

新加坡的经济和生活水平达到发达国家水平，经济以服务业、航运业、物流业、金融业、科研业、旅游业为主，近年来积极发展高科技和教育事业。

马来西亚和泰国的经济发展有一定基础，经济以旅游业、制造业、农业和渔业为主，近年来积极发展航运业和物流业。

越南、菲律宾和印度尼西亚经济较欠发达，只有旅游业、制造业、农业和渔业。

缅甸、柬埔寨、老挝和东帝汶经济欠发达，缅甸、柬埔寨和老挝的经济只有旅游业与农业；东帝汶的经济只有渔业与石油出口。

文莱虽然人均 GDP 和发达国家相若，但经济并不发达，经济以石油出口和天然气出口为主，财富集中在少数富裕阶层。

**（四）东盟“十字路口”的战略地位**

东盟地处澳大利亚大陆和亚洲大陆、太平洋和印度洋之间的“十字路口”，位于马来半岛和苏门答腊岛，是从欧洲、非洲向东航行到东南亚、东亚各港口最短航线的必经之地，是连接太平洋与印度洋的重要海上通道。

**（五）中国—东盟自贸区与《区域全面经济伙伴关系协定》**

1. 中国—东盟自贸区

到了 20 世纪 90 年代，世界的总趋势已经进入了和平与发展阶段，为了优化资源配置，各地区和国家纷纷加入区域合作组织。1997 年形成东盟和中日韩（10＋3）的合作机制。

2002 年，中国和东盟签署《中国与东盟全面经济合作框架协议》，提出了中国与东盟加强和增进各缔约方之间的经济、贸易和投资合作；促进货物和服务贸易，逐步实现货物和服务贸易自由化，并创造透明、自由和便利的投资机制；为各缔约方之间更紧密的经济合作开辟新领域等全面经济合作的目标。2004 年 11 月，中国—东盟签署了《货物贸易协议》，规定自 2005 年 7 月起，除 2004 年已实施降税的早期收获产品和少量敏感产品外，双方将对其他约 7 000 个税目的产品实施降税。2007 年 1 月，中国与东盟签署了自贸区《服务贸易协议》，并于 2007 年 7 月实施。各国以减让表的形式列出各自在服务部门的具体开放承诺。

中国—东盟自由贸易区于 2010 年 1 月 1 日全面启动。中国—东盟自由贸易区涵盖 18 亿人口，GDP 接近 6 万亿美元，贸易额达 4.5 万亿美元。

自贸区建成启动后，中国与文莱、菲律宾、印度尼西亚、马来西亚、泰国、新加坡六个东盟成员国间，有超过 90% 的产品实行零关税，中国对东盟的平均关税从原来的 9.8% 降至 0.1%，上述东盟成员国对中国的平均关税将从 12.8% 降至 0.6%。越南、老挝、柬埔寨和缅甸四个东盟新成员在 2015 年对 90% 的中国产品实现零关税的目标。

2019 年《中国—东盟自贸区升级议定书》对所有协定成员全面生效，中国—东盟自由贸易区 2.0 版正式启航。2021 年，中国—东盟自由贸易区正加速迈向 3.0 时代，中国与东盟各国务实合作，促进中国—东盟产业链、供应链连接更趋紧密。

中国自 2009 年以来，连续 14 年成为东盟第一大贸易伙伴。

2020 年，中国和东盟经贸合作逆势上扬，东盟历史性地成为中国最大贸易伙伴。贸易结构持续优化，产业链供应链联系更加紧密。2020 年，中国与东盟贸易额 6 846.0 亿美元，同比增长 6.7%。其中，中国对东盟出口货物 3 837.2 亿美元，同比增长 6.7%；中国从东盟进口货物 3 008.8 亿美元，同比增长 6.6%。越南、马来西亚、泰国为中国在东盟的前三大贸易伙伴。

2021 年中国—东盟贸易额再创历史新高，达到 8 782 亿美元，占中国对外贸易总额的 14.5%。2022 年东盟继续保持我国第一大贸易伙伴地位。我国与东盟贸易总值达 9 753.4 亿美元，增长 11.2%。其中，出口 5 672.9 亿美元，增长 17.7%；进口 4 080.5 亿美元，增长 3.3%。东盟成员中，我国前三大贸易伙伴依次为越南、马来西亚和印度尼西亚。

2. 《区域全面经济伙伴关系协定》

《区域全面经济伙伴关系协定》（*Regional Comprehensive Economic Partnership*，RCEP），由东盟十国于 2012 年发起，并邀请中国、日本、韩国、澳大利亚、新西兰、印度共同参加，旨在通过削减关税及非关税壁垒，建立 16 国统一市场的自由贸易协定。从 2013 年到 2019 年，RCEP 谈判成员国先后举行了 28 轮正式谈判。2019 年印度宣布不加入《区域全面经济伙伴关系协定》。

2020 年 11 月，15 个 RCEP 成员国正式签署《区域全面经济伙伴关系协定》，标志着当前世界上人口最多、经贸规模最大、最具发展潜力的自由贸易区正式启航。RCEP 的签署，进一步促进本地区产业和价值链的融合，为区域经济一体化注入强劲动力。

2022 年 1 月 1 日，《区域全面经济伙伴关系协定》正式生效，首批生效的国家包括文莱、柬埔寨、老挝、新加坡、泰国、越南等东盟 6 国和中国、日本、新西兰、澳大利亚等非东盟 4 国。到 2023 年 6 月 2 日，RCEP 对 15 个成员已经全部生效。

## 知识拓展

### 一、金砖国家

2001 年，美国高盛公司经济学家吉姆·奥尼尔在一份研究报告中预测，中国、俄罗斯、印度、巴西四国 GDP 之和在 2025 年有望达到美、日、德、法、意、英六国之和的 50%，并将在 2050 年之前全面超越六国。奥尼尔以巴、俄、印、中四国英文名称的第一个字母为基础，创造了一个新词 BRICs，由于这个词和英文“砖头”的写法大致吻合，“金砖四国”的说法从此风靡全球。

“金砖四国”的说法提出后，事实似乎正在验证着奥尼尔的预测。四国保持了快速的经济增长率，庞大的人口与消费水平在全球经济增长中占有 1/3 的份额。根据国际货币基金组织的统计，2007 年“金砖四国”的 GDP 达 6.859 万亿美元，占世界 GDP 的 12.86%，按照购买力平价计算已达到世界 GDP 的 27.46%。

“金砖四国”外汇储备十分可观。2007 年底，中国的外汇储备达到 15 283 亿美元，居全球第一；俄罗斯的外汇储备达到 4 794 亿美元，跃居全球第三；印度的外汇储备达到 2 795亿美元，跃居全球第四；巴西的外汇储备达到 1 803 亿美元，跃居全球第七。“金砖四国”的外汇储备总额已接近 25 000 亿美元，占世界外汇储备总额的 41.6%。

“金砖四国”概念投资基金，已经成为基金界潮流共同的投资模式。摩根丹利资本指数显示，2006 年，“金砖四国”的投资回报率高达 53%，截至 2007 年 10 月 2 日，四国一年内资产增长率为 48%。不俗的投资业绩带来了资产规模的扩张。

2011 年，南非正式加入金砖国家，金砖国家扩为五国，英文名称定为 BRICS。金砖国家遵循开放透明、团结互助、深化合作、共谋发展的原则和“开放、包容、合作、共赢”的金砖国家精神，致力于构建更紧密、更全面、更牢固的伙伴关系。

### 二、全球科技创新城市

全球科技创新城市发展具有多个维度，主要包括科学研究突破、技术创新策源、创新产业引领、创新资源配置、创新环境国际化。城市科技创新能力建设，主要包括创新趋势、创新热点、创新质量、创新主体、创新合力等方面。

1. 旧金山

旧金山最出名的是硅谷（Silicon Valley），高科技企业云集，位于加利福尼亚州北部、旧金山湾区南部。硅谷是人才的聚集地，著名的斯坦福大学为这里提供了源源不断的人才，对硅谷的最初发展起到了决定性的作用。

“硅谷”，这个词最早是由加利福尼亚州企业家拉尔夫·瓦尔斯特（Ralph Vaerst）创造的。20 世纪 70 年代，由于大量电脑公司在这一地区研发硅材料的微芯片，这里得名硅谷。自此之后，所有大型科技公司纷纷涌进硅谷，包括著名的英特尔、雅虎、惠普、谷歌和苹果。

2. 北京

北京的科技产业集中地是中关村科技园区，又称中关村国家自主创新示范区，简称中关村，是中华人民共和国高新技术产业聚集区。中关村是中国第一个国家级高新技术产业开发区、第一个国家自主创新示范区和第一个“国家级”人才特区。中关村现在已经成为覆盖北京市16个区县和天津市滨海中关园、跨行政区域的高端产业功能区，也被誉为“中国的硅谷”。

中关村是中国科教智力和人才资源最为密集的区域，拥有以北京大学与清华大学为代表的高等院校40多所，以中国科学院、中国工程院所属院所为代表的国家（市）科研院所206所；拥有国家级重点实验室112个，国家工程研究中心38个，国家工程技术研究中心（含分中心）57个；拥有大学科技园26家，留学人员创业园34家。

3. 波士顿

波士顿周围几所美国主要的大学，对发展科技创新城市产生重要影响。布兰迪斯大学被誉为“犹太哈佛”，成立于1948年，是全美最年轻的主要研究院大学。哈佛大学是美国最古老的高等教育机构，位于查尔斯河对岸的剑桥。哈佛商学院和哈佛医学院位于波士顿。麻省理工学院（MIT）最初位于波士顿市内，很长一段时期称为“波士顿理工学院”（1865—1916年），在1916年才跨过查尔斯河迁往剑桥。塔夫茨大学里，塔夫茨－新英格兰医疗中心是一个拥有451个床位的医学学术机构，拥有一个科室齐全的成人医院和流动的儿童医院。

波士顿学院是市内最早的高等教育机构，也是美国最古老的耶稣会大学之一，位于栗树山。近来该校向布莱顿（波士顿繁荣兴旺的地区）扩展。位于巴布森公园的巴布森学院，其在创业管理领域的排名已经连续十八年为全美第一。

4. 深圳

深圳科技产业的中心地带是面积只有1.1平方千米、总人口仅2.3万的南山区粤海街道。位于深圳市中心城区的南山区共有八个街道，但粤海街道在其中实力最强，2017年辖区内的资产总额就超过1.1万亿元。

粤海是一个神奇的港湾，30多年前这里还是一片滩涂，经过岁月的流转，已发展成高新技术产业聚集区、高校和科研机构聚集区、现代服务业聚集区和新型高端社区聚集区。在这片神奇的土地上诞生、成长了华为、中兴、腾讯等众多国内外知名企业和大族激光、迈瑞、达实、金蝶、华强文化等64家上市公司，孕育和成就了一批批年轻人的梦想，这里尽显变迁之“奇”、创业之“奇”、发展之“奇”。

粤海是一个国际化的港湾，这里高尚社区林立，拥有一流生活素质、高尚人文内涵和完美生活环境。深圳湾体育中心、保利剧院、海岸城等一批国际一流设施聚集后海，游人如织，已成为人流、物流、信息流聚集的旺区。随着大沙河创新走廊、后海商务金融总部、深圳湾科技生态城、华润总部、大冲旧改等重大工程、项目相继建设，粤海已跃升为南山区举自主创新大旗、树国际化城市标杆、建设宜居宜业国际化海滨城区的排头兵。

5. 首尔

在第二次世界大战之后至亚洲金融危机之前，首尔作为韩国首都，经济快速恢复和发展，创造了“汉江奇迹”，并孕育了三星、现代等大型财阀。首尔是韩国的经济中心和亚洲主要金融中心之一，也是韩国重要的科技之城，三星、乐金（LG）、现代、起亚（KIA）和SK集团等大型跨国公司的总部都设在首尔。虽然首尔仅占韩国国土面积的0.6%，但其GDP却占韩国的21%。

根据全球化及世界城市研究网络发布的2016年全球城市排名，首尔为Alpha级，与吉隆坡、孟买、雅加达、广州同属于Alpha国际三级大都会。首尔是一个高度数字化的城市，其数字机会指数（Digital Opportunity Index）排名世界第一。

6. 新加坡

纬壹科技城位于新加坡波娜维斯达，占地200公顷，主要发展商为裕廊集团，是新加坡政府注资150亿新币所建立的商业园区，目标租户为高科技研发、生物医学、信息通信技术或媒体产业的公司。毗邻新加坡国立大学、欧洲工商管理学院新加坡分校、新加坡理工大学和新加坡科学园。

纬壹科技城充分展示了新加坡在知识和创新密集型经济领域取得的成就。它是一个集研发、创新和实验平台于一体的创新热点。在这里，工作、学习、生活、休闲实现了“一体化”，还可以从来自世界各地的优秀科学家、研究人员以及科技创业者身上找到灵感。

纬壹科技城集合了多个重要的公私机构研究中心，如生物医学研发中心（启奥生物医药园），信息通信、媒体、自然科学与工程学研发中心（启汇园），以及设备齐全的数字媒体中心（媒体工业园）。

7. 阿姆斯特丹

阿姆斯特丹是荷兰的金融和文化首都。荷兰许多大型机构的总部都设于此，其中包括飞利浦和ING等7家世界500强企业。作为泛欧交易所的一部分，阿姆斯特丹证券交易所坐落于城市中心。阿姆斯特丹有很多旅游景点，包括历史悠久的运河网、荷兰国家博物馆、凡·高博物馆、安妮之家。每年有大约420万游客来此观光。

埃因霍温高科技园坐落在城市的边缘，它被誉为欧洲最智慧的1平方千米，这里有超过140家入驻企业，聚集了超过来自85个国家的10 000多名高科技人才，他们平均每天产生4项专利。它因为主张开放式创新的知识体系和研究机构，被视为“全欧洲举足轻重的科技园区”。《财富》杂志称：埃因霍温即将成为下一个硅谷；《福布斯》杂志说：埃因霍温是全球最具创新力的城市；英国《金融时报》称：埃因霍温与伦敦、荷兰赫尔辛基并列成为全欧洲前三名的投资地区。

8. 伦敦

伦敦是高等教育教学和研究的一大中心，共有大学43所，为全欧洲最多。2008—2009学年其学生数量近412 000名（占全英国高等教育学生人数的近17%），其中287 000人为本科生，118 000人则为研究生。同一学年伦敦有近97 150名国际学生，占全英国国际学生数量的近25%。

越来越多的科技企业将总部设在伦敦，尤其是在东伦敦科技城（East London Tech City），又称迷你硅谷（Silicon Roundabout）。东伦敦科技城是位于伦敦东区的科技、数字和创意等企业群聚的中心。从2011年正式启动以来，已经有超过1 600家公司进驻以东伦敦为中心的科技城。在这个没有边界的高科技和创意新聚落，成为美国硅谷之外的又一个国际科技创业中心。伦敦科技城不但吸引了谷歌、Facebook、英特尔、思科等科技企业，就连Facebook的副总裁乔安娜·希尔兹（Joanna Shields）也毅然投奔，执掌伦敦科技城投资机构。东伦敦科技城已成为当之无愧的欧洲成长最快的科技枢纽。

9. 柏林

无论是从文化、政治、传媒还是从科学上讲，柏林都称得上是世界级城市。该市经济主要基于服务业，包括多种多样的创造性产业、传媒集团、议会举办地点。柏林扮演欧洲大陆上航空与铁路运输交通枢纽的角色，同时它也是欧盟内游客数量最多的城市之一。主要的产业包括信息技术、制药、生物工程、生物科技、光学电子、交通工程和可再生能源。柏林是德国的主要工业区，以电机、电子、仪器、仪表最为发达，其次是机械、冶金、化工、服装、食品加工、印刷等部门。

德国居民申请的专利数量体现了德国全国的创新热。2013 年，这一数量为 63 173 项，而到 2014 年已上升至 65 958 项。

10. 东京

2017 年，东京都市圈的人口达 3 700 万，是全球规模最大的都会区之一，亦为日本最大的城市。东京是传统上的四大世界级城市之一，被 GaWC 评为 Alpha + 级世界一线城市。2017 年在世界城市综合实力排行榜及全球城市指数排名中位列第四。

东京大学为日本第一所依照现代学制成立的大学，也是日本的最高学术殿堂。早稻田大学、庆应义塾大学和东京工业大学均为亚洲著名的高等学府，另外还有一桥大学、东京外国语大学、东京医科齿科大学、上智大学、东京艺术大学、东京理科大学、御茶水女子大学、首都大学东京、明治大学、中央大学等名校。

## 三、亚洲基础设施投资银行

亚洲基础设施投资银行（Asian Infrastructure Investment Bank，AIIB），简称亚投行。2013 年底，中国国家主席习近平代表中国提议筹建亚洲基础设施投资银行，推动亚洲地区基础设施建设和互联互通，深化区域合作，实现共同发展。2015 年，亚投行 57 个创始成员国在北京签署《亚洲基础设施投资银行协定》，亚投行宣告成立。2016 年，亚投行正式开业运营。亚投行按照多边开发银行模式和原则运作，坚持国际性、规范性、高标准，实现良好开局。截至 2023 年，亚投行已拥有来自世界六大洲的 100 多个成员。亚投行合作质量越来越高，在国际上展示了专业、高效、廉洁的新型多边开发银行的崭新形象。亚投行开业运营以来，支持了 30 多个国家的基础设施建设，改善了当地人民生活。数据显示，2016—2022 年，在基础设施建设、推动当地经济与社会发展、改善人民生活等方面，亚投行已累计批准 202 个项目，融资总额超过 388 亿美元，撬动资本近 1 300 亿美元，涉及能源、交通、水务、通信、教育、公共卫生等领域的可持续基础设施建设与成员经济的绿色复苏，项目遍布全球 33 个国家。

## 四、印太战略

“印太战略”是美国为应对中国区域影响力提升而提出的竞争战略。拜登政府上台后，美国总体上承袭了前任政府“大国竞争”的战略导向，将印太地区锚定为中美战略博弈的核心区域，意图通过政治、军事、经济、外交、科技、人文等领域的政策协同展开全方位对华竞争。尽管美方强调“印太战略”的实施符合域内国家“共同利益”，且旨在建立“自由与开放”的地区秩序，但无论是从其政策目标与资源投入的匹配，还是从政策手段与行动策略的选择来看，“印太战略”都呈现出鲜明的单边主义和霸权主义特征。

在中美博弈持续深化的背景下，美国大力推进“印太战略”无疑为“印太”概念增加了浓厚的地缘博弈色彩。以“印太”取代“亚太”不仅可以大幅拓展对华竞争的空间，为美国及其盟友深度介入区域事务提供借口，而且能够实质性提升美国全球同盟体系在该区域的资源整合与协同能力，使其以更低的战略成本打造以美国为中心的区域秩序。在不断渲染地缘博弈与实力对抗的同时，美国还在推动“印太战略”的过程中更加强调“价值观导向”，大肆攻击中国的政治制度，抹黑中国的对外政策，破坏中国的国际形象。

安全议题始终是美国“印太战略”的核心。近年来，面对自身区域影响力和相对实力下降的现实，美国竭力渲染“中国威胁”，试图将中国塑造为“破坏区域安全秩序和国际规范的挑衅者”，一方面引发域内国家的安全关切，另一方面为其深度介入域内事务提供法理上和道义上的依据。为提升对华竞争的“非对称优势”，美国还加速推进印太地区关系网络建设，形成以美国同日韩澳菲泰五组的双边同盟、美英澳和美日韩两组的三边同盟、美日印澳的“四方安全对话机制”、“五眼联盟”及多对“印太伙伴关系”共同构成的螺旋式上升的安全架构。

为提升美国对印太地区的经济影响，拜登政府提出了“重建更美好世界”和“印太经济框架”两项经济合作倡议，主要聚焦印太地区贸易促进、数字经济和技术标准、供应链弹性、清洁能源、基础设施及劳工标准等领域。美国执意推动区域产业链的“去中国化”，将对域内广大外向型经济国家造成难以承受的损失。

“印太经济框架”是美国“印太战略”的经济抓手。美国旨在借此与中国在供应链、数字贸易等方面展开排他性竞争，甚至进一步减少在供应链方面对中国制造的依赖。“对抗中国”就是这个框架最显著的标签。这个“框架”企图建立美国主导的贸易规则，重组产业链体系，让地区国家与中国经济“脱钩”。“印太经济框架”是扰乱地区合作的设计，是胁迫地区国家的工具。①

**五、美元霸权**

美元霸权是指美元在执行世界储备货币职能的过程中，给美国带来了诸多经济利益，但同时给其他国家经济造成各种负面影响。美元霸权是美国维持全球霸权的重要基石，它可以帮助美国收割全球财富。

从 1971 年开始，美元就从一种由黄金支撑的货币转变为美国可以任意发行的全球性储备货币工具。布雷顿森林体系下的美元作为世界储备货币对美国霸权和战后世界经济产生了深远影响。美元霸权本质上是一种地缘政治现象，即作为一种不兑现纸币的美元担当着国际金融体系结构的首要储备货币的角色。具体而言，自 1971 年以来，美元的储备货币地位一直不是以黄金为基础，而只是建立在迫使所有关键商品都以美元标价的美国地缘政治实力之上。

美元霸权的基础是美元的国际地位。世界贸易中用美元计价结算的比重远比其他货币要高，与美国无关的国际贸易也广泛采用美元计价结算；世界各国的外汇储备中美元储备平均占比达 65% 以上，其中，新兴市场经济体的美元占比更高；外汇交易中，用美元交易的比重平均约 90%，有些外汇市场上美元的交易占比甚至高达 99% 以上；美元的货币锚作用非常明显。

对美国而言，从宏观层面看，美元霸权使美国获得铸币税收入；美国可以较容易地应对国际收支失衡。从微观层面看，美国企业对外支付没有汇率变动风险；美国金融机构盈利空间大。

美元霸权对新兴市场经济体产生负面影响。首先，美国货币政策（美元利率）的调整会影响他国的经济发展。例如，1994 年的墨西哥金融危机。其次，美元汇率的变化可能引发并加深新兴市场经济体的危机。例如，1997 年亚洲金融危机。最后，美国货币政策的变

---

① 岳圣淞．美“印太战略”挑战亚太区域稳定性．经济日报，2023－02－22.

化会影响美股，并间接影响其他国家的股市乃至经济。

面对美元霸权，目前已有多个国家加速去美元化，美元霸权正在崩塌。

## 技能训练

**一、用直线将下列港口与相应的地理位置连接起来**

| | | | |
|---|---|---|---|
| 鹿特丹 | 塞纳河 | 蒙巴萨 | 地中海北岸 |
| 汉堡 | 易北河下游 | 马赛 | 印度洋西海岸 |
| 勒阿弗尔 | 莱茵河下游 | 达喀尔 | 大西洋东海岸 |

**二、读日本地图，回答下列问题**

（1）日本是一个__________资源贫乏的国家。为了发展本国工业，日本充分利用其__________（选填“岛国”“临海国”“内陆国”）优势和多__________的有利条件，大力发展海上运输，从世界各地大量进口__________和出口__________。

（2）为减少原料的转运并及时将产品外运，日本的工厂多集中在________________和________________________的狭长地带。

（3）20 世纪 80 年代，日本大力发展以生产电子产品为主的新兴工业，而且从国土中部向国土的____________部和____________部方向发展。

# 附录　读图操作题

## 一、世界地图

读世界地图，回答下列问题：

（1）在图上标示：A 马六甲海峡、B 直布罗陀海峡、C 霍尔木兹海峡、D 英吉利海峡、E 曼德海峡、F 黑海海峡、G 台湾海峡、H 朝鲜海峡、I 白令海峡、J 麦哲伦海峡、K 尤卡坦海峡、L 佛罗里达海峡、M 莫桑比克海峡。

（2）在图上标示：N 苏伊士运河、O 巴拿马运河、P 基尔运河（北海—波罗的海运河）。

（3）在图上标示：Q 加勒比海、R 墨西哥湾、S 波斯湾、T 红海、U 地中海、V 黑海、W 波罗的海、X 北海、Y 东海、Z 南海。

## 二、世界航线图

读世界航线图，回答下列问题：

（1）用荧光笔（或彩笔）标示从上海—火奴鲁鲁—巴拿马运河—墨西哥湾—纽约的水上航线。

（2）用荧光笔（或彩笔）标示从香港—印度尼西亚雅加达—澳大利亚悉尼—新西兰惠灵顿—麦哲伦海峡—阿根廷布宜诺斯艾利斯的水上航线。

（3）用荧光笔（或彩笔）标示从俄罗斯摩尔曼斯克—巴伦支海—白令海峡—海参崴的水上航线。

（4）用荧光笔（或彩笔）标示从加拿大蒙特利尔—圣劳伦斯河—圣劳伦斯湾—卡伯特海峡—纽约—佛罗里达海峡—墨西哥湾—尤卡坦海峡—加勒比海—巴拿马运河—洛杉矶—温哥华的水上航线。

## 三、欧盟地图

读欧盟地图，回答下列问题：

（1）2020 年，__________是中国第一大贸易伙伴，__________为中国第二大贸易伙伴，__________为中国第三大贸易伙伴。

（2）在内部建设方面，欧共体实行一系列共同政策和措施。①实现________同盟和共同外贸政策。1967 年起欧共体对外实行统一的关税率，1968 年 7 月 1 日起成员国之间取消商品的关税和限额。②实行共同的农业政策。③建立政治合作制度。④基本建成内部统一大市场。统一大市场的目标是逐步取消各种________壁垒，包括有形障碍（海关关卡、过境手续、卫生检疫标准等）、技术障碍（法规、技术标准）和财政障碍（税别、税率差别），并于 1993 年 1 月 1 日起实现商品、人员、资本和劳务自由流通。⑤建立__________联盟。欧共体 12 国在 1991 年 12 月通过了政治联盟条约。其主要内容是，12 国将实行共同的外交和安全政策，并将最终实行共同的防务政策。

（3）____________（Euro）是欧盟的统一货币，1999 年 1 月 1 日正式启用。除英国、希腊、瑞典和丹麦外的其余 11 个欧盟国家于 1998 年成为首批欧元国。2000 年 6 月，希腊加入欧元区。2002 年 1 月，欧元正式流通。斯洛文尼亚在 2007 年 1 月加入欧元区。

## 四、法国地图

读法国地图，在地图上找出下列内容：

（1）大西洋、地中海、英吉利海峡。

（2）英国、比利时、卢森堡、德国、瑞士、意大利、西班牙、安道尔、摩纳哥。

（3）敦刻尔克、勒阿弗尔、鲁昂、南特、波尔多、马赛。

（4）巴黎、里昂、图卢兹、斯特拉斯堡。

（5）塞纳河、罗讷河、莱茵河、卢瓦尔河。

## 五、意大利地图

读意大利地图，在地图上找出下列内容：

（1）地中海、亚得里亚海、英吉利海峡。

（2）摩纳哥、法国、瑞士、奥地利、斯洛文尼亚、克罗地亚、圣马力诺、梵蒂冈。

（3）热那亚、比萨、那不勒斯、塔兰托、威尼斯、的里雅斯特。

（4）罗马、米兰、都灵、佛罗伦萨。

## 六、俄罗斯地图

读俄罗斯地图，在地图上找出下列内容：

（1）北冰洋、波罗的海、白海、巴伦支海、日本海、里海、黑海。

（2）挪威、芬兰、乌克兰、哈萨克斯坦、蒙古、中国、日本、美国。

（3）圣彼得堡、海参崴、摩尔曼斯克。

（4）莫斯科、彼尔姆、叶卡捷琳堡、鄂木斯克、新西伯利亚、伊尔库茨克、赤塔、伯力。

（5）鄂毕河、叶尼塞河、勒拿河、伏尔加河。

（6）西伯利亚大铁路。

## 七、韩国地图

读韩国地图，在地图上找出下列内容：

（1）黄海、日本海、朝鲜海峡、黑海。

（2）朝鲜、中国、日本。

（3）首尔、釜山、群山、仁川、浦项、丽水、马山。

## 八、澳大利亚地图

读澳大利亚地图，在地图上找出下列内容：

（1）太平洋、印度洋、珊瑚海、塔斯曼海、巴斯海峡、大堡礁。

（2）堪培拉、悉尼、墨尔本、阿德莱德、布里斯班、弗里曼特尔、珀斯。

## 九、巴西地图

读巴西地图，在地图上找出下列内容：

（1）大西洋、太平洋。

（2）法属圭亚那、苏里南、圭亚那、委内瑞拉、哥伦比亚、秘鲁、玻利维亚、巴拉圭、阿根廷、乌拉圭。

（3）桑托斯、里约热内卢、阿雷格里港、维多利亚港。

（4）巴西利亚、圣保罗、萨尔瓦多、马瑙斯。

（5）亚马孙河、巴拉拿河。

## 十、加拿大地图

读加拿大地图，在地图上找出下列内容：

（1）大西洋、太平洋、北冰洋。

（2）美国、冰岛、格陵兰岛（丹麦）。

（3）渥太华、温哥华、鲁伯特王子港、魁北克、蒙特利尔、多伦多、哈利法克斯。

（4）圣劳伦斯河、五大湖。

（5）加拿大境内的主要铁路：鲁伯特王子港—埃德蒙顿—温尼伯—魁北克；温哥华—卡尔加里—温尼伯—蒙特利尔—圣约翰—哈利法克斯。

## 十一、印度地图

读印度地图，在地图上找出下列内容：

（1）印度洋、阿拉伯海、孟加拉湾。

（2）孟加拉国、缅甸、中国、不丹、尼泊尔、巴基斯坦、斯里兰卡、马尔代夫、印度尼西亚。

（3）新德里、孟买、加尔各答。

（4）恒河、布拉马普特拉河、印度河。

# 参考文献


1. 竺仙如．国际贸易地理．北京：中国对外经济贸易出版社，2003.
2. 肖旭．跨境电商实务．北京：中国人民大学出版社，2018.
3. 张亚芬．国际贸易实务与案例教程．北京：高等教育出版社，2019.
4. 吴国新．国际贸易实务．北京：清华大学出版社，2019.
5. 周安宁．国际货运代理实务．北京：高等教育出版社，2018.
6. 周敏．新编实用世界地图册．北京：中国地图出版社，2012.
7. 顾永才．报检与报关实务．北京：首都经济贸易出版社，2019.
8. 范珍．电子商务物流．北京：高等教育出版社，2020.
9. 孙明贺．国际货运代理实务．北京：科学出版社，2018.
10. 胡建波．物流基础．成都：西南财经大学出版社，2019.
11. 麦艳云．跨境电子商务基础．北京：电子工业出版社，2017.
12. 陈建，钟惠敏．东亚区域经济合作大有希望．经济日报，2008-01-05.
13. 纪军．当代世界经济格局及其走势．中共中央党校学报，2008.
14. 王有鑫．新时代中国对外开放新格局的深刻内涵和前景展望．金融时报，2017-10-31.
15. 窦然．国际贸易地理．上海：复旦大学出版社，2014.
16. 王凯．国际贸易地理．北京：清华大学出版社，2020.
17. 樊杰．地理．北京：人民教育出版社，2006.
18. 郑雁雄．中国式现代化进程中的香港机遇．紫荆，2023-05-01.
19. 岳圣淞．美“印太战略”挑战亚太区域稳定性．经济日报，2023-02-22.